Für Jens

Die Oase des Scheitans

von
Jörg Kastner

Karl-May-Verlag
Bamberg • Radebeul

INHALT

Der Roman spielt Anfang der siebziger Jahre des 19. Jahrhunderts. Die arabische Sprache wird in Lautschrift wiedergegeben, teils in vereinfachender Weise. Wie im Sprachgebrauch üblich, sind Begriffe aus dem Hocharabischen mit solchen aus dem Algerisch-Arabischen und auch aus dem Türkischen vermischt. Ortsbezeichnungen aus dem französischen Algerien erfolgen häufig in der deutschen Schreibweise, also Algier statt Alger, Bu Saada statt Bou Saada, Laguat statt Laghouat usw.

Deckelbild: Carl-Heinz Dömken
Printed in Germany
ISBN 3-7802-0452-5

1. Das Zeichen des Skorpions

El Dschesair - blinde Stadt der Verheißung, wo sich blutgetränkte, düstere Vergangenheit und die Lockungen der fremden Weiten Afrikas vermischen! Argel ruft dich der Spanier, Algieri der Italiener, Algiers der Engländer und der Holländer, Alger der Franzose, dessen Flagge über deinen Dächern weht, und Algier grüßt dich der deutsche Reisende, der von hier aus den großen Kontinent durchwandern will. El Dschesair, ‚die Inseln', taufte der Araber dieses Tor zum Norden Afrikas, weil die Stadt auf mehreren Eilanden erbaut ist, die heute zum größten Teil unter den Fundamenten von Hafenanlagen und Festungswerken verschwunden sind. Wir Europäer nennen das Labyrinth weißgetünchter, fensterloser Mauern, das an einem vier Fußstunden langen Berg emporwächst, mit anderem Namen. Und wir denken mit Schaudern an frühere Jahrhunderte, als El Dschesair, die Befestigte, die Wohlbehütete, die Kriegerische, zur Sklavenfalle für Tausende verschleppter Christen wurde. Erst seit vierzig Jahren ist das Schreckensregiment der Barbaresken[1] gebrochen, zertreten vom Stiefel des französischen Soldaten, dessen Herrschaft den Moslem häufig nicht minder grausam anmutet als früher das Sklavendasein den in Ketten gelegten Europäer.

Dieser Art waren meine Gedanken, als die ‚Avignon' mit halber Geschwindigkeit der Nordküste Afri-

[1] Veraltete Bezeichnung für Berber, wird auch als Name für die Seeräuber der nordafrikanischen Küste verwendet.

kas entgegendampfte. Das Schiff der Reederei Messageries Maritimes war mit über sechstausend Bruttoregistertonnen verhältnismäßig groß und lag so ruhig im Wasser, wie die ganze Überfahrt von Marseille verlaufen war. Das Deck füllte sich zusehends mit Passagieren, von denen viele zum ersten Mal einen Blick auf den afrikanischen Kontinent warfen. Junge Kaufleute, die sich im hiesigen Kontor des französischen Mutterhauses die ersten Sporen verdienen wollten. Offiziere in stocksteifer Haltung und strammsitzenden Uniformen, einige mit noch fast kindlichen Gesichtern, die verrieten, dass ihre Besitzer frisch von der Militärschule Saint-Cyr kamen. Paare und kleine Reisegesellschaften, die es für ein großes Abenteuer hielten, Afrikas Küste per Schiff zu bereisen.

Meine Pläne waren andere und ich beteiligte mich nicht an den lauten Ausrufen, die kreuz und quer über das Deck flogen. Da hatte man die im Sonnenlicht glitzernde Zierspitze eines Minaretts erspäht und dort die französische Flagge, die oberhalb der Stadt über der alten Kasbah flatterte. Mir war der Anblick von früher gut bekannt und ich war nicht über das Mittelmeer gefahren, um die Bekanntschaft aufzufrischen. Algier war mir nur der Ausgangsort für eine lange Reise jenseits der Wege, die des Europäers Fuß für gewöhnlich betritt. Nur so würde es mir möglich sein, Land und Leute noch in der ursprünglichen Form kennen zu lernen, bevor europäischer Einfluss unwandelbar den Beginn eines neuen Zeitalters einläutete.

Aus der bunten Menge, die sich für das Betreten Afrikas herausgeputzt hatte, stach eine junge Französin heraus, die mir schon während der Überfahrt aufgefallen war. Stundenlang hatte sie am Bug gestanden und mit jenem brennenden und zugleich verklärten Blick nach Süden gestarrt, wie er nur von großer, schmerzhafter Sehnsucht hervorgerufen wird. Auch jetzt stand sie wieder dicht an der Reling und sah der größer und größer werdenden Stadt unverwandt entgegen. Unter einem Strohhut ringelten sich braune Locken hervor und fielen auf den Stoff eines Reisemantels, der schon bessere Tage gesehen hatte. Im Gegensatz zur Vielzahl der jauchzenden Reisenden war das stille Mädchen sehr schlicht gekleidet, achtete aber umso mehr auf Reinlichkeit. Angesichts der offenbar sehr begrenzten Geldmittel, die der Mademoiselle zur Verfügung standen, schien eine Reise nach Afrika ein kostspieliger Spaß zu sein.

Auf der Brücke leitete Kapitän Aribert Icart, mit dem ich ein paar anregende Gespräche geführt hatte, das Anlegemanöver. Bevor die Franzosen Algier übernahmen, hätte ein Schiff von der Größe der ‚Avignon' weit außerhalb der Hafenanlagen ankern müssen. Das seichte Wasser erlaubte das Einlaufen in den Hafen nicht und der lehmige Boden bot dem Anker keinen sicheren Halt. Doch Frankreichs Ingenieure hatten den Hafen immer wieder erweitert und an den neuen Kais, die weit ins Meer hineinreichten, konnte der Dampfer ohne Schwierigkeiten festmachen.

Zahlreiche kleine Boote umschwärmten unseren Pott, an Bord Angehörige der Reisenden oder gewitzte Händler, die als Erste auf ihre Waren aufmerksam machen wollten. Auf dem Kai herrschte kein geringeres Gedränge. Dicht an dicht wimmelten Hunderte von Köpfen durcheinander: europäische Tropenhelme, die breitrandigen Sonnenhüte der Damen, bunte Soldatenmützen, Fese der einheimischen

Mohammedaner, die weißen Baumwollkäppchen der Mozabiten, der glitzernde Haarschmuck der Berberinnen und Gesichtsschleier, hinter denen sich eine Mohammedanerin oder auch ein Mann vom Stamm der Tuareg verbergen konnte.

Meine herausgeputzten Mitreisenden sahen sich auf dem Kai regelrecht belagert. Korbflechter boten bunte, aus Palmwedeln gefertigte Sonnenhüte an. Limonadenverkäufer, die schweren lederumhüllten Metallkrüge an einem Schulterriemen mit sich schleppend, klapperten mit ihren metallenen Bechern um Aufmerksamkeit. Halbwüchsige Schuhputzer fielen den Neuankömmlingen zu Füßen und begannen ungefragt an ohnehin blitzblankem Schuhwerk herumzuwienern. Und wer gar nichts anzubieten hatte, schrie umso lauter nach einem Bakschisch[1]. Je feiner Nordafrikas neue Gäste sich hergerichtet hatten, desto ärger sahen sie sich nun bedrängt.

Schmunzelnd dachte ich gerade, dass ich mit meinem schon etwas abgeriebenen Reiseanzug eine gute Wahl getroffen hatte, da überlagerte hinter mir ein dröhnendes französisches Organ den allgemeinen Lärm:

„Eine Affenschande, dass diese bakschischversessenen Subjekte den armen Menschen so zusetzen, n'est-ce pas - nicht wahr? Man sollte bei Ankunft eines Schiffes eine Kompanie Kolonialinfanterie am Kai postieren, um diesem höchst schändlichen Benehmen einen Riegel vorzusperren, mille tonnerres - zum Donnerwetter!"

Kapitän Icart hatte die Brücke verlassen und starrte mit wutverkniffenem Gesicht zum Kai hinüber. Seine

[1] Trinkgeld

gedrungene Gestalt war fast so breit wie hoch und mit den überlangen Armen, die in schaufelblattgroßen Pranken endeten, wirkte er wie ein Menschenaffe in Uniform. Ich kannte seine polternde Art bereits und wusste, dass sich dahinter eine gutmütige Natur verbarg. Ein Unwissender allerdings hätte sich von dem massigen Seemann mit den winzigen Schweinsäuglein und dem buschigen grauen Backenbart leicht einschüchtern lassen. Viele Jahre auf See hatten den Kapitän einen rauen Umgangston gelehrt, gegen den er immer wieder mit besonders geschliffenen Formulierungen - oder was er dafür hielt - anzugehen versuchte.

„Die meisten Menschen hier am Hafen leben vom Bakschisch, mon Capitaine", antwortete ich in der Muttersprache des Franzosen. „Sie haben keine andere Möglichkeit, Geld zu verdienen. Ihre Vorfahren waren stolze Nomaden oder gefürchtete Seeräuber. Dann kam der Europäer, der sich zivilisiert nennt, und nahm ihnen Land und Brot. Das unwürdige Gewimmel da vorn geht nicht zuletzt auf unsere eigene Rechnung."

Der Kapitän rieb über sein vorspringendes Kinn und brummte:

„Vielleicht haben Sie Recht, mon ami. Aber um das neunmal verfluchte Lausepack der Seeräuberbrut ist's mir nicht schade. Jedem unserer braven Soldaten, der damals geholfen hat, Algier von der Bande zu säubern, würde ich gern die Hand schütteln!"

Stattdessen schüttelte er meine Hand und ich verließ das Schiff. Den großen Reisesack geschultert und die fast noch schwerere Segeltuchtasche mit meinen Waffen in der Hand, drängte ich mich durch das Gewühl. Die Sonne stand hoch über dem halbmondförmigen Golf, an dessen Westseite die Stadt lag, und ich spürte, wie ihre warmen Finger mir über Kopf und Gesicht strichen. Bei einem graubärtigen Korbflechter blieb ich stehen, um einen Sonnenhut zu kaufen.

Während ich in der Jackentasche nach den bronzenen Centime-Münzen suchte, erregte ein spitzer Schrei meine Aufmerksamkeit:

„Non, au secours - nein, zu Hilfe! Geh weg, lass los!"

Der Hilferuf kam von der jungen Französin, die während der Überfahrt so sehnsüchtig nach Afrika Ausschau gehalten hatte. Keine zwanzig Schritt entfernt war sie in ein Handgemenge mit einem Einheimischen verstrickt, der die Kleidung der berberischen Berglandbewohner trug: weite Hosen, eine bestickte Jacke, eine breite Schärpe und auf dem Kopf den turbanartigen Schesch. Er wollte ihr die lederne Geldbörse entreißen, die sie krampfhaft mit beiden Händen festhielt.

„Fünf Francs, wenn du auf mein Gepäck achtest!", rief ich dem Korbflechter auf Arabisch zu und stellte geschwind die Waffentasche und den Reisesack bei ihm ab, um mich zu der bedrängten Frau durchzuzwängen. Als ich sie erreichte, hatte der Mann in der Berbertracht schon die Flucht ergriffen. Meine Mitreisende lag neben ihrer umgestürzten Reisetasche am Boden und ergriff dankbar meine ausgestreckte Rechte.

„Ist Ihnen etwas zugestoßen, Mademoiselle?"

„Ich glaube nicht", sagte sie, während sie sich mit meiner Hilfe erhob. Bestürzung trat auf ihr Gesicht. „Aber er hat meine Börse!"

Ohne ein weiteres Wort zu verlieren, eilte ich dem Räuber nach. Er bemerkte mich, als er einen Blick über die Schulter warf. Erst jetzt konnte ich sein hageres Gesicht mit der gebogenen Nase richtig sehen. Hätte der Berber seine niedere Gesinnung nicht gerade bewiesen, hätte mir ein Blick in sein Antlitz genügt, um vor ihm auf der Hut zu sein.

Der Schulterblick kostete ihn einen Gutteil seines Vorsprungs: Er stolperte über eine Bodenerhebung und schlug hin. Hastig rappelte er sich wieder auf. Aber ehe er seine Flucht forsetzen konnte, warf ich mich auf ihn und riss ihn abermals zu Boden. Die Menschen rund um uns wichen zurück und starrten uns erschrocken an.

In der Schärpe des Hakennasigen steckte die gestohlene Börse. Ich wollte sie an mich nehmen, aber ein Faustschlag ins Gesicht warf mich zurück. Ich erhob mich zur gleichen Zeit wie der Berber und sah eine Klinge in seiner rechten Hand aufblitzen.

„Sirr f-esch scheitan, kelb rumi - geh zum Teufel, du Christenhund!“, zischte er und sprang mit erhobenem Messer auf mich zu.

In solchen Augenblicken höchster Gefahr handelt der Mensch rein instinktiv. Überlegungen und Abwägungen, deren Schilderung viel länger dauert, durcheilen das Gehirn in wenigen Sekundenbruchteilen. Ich wusste sofort, dass mir auf dem begrenzten Raum wenig Möglichkeiten blieben, dem Angriff zu entgehen, zumal meine sämtlichen Waffen in der Segeltuchtasche steckten. Eine dicht gedrängte Menschenmenge schloss uns ein und in meinem Rücken erhob sich fast schulterhoch die Kaimauer. Blitzschnell duckte ich mich, um den Angriff zu unterlaufen. Ich packte den rechten Arm und das rechte Bein des Gegners und stemmte ihn hoch, drehte mich, um den nötigen Schwung zu gewinnen, einmal um mich selbst und schleuderte den Mann von mir fort.

Ein lautes Platschen drang an meine Ohren. Da erst erkannte ich, dass ich den Berber über die Kaimauer geworfen hatte. Als ich hinunter ins Wasser blickte, sah ich ihn mit ungelenken Bewegungen zwischen den Booten hindurchschwimmen. Der ersten Erleichterung über die abgewehrte Gefahr folgte ein jäher Schreck: Der Berber war noch immer im Besitz der entwendeten Börse!

Ich konnte nichts tun, um diesen Zustand zu ändern. Ein schmales Boot, in dem drei Einheimische hockten, nahm den Räuber auf und verschwand im Gewimmel der kleinen Wasserfahrzeuge. Diese Rettung erfolgte derart schnell, dass mir der Verdacht kam, bei den Bootsinsassen könnte es sich um Komplizen des Berbers handeln.

Enttäuscht drehte ich mich um, da sah ich neben meinen Füßen etwas im hellen Licht der Mittagssonne funkeln. Es war das Messer des Räubers. Ich bückte mich und hob die Waffe auf, die ich sofort als ein Bussaadi erkannte.

Bussaadis sind besonders fein gearbeitete Messer mit langer, gerader Klinge, die in der am südlichen Fuß des Sahara-Atlas gelegenen Oase Bu Saada hergestellt werden. Wie alle Bussaadis zeichnete sich auch das Messer des Räubers durch eine ebenso reichhaltig wie feingliedrig verzierte Klinge aus. Die Klingenzier war auf beiden Seiten identisch und zeigte unterhalb des Stichblatts zwei gleichschenklige schwarze Dreiecke, jedes mit einem roten Punkt in der Mitte, ein aus alten Zeiten stammender Schutzzauber gegen den bösen Blick. Die Dreiecksspitzen, wo sich die beiden gleichlangen Seiten trafen, wiesen zur Messerspitze und an die unterste Dreiecksspitze schloss sich eine Zickzacklinie an. Das Symbol für Wasser, das dem Träger des Messers lebensspendende Kraft verleihen soll. Insoweit entsprach das Bussaadi ähnlichen Waffen, die ich früher einmal in die Hand bekommen hatte. Das Zeichen zwischen dem Ende der Zickzackline und der Messerspitze aber war mir bei einem Bussaadi noch nicht untergekommen. Es war ein schwarzer Skorpion mit aufgerichtetem Hinterleib. Deutlich sichtbar war der Stachel, der bei dem schwarzen Skorpion Nordafrikas besonders giftig ist.

Mit dem Messer in der Hand ging ich zurück zu dem Korbflechter, der mein Gepäck vor dem Zugriff diebischer Hände bewahrt hatte. Ich drückte ein silbernes Fünffranc-Stück in seine Hand, ein kleines Vermögen für den Mann, aber er achtete nicht darauf. Seine schreckgeweiteten Augen hingen an dem Bussaadi und erregt krächzte er:

„El Agreb el Aswad, El Agreb el Aswad, allah inhal - der schwarze Skorpion, der schwarze Skorpion, Gott verderbe ihn!"

Ich wollte ihn fragen, was an dem Messer ihn so erschreckte. Als ich die Waffe vor sein Gesicht hielt, fiel er auf die Knie, hob abwehrend die Hände und rief:

„Wakkif, sihdi, hallisni min el mot - halt ein, Herr, bewahre mich vor dem Tod!"

Schnell nahm ich das Messer, das ihn in Furcht versetzte, beiseite.

„Allah jisallim aklak - Gott bewahre dir deinen Verstand! Du brauchst dich nicht zu fürchten. Steh auf und sag mir, wovor du solche Angst hast!"

Er blieb auf den Knien und zeigte mit zitternder Hand auf das Bussaadi.

„El Agreb el Aswad - der schwarze Skorpion! Er bringt den Tod!“

Ich nickte.

„Der Stich des schwarzen Skorpions ist sehr gefährlich, oft sogar tödlich, das stimmt. Aber dies ist nur ein Messer mit dem Abbild des Skorpions, das du nicht zu fürchten brauchst.“

„Das Abbild des schwarzen Skorpions ist genauso tödlich wie er selbst. Allah bjarif - Gott weiß es!“

Ich begann zu begreifen und starrte entsetzt auf das Bussaadi, das ich bislang so sorglos gehandhabt hatte.

„Du meinst, die Klinge ist vergiftet?“

„Na'am, sihdi, jakessa - ja, Herr, so ist es. Die Klinge ist mit dem Gift des Skorpions getränkt. Ein Schnitt oder Stich mit dem Bussaadi ist genauso verderblich, als hätte El Agreb selbst dich gestochen!“

„Woher willst du das wissen?“

„Das Zeichen, Sihdi, El Agreb el Aswad!“

„Hochinteressant, darüber musst du mir mehr erzählen!“

„Ya mussihbe, ya za'al - o Unglück, o Verdruss!“

Mit diesem Ruf sprang er auf, als sei er wahrhaftig von einem Skorpion gestochen worden. Mit fliegenden Händen raffte er seine Palmstrohhüte zusammen und stolperte davon.

Verwirrt starrte ich ihm nach. Meine Bitte um Auskunft über das Zeichen des Skorpions schien ihn noch mehr geängstigt zu haben als das tödliche Messer selbst. Ich umwickelte die Klinge sorgfältig mit einem Taschentuch und verstaute das Bussaadi in der Segeltuchtasche. Dann nahm ich mein Gepäck auf und ging, von hundert neugierigen Augenpaaren begleitet, zu der Französin.

„Excusez-moi, mademoiselle - verzeihen Sie mir, Fräulein. Durch meine Schuld sind Sie um Ihr Geld gekommen."

„Durch Sie, Monsieur? Aber wie kommen Sie darauf? Sie haben versucht, mein geraubtes Geld zurückzuerlangen, und dabei Ihr Leben gewagt. Gestatten Sie?"

Mit einem weißen Taschentuch betupfte sie meine rechte Wange und den Mundwinkel, wo mich der Fausthieb des Berbers getroffen hatte. Als sie die Hand zurücknahm, war das Taschentuch mit Blut befleckt.

„Merci, Mademoiselle. Aber ohne mich wären Sie wohl besser dran. Hätte ich den Kerl nicht ins Wasser geworfen, hätten Sie immerhin eine Chance gehabt, Ihr Geld zurückzubekommen. Jetzt aber ist er längst mit seinen Komplizen über alle Berge - oder sagen wir besser übers Hafenbecken."

„Seine Komplizen?"

Ich klärte sie über meinen Verdacht bezüglich der drei Bootsinsassen auf.

„Natürlich können wir den Vorfall der hiesigen Polizei melden. Aber wie ich die Angelegenheit einschätze, kostet uns das nur einige Stunden auf der Polizeipräfektur. Ich fürchte, Ihr Geld werden Sie nicht wieder sehen."

„Da werde ich mir wohl als Erstes eine Anstellung suchen müssen", seufzte sie. „Ich habe nämlich keinen einzigen Centime mehr."

„Selbstverständlich werde ich für Ihre Unterkunft sorgen, Mademoiselle. Immerhin trage ich zumindest eine Mitschuld daran, dass Sie völlig mittellos sind."

„Sehr freundlich, aber das kann ich nicht annehmen, Monsieur. Sie haben für mich schon mehr getan, als mancher andere an Ihrer Stelle gewagt hätte."

„Im Gegensatz zu Ihnen bin ich noch im Besitz meiner Reisekasse, Mademoiselle. Außerdem habe ich in Algier gutgestellte Freunde. Deshalb sehe ich es als meine Pflicht an, für Ihr Wohlergehen zu sorgen." Lächelnd fügte ich hinzu: „Il n'y a pas de mais qui tienne - keine Widerrede!"

Meine Mitreisende beeindruckte mich. Vollkommen mittellos stand sie in einem fremden Land, ja, auf einem fremden Kontinent. Und offenbar hatte sie in Algier weder Freunde noch Angehörige, sonst hätte sie das bereits erwähnt. Trotzdem jammerte sie nicht über ihr Schicksal, sondern sah tapfer nach vorn. Was auch immer sie in Afrika suchte, nur mit dieser Einstellung würde sie es erreichen.

„Cet homme de rien - dieser hergelaufene Kerl!", ertönte ein dröhnender Bass und Kapitän Icart bahnte sich mit schwimmartigen Armbewegungen einen Weg durch die Menge. Vor uns blieb er schnaufend stehen und ballte seine gewaltigen Hände. „Ich habe alles mit angesehen, konnte aber leider nicht eingreifen. Habe ich nicht gesagt, dass eine Kompanie Infanterie den Kai abriegeln sollte?"

„Sie hatten ganz Recht, Monsieur le Capitaine", sagte ich bemüht ernsthaft. „Am besten sollte beim Anlegen eines Überseedampfers gleich ein ganzes Regiment aufmarschieren!"

„Oui, oder eine Brigade", nickte Aribert Icart und nahm meinen Spaß für ernst. Er sah die junge Frau an und fragte, ob er ihr in ihrem Unglück behilflich sein könne: „Wenn Sie es wünschen, Mademoiselle, können Sie mit der ‚Avignon' nach Frankreich zurückkehren, kostenlos."

Sie lehnte das Angebot höflich ab und wir verabschiedeten uns von dem Kapitän. Ich schlug vor, ein Gasthaus aufzusuchen, um nach dem Schreck eine Stärkung zu uns zu nehmen. Beladen mit ihrem und meinem Gepäck, ging ich mit ihr über den Kai auf das Häusermeer von El Dschesair zu. Wir durchpflügten die vielfältigen, aber allesamt strengen Gerüche des Fischmarkts und kehrten in einem französischen Lokal ein, das den hübschen Namen ‚Le poisson dans l'eaux' führte – ‚Der Fisch im Wasser'. Auf der Speisekarte gab es kaum etwas anderes als Fischgerichte. Da wir nicht hungrig waren, schob ich die Karte zur Seite und bestellte zweimal Milchkaffee und Kognak.

Dann endlich kam ich dazu mich vorzustellen und meine Begleiterin nannte ihren Namen:

„Nadine Dufour aus Tours. Bis vor kurzem alles andere als reich, jetzt vollkommen mittellos."

Ich lachte:

„Sie mögen nicht mit Reichtum gesegnet sein und auch nicht mit Glück, was Ihre Ankunft in Algier betrifft, Mademoiselle Dufour, aber dafür mit Humor, besonders angesichts Ihrer Lage. Wie ist es überhaupt zu dem Raub gekommen?"

„Dieser Mann hat sich mir als Gepäckträger angeboten. Er verlangte nur zwei Centimes, die wollte er aber im Voraus haben. Als ich nach meiner Geldbörse griff, packte er schneller zu als ich. Vor allem war er stärker, leider!"

Wir tranken den Kognak und sie verzog ein wenig das Gesicht. Dann fragte ich sie, was sie nach Afrika führte.

„Mein Verlobter", antwortete sie. „Ich will ihn hier treffen. - Aber was haben Sie, Monsieur? Sie sehen so überrascht aus."

„Ich bin auch überrascht, allerdings freudig. Ich glaubte Sie hier ganz allein. Wenn Ihr Verlobter in Algier ist, sind Sie ja aller Sorgen enthoben."

„Ich fürchte, er ist nicht mehr in Algier. Er und seine Gefährten wollten von hier aus zu einer Expedition in die Sahara aufbrechen. Gilbert Arnaud, das ist mein Verlobter, studiert an der Sorbonne Archäologie. Einer seiner Professoren, ein gewisser Jules Pioche, hat ihn eingeladen, an der Expedition teilzunehmen."

„Nach was sucht die Expedition?"

„Nach einer Oase."

„Oh, davon gibt es viele in der Sahara."

„Es ist eine bestimmte Oase."

„Das macht die Sache für die Expedition Ihres Verlobten schon einfacher."

„Aber keiner weiß, wo die Oase liegt."

„Das macht die Sache dann wieder schwierig. Hat die Oase wenigstens einen Namen?"

„Gilbert hat mir geschrieben, dass der Ort in alten Berichten als ‚Oase des Scheitans' bezeichnet wird."

„Die Oase des Teufels?"

„Oui, Monsieur. Haben Sie davon gehört?"

Ich schüttelte den Kopf:

„Ich war bereits in Nordafrika, aber ein Ort dieses Namens ist mir nicht bekannt. Was ist so besonders an der Oase des Scheitans?"

„Große Schätze aus alter Zeit sollen dort verborgen sein."

„Sind Ihr Verlobter und sein Professor Archäologen oder Schatzsucher?"

„Beides. Das Auffinden der Schätze würde Aufschluss über wichtige Ereignisse der Vergangenheit geben. Professor Pioche vermutet, dass es Schätze aus römischer Zeit sind, von den Römern versteckt, als die Vandalen das Land eroberten. Alten Berichten zufolge, die nur bruchstückhaft erhalten sind, brachten die Römer ihre Reichtümer an einen geheimen Ort, zu eben jener Oase des Scheitans."

„Und woher stammt der teuflische Name?"

„Der Ort soll verflucht sein. Jüngere Überlieferungen besagen, der Teufel selbst wohne an dem Ort und ziehe jeden in die Hölle hinab, der sich an dem Schatz zu vergreifen sucht."

„Das hört sich nicht sehr ermutigend an", meinte ich. „Sind Sie Ihrem Verlobten nachgereist, um ihn von dem Unternehmen zurückzuhalten?"

Erstaunt sah sie mich an.

„Monsieur, können Sie hellsehen?"

„Leider nicht, sonst hätte ich den Berber ins Meer geworfen, *bevor* er Ihre Börse raubte. Aber jemand mit, verzeihen Sie, Ihren geringen Mitteln fährt nicht nur so zum Spaß nach Afrika." Ich nahm einen Schluck von meinem Kaffee. „Mich wundert allerdings, dass die Universität von Paris ein so gewagtes Unternehmen finanziert. Die ganze Geschichte hört sich eher abenteuerlich an als wissenschaftlich fundiert."

„Das hat der Dekan der Archäologischen Fakultät auch gesagt, als er Professor Pioches Antrag auf Finanzierung einer Expedition ablehnte. Aber Monsieur Pioche fand einen privaten Investor, Monsieur Vincent Jacasse, der die Expedition auch begleitet."

„Ein Förderer der Wissenschaft oder ein Glücksritter?", fragte ich.

„Er gibt sich als Ersteres aus, aber ich kenne seine wahren Beweggründe nicht. Das ist auch ein Grund, weshalb ich mich um Gilbert sorge. Schade nur, dass er wohl nicht mehr in Algier ist. Die Expedition wollte die Stadt schon vor zwei Wochen verlassen."

„Konnten Sie Ihren Verlobten nicht von dem Unternehmen zurückhalten?"

„Gilbert ließ nicht mit sich reden. Er sprach davon, dass so eine Chance für ihn nicht wiederkäme. Wenn er und Professor Pioche die Oase des Scheitans finden, werden sie dafür einen unermesslichen wissenschaftlichen Ruhm ernten."

„Nicht nur den", sagte ich bitter und dachte an den versteckten Schatz. „Warum sind Sie nicht früher nach Afrika gefahren, Mademoiselle?"

„Mein Vater war strikt dagegen und ich wollte ihn nicht aufregen. Er war sehr krank und bedurfte meiner Pflege. Doch er starb und ich war plötzlich allein. Seine Uhrmacherwerkstatt war hochverschuldet. Alles, was mir blieb, reichte für eine Fahrkarte nach Algier und eine schmale Reisekasse. Und selbst die bin ich jetzt los."

Die Erinnerung an den Schicksalsschlag warf einen Schatten auf ihre ebenmäßigen Züge. Ein oberflächlicher Betrachter hätte Mademoiselle Dufour vielleicht nicht für hübsch gehalten. Ihrem Gesicht fehlte jene Sinnlichkeit, die auf den ersten Blick entflammt. Doch wer die Französin länger ansah, entdeckte in ihrem Antlitz eine tiefe, ernste Anmut, die stärker und ausdauernder zu fesseln vermochte als jener grelle Reiz, der ebenso viel verspricht, wie er schnell verfliegt. Der betrübte Ausdruck schadete Nadine Dufours Liebreiz nicht, aber er dauerte mich.

Ich trank meinen Milchkaffee aus und erhob mich.

„Meine Freunde hier in Algier fragen nicht nach Geld. Sie können so lange dort bleiben, wie es nötig ist, um nach Ihrem Verlobten zu forschen."

„Wenn ich nur etwas Geld hätte, würde ich mir ein günstiges Hotelzimmer suchen."

„Ich könnte Ihnen das Geld auslegen, Mademoiselle, aber wenn wir unter einem Dach wohnen, kann ich Ihnen besser helfen. Und zöge ich in ein Hotel, würden meine Freunde mir furchtbar zürnen."

„Sie wollen mir helfen, Monsieur? Wobei?"

„Bei der Suche nach Ihrem Verlobten natürlich."

„Das wird Sie von Ihren Geschäften abhalten."

„Mein Geschäft ist es, Land und Leute kennen zu lernen, möglichst auf fremden Pfaden, die noch kaum eines Europäers Fuß betreten hat. Und welcher Pfad könnte fremder sein als der zur Oase des Scheitans?"

Das sagte ich nicht nur, um sie zu beruhigen. Die seltsame Oase hatte mein Interesse erweckt. Und da ich keinem Zeitplan zu folgen hatte, stand mein Entschluss fest: Ich wollte das Geheimnis der Oase ergründen!

2. Beim Vater der tausend Gewänder

Vor dem Lokal mietete ich einen kräftigen Berber als Gepäckträger für Mademoiselle Dufours Tasche und meinen Reisesack. Die Segeltuchtasche trug ich selbst. Es widerstrebte mir, die kostbaren Waffen unnötig aus der Hand zu geben, und sie wären wohl auch zu schwer für unseren Träger gewesen. Die große Doppelbüchse allein ließ manchen Mannes Arm zu Boden sinken.

Wir gingen durch die dicht bevölkerten engen Gassen zur Straße Bab-Azoun, die von mehreren großen Anwesen gesäumt wurde. Bevor die Franzosen kamen, wohnten hier muselmanische Kaufherren, erfolgreiche Piraten, türkische Agas[1] und Berberfürsten. Nach außen spricht wenig für die Pracht der großen Dars, der orientalischen Paläste. Außer gelegentlichen Torbögen mit mehr oder minder kunstreichen Verzierungen sieht man kaum etwas anderes als blinde Mauern, deren abweisende Haltung von den wenigen winzigen, vergitterten Fenstern eher unterstrichen als abgemildert wird. Inzwischen haben viele Europäer von den Dars Besitz ergriffen, so auch Monsieur André Latréaumont.

Der Leiter eines großen nordafrikanischen Handelshauses war ein Onkel mütterlicherseits meines alten Reise- und Jagdgefährten Sir Emery Bothwell. Emery und ich hatten bei meiner ersten Reise nach Afrika Latréaumonts von einer Gum[2] verschleppten Sohn Renaud befreit und heil nach Algier zurückgebracht.[3] Seitdem war ich bei der Familie Latréaumont ebenso angesehen wie Emery und ich wunderte mich nicht, dass der Hausherr persönlich zur Außenpforte kam, nachdem ich meine Karte abgegeben hatte.

Mit flinken Schritten eilte er uns entgegen und umschlang mich wie einen lange vermissten Bruder.

[1] Türkischer Titel für Offiziere und Beamte, auch als Bezeichnung für einen großen Herrn gebräuchlich

[2] Raubkarawane

[3] Siehe die Erzählung ‚Die Gum' in Karl Mays Gesammelten Werken Band 10 ‚Sand des Verderbens'

Oder wie ein Sohn seinen Vater, dachte ich, da der kleine Franzose mir kaum bis zur Schulter reichte. Ich entlohnte den Träger und zwei Hausdiener brachten unser Gepäck ins Innere des Dars, das auf mich noch genauso seltsam wirkte wie bei meinem ersten Besuch in Algier. Auf Schritt und Tritt vermischte sich arabische Baukunst mit europäischer Innenausstattung, erblickte man lederne Klubsessel und seidenbespannte Ständerlampen neben hufeisenförmigen Türen und arabesken Stuckaturen.

Madame und Mademoiselle Latréaumont empfingen uns in einem von Bogengängen gesäumten und mit üppigem Grün bewachsenen Innenhof. Ein plätschernder Springbrunnen und zwei Teiche, in denen weißköpfige Enten kreuzten, sorgten für angenehme Kühle. Ein maurischer Pavillon, üppig mit geometrischen Ornamenten verziert, schützte die Damen vor dem Sonnenlicht. Auch sie begrüßten mich mit überschwänglicher Herzlichkeit und zeigten sich noch erfreuter, als ich ihnen den Lederumschlag überreichte, den Renaud Latréaumont mir anvertraut hatte. Denn neben wichtigen Geschäftspapieren, die nur für Monsieur Latréaumont von Interesse waren, enthielt der Umschlag auch einen langen Brief mit den neuesten privaten Nachrichten des Sohns und Bruders. Renaud Latréaumont leitete inzwischen das Marseiller Verbindungsbüro des Handelshauses, was ich zum Anlass genommen hatte, ihn vor meiner Einschiffung nach Afrika zu besuchen.

„Renaud hat recht getan, die Post Ihnen anzuvertrauen, mein Freund“, sagte André Latréaumont. „Es sind unruhige Zeiten und sogar hier in Algier verschwinden wichtige Dokumente und selbst Menschen wie in jenen Tagen, als das Wort eines Barbaresken alles, das Leben eines Europäers aber nichts galt."

„Renaud erzählte mir, dass es in den Bergen zu Aufständen gekommen ist", sagte ich. „Allerdings wusste ich nicht, dass Algier selbst bedroht wird."

Latréaumont stieß einen tiefen Seufzer aus:

„Schuld ist nur dieser unselige Krieg, den unsere beiden Länder gegeneinander geführt haben und der, Dieu merci - Gott sei Dank, nun vorüber ist![1] Etliche Truppenkontingente wurden übers Meer nach Frankreich verschifft und die Berber in der Kabylei[2] haben diese Schwäche für einen Aufstand genutzt. Sie haben große Erfolge erzielt und unsere Colons[3] in den Bergen mussten sich in die Städte und Militärposten zurückziehen. Und selbst dort, ja auch hier in Algier, geht das Gespenst der Revolte um. Eine Bande von Meuchelmördern, die Schwarzen Skorpione genannt, macht dem Polizeipräfekten schwer zu schaffen."

„Das haben Mademoiselle Dufour und ich bereits zu spüren bekommen", sagte ich und holte das Taschentuch mit dem Bussaadi aus der Segeltuchtasche, die ich bei mir behalten hatte, weil ich auch den Umschlag mit Renauds Papieren dort verwahrte. Als ich das Tuch beiseite schlug und das schlanke Messer hochhielt, erscholl ein dreifacher Ausruf des Erstaunens.

„Pour l'amour de Dieu - um Gottes willen! Wie kommen Sie denn dazu, Monseigneur?", rief Madame

[1] Der Deutsch-französische Krieg von 1870/71 endete mit der Niederlage Frankreichs.

[2] Region im gebirgigen Norden Algeriens, bewohnt von den berberischen Kabylen

[3] Europäer, die in Algerien siedeln

Latréaumont und bezeichnete mich, wie hierzulande aus Höflichkeit üblich, als Monseigneur[1] statt einfach als Monsieur.

Ich berichtete von unserem Abenteuer am Hafen und Monsieur Latréaumont befand:

„Mein Neffe Emery hat ganz Recht, Monseigneur: Sie ziehen das Abenteuer an wie ein Magnet die Kompassnadel!“

Ein aufgeregter Diener lief zu uns in den Garten und blieb keuchend vor dem Hausherrn stehen.

„Monseigneur, Monseigneur, heute sind es schon zwölf! Eine wahre Plage!“

„Nicht jetzt, Tafas, lass uns mit den Ratten in Frieden“, winkte Latréaumont ab.

„Ratten?“, fragte ich.

„Eine Plage kommt selten allein“, erklärte Latréaumont. „Was die Schwarzen Skorpione für die Straßen und Plätze von Algier sind, sind die Ratten für die Häuser. In jüngster Zeit haben sie sich stark vermehrt. Wir haben im Keller eine große Falle aufgestellt und vorgestern vier von den Biestern gefangen. Gestern waren es sieben. Und heute zwölf. Wo soll das noch hinführen?“

„In den Keller“, sagte ich.

„Comment - wie bitte?“

„Ich würde gern in den Keller gehen und mir die Ratten ansehen, wenn uns die Damen entschuldigen wollen.“

Madame nickte, aber ihr Gemahl sah mich entgeistert an.

„Monseigneur, was wollen Sie bei den Ratten?“

„Das zeige ich Ihnen, wenn wir da sind.“

[1] Gnädiger Herrn

Latréaumont wirkte von meinem Wunsch nicht gerade angetan, doch er fügte sich und führte mich in Begleitung des Dieners durch ein Nebengebäude in die weiträumigen Kellergewölbe, die als Warenlager genutzt wurden. Die zahlreichen vergitterten Eichentüren zwischen den einzelnen Räumen verrieten, dass der Keller zu Zeiten der Barbaresken als Bagno gedient hatte, als Sklavenverlies. Der ehemalige Besitzer dieses Dars musste ein reicher Mann gewesen sein und Reichtum drückte sich zu seiner Zeit auch darin aus, dass man viele Sklaven besaß. Die arbeiteten tagsüber im Haus ihres Eigentümers oder in seinem Geschäft, nachts aber wurden sie ins Bagno gesperrt. Wie viele dieser alten unterirdischen Kerker mochten sich unter Algiers Häusern verbergen!

Ein grässliches, quiekendes Geschrei erfüllte den Keller und wurde lauter, je weiter wir vordrangen. Die Laterne des Dieners beleuchtete ein unschönes Schauspiel. Angelockt durch ein Stück rohes Fleisch klebte ein Dutzend fetter schwarzer Ratten am Boden fest. Die Tiere warfen sich hin und her und schrien so jämmerlich, weil es ihnen trotz aller Anstrengungen nicht gelang freizukommen.

„Das war mein Einfall“, erklärte Tafas stolz. „Das Fleisch lockt die Ratten an und auf dem Leim bleiben sie kleben.“

Ich beugte mich vorsichtig über den mit Leim bestrichenen Teil des Bodens und ritzte die Haut der vordersten Ratte mit dem Bussaadi. Die Zuckungen der Ratte wurden ärger, aber sie blieb am Boden haften. Schon nach zwei oder drei Minuten erlahmten ihre Anstrengungen. Sie fiel zur Seite und schnappte gierig nach Luft. Also war das Bussaadi wirklich mit dem Gift des Skorpions getränkt, das zu Atemlähmungen führt. Keine zwei Minuten später war die Ratte verendet.

„Mon Dieu - mein Gott! Das hätte auch ein Mensch nicht überlebt“, stellte Latréaumont mit bleichem Antlitz fest.

„El Agreb el Aswad - der schwarze Skorpion“, sagte ich. „Oder vielmehr die Schwarzen Skorpione. Weiß man Näheres über die Bande?“

„Nicht mehr als Mutmaßungen und Gerüchte. Ihre Machenschaften sollen sich über Raub und Erpressung bis hin zum Mord erstrecken. Kaum einer traut sich, den Mund aufzumachen. Es heißt, El Agreb el Aswad bohrt seinen Stachel in jeden, der auch nur ein Wort über seine dunklen Machenschaften verliert.“

„Nennt sich so der Anführer?“, fragte ich.

„Oui, Monseigneur.“

„Hat er auch einen richtigen Namen?“

„Das ist anzunehmen, aber niemand kennt ihn. Manche sagen, El Agreb el Aswad sitzt mitten unter uns in Algier. Andere halten ihn für einen Führer der aufständischen Kabylen. Wieder andere meinen, man müsse ihn in Bu Saada suchen.“

„Kein dummer Gedanke“, sagte ich mit einem Blick auf das Messer, bevor ich es vorsichtshalber wieder in das Taschentuch wickelte. Ein unachtsamer Ritzer hätte wohl genügt, um einen ausgewachsenen Mann an die Schwelle des Todes und darüber hinaus zu bringen.

Wir verließen das ehemalige Bagno und die quiekenden Ratten, die hier des Hungers sterben würden, und kehrten in den Innenhof zurück. Die drei Damen saßen bei kaltem Tee im Pavillon und unterhielten sich lebhaft. Mademoiselle Dufour schien sehr erregt. Ihre Wangen waren gerötet und ihr Atem ging heftig. Besorgt erkundigte ich mich, ob ihr nicht wohl sei.

„Vielleicht bin ich etwas erhitzt, aber ist das ein Wunder? Habe ich doch gerade erfahren, dass Gilbert in diesem Haus zu Gast gewesen ist!“

„Wann?“, entfuhr es mir.

„Vor zwölf Tagen“, antwortete Madame Latréaumont. „Monsieur Arnaud, Professor Pioche und Monsieur Jacasse waren bei Raoul Saint-Criant zu Gast, der sie in unser Haus mitbrachte.“

„Und wer ist nun wieder Monsieur Saint-Criant?“

„Mein Verlobter“, erklärte Mademoiselle Clairon Latréaumont mit deutlich hörbarem Stolz.

„Und der Besitzer einer hiesigen Schifffahrtslinie“, fügte ihr Vater hinzu. „Eine enge Verbindung zwischen unseren beiden Häusern könnte unserem Unternehmen zusätzliche Absatzmöglichkeiten verschaffen.“

Ich verneigte mich leicht gegen ihn und seine Tochter.

„Dann muss ich doppelt gratulieren, wenn sich das Angenehme auf so einfache Weise mit dem Nützlichen verbinden lässt. Welche Verbindung besteht zwischen dem Verlobten von Mademoiselle Latréaumont und dem von Mademoiselle Dufour?“

„Die Verbindung heißt Vincent Jacasse“, antwortete Latréaumont. „Er ist mit Raoul befreundet und hatte mit seinen Reisegefährten bei ihm Quartier genommen. Übrigens war der Abend, als sie bei uns waren, der letzte, den Jacasse und die Archäologen in Algier verbrachten. Am nächsten Tag wollten sie nach Süden aufbrechen.“

„Elf Tage Vorsprung also“, sagte ich leise. „Wissen Sie etwas über die Reiseroute der Expedition, Monseigneur?“

„Non, malheureusement - leider nicht. Aber vielleicht kann Raoul uns weiterhelfen. Heute Abend erwarten wir ihn zum Essen, um einige Details der geplanten Hochzeit zu besprechen. Sie und Mademoiselle Dufour sind selbstverständlich zu Tisch eingeladen und dabei können wir uns in Ruhe mit Raoul unterhalten.“

„So lange noch warten?“, rief Nadine und sprang auf. „Am liebsten würde ich sofort losreiten, um Gilbert zu suchen. Die Aufstände, von denen Monsieur Latréaumont gesprochen hat, machen mir Angst.“

„Sie werden in Algier bleiben, Mademoiselle“, sagte ich betont streng. „In diesen Zeiten ist eine Reise über die Berge nichts für eine Dame. Ich kümmere mich um Ihren Verlobten, aber erst muss ich Genaueres in Erfahrung bringen.“

Sie wollte etwas erwidern, schnappte aber nur nach Luft und stürzte vornüber. Ich sprang schnell zu ihr und konnte sie im letzten Augenblick auffangen. Ihr Gesicht glühte und auch ihre Stirn war heiß.

„Ein Fieber?“, fragte Madame Latréaumont sorgenvoll.

Kopfschüttelnd antwortete ich:

„Ich glaube eher, es ist die Aufregung und das ungewohnte Klima. In ihrer dicken Kleidung kann Mademoiselle Dufour kaum atmen.“

In André Latréaumonts Augen leuchtete es auf.

„Dann sollten Sie mit Mademoiselle Dufour, sobald es ihr wieder besser geht, den Vater der tausend Gewänder aufsuchen!“

*

Nachdem Nadine Dufour sich ein paar Stunden auf ihrem Zimmer ausgeruht hatte, führte der Diener Tafas sie und mich am Nachmittag zum Vater der tausend Gewänder. Latréaumont hatte mir nicht sagen wollen, wer sich hinter dem seltsamen Namen verbarg. Schmunzelnd meinte er nur, meine Begleiterin und ich würden beim Vater der tausend Gewänder alles finden, was wir an Kleidung benötigten.

Wir stiegen stetig bergan und bald hatte ich Mühe, mir den Weg zu merken. Eine schmale Gasse glich der nächsten, eine steile Treppe folgte auf die andere. Oft drängten sich die Häuser auf beiden Seiten so nah zur Mitte, dass kein einziger Sonnenstrahl auf den Boden fiel. Kein Zweifel, wir befanden uns im Herzen der alten Berberstadt, die in Algier in Anlehnung an die über allem thronende Festung Kasbah genannt wird. Mehrmals legten wir eine Verschnaufpause ein, weil die junge Französin einen solch steilen Aufstieg nicht gewohnt war.

„Endlich!“, stöhnte sie erleichtert, als Tafas vor einem Hauseingang anhielt und erklärte: „Hier wohnt Abu 'l Alf Dschellabah, der Vater der tausend Gewänder.“

Der Diener schlug den Vorhang, der den Eingang schützte, zur Seite und wir betraten ein Haus, in dem es nichts anderes zu geben schien als Kleidungsstücke. Berbertrachten und europäische Anzüge, die blauen Mäntel der Tuareg und die weißen Kapuzenmäntel der Araber, Uniformteile, Hüte und Schuhe.

Wie der seltsame Mann, der uns lächelnd entgegenkam, sich zwischen all den Stapeln von Kleidern hindurchmanövrierte, ohne auch nur einen einzigen umzustoßen, war mir ein Rätsel. Er war nämlich so dick, dass er breiter als hoch zu sein schien. Erst spät sah ich im Halbdunkel des Hauses das ausgesprochen hagere Gesicht, das nicht zu dem überaus fülligen Leib passen wollte. Immer wieder musste er eine seiner schmalen Hände nach oben ausstrecken, um zu verhindern, dass der Schesch ihm über die Augen rutschte. Nein, der Mann war gar nicht dick. Aber er trug so viele Lagen von Kleidung übereinander, dass er damit die halbe Kasbah hätte einkleiden können.

„Dies ist Abdallah, der Vater der tausend Gewänder", erklärte Tafas zu mir gewandt. „Effendi, wirst du den Weg zurück ohne meine Hilfe finden? Im Haus meines Herrn warten wichtige Aufgaben auf mich."

„Geh nur, wir werden auch ohne dich nach Bab-Azoun zurückkehren."

Auch wenn die Kasbah von Algier dem Fremden wie ein undurchschaubares Labyrinth erscheint, gibt es einen sicheren Weg herauszufinden. Je nach seinem Ziel nehme man stets die nächste Treppe nach oben oder nach unten und man gelangt entweder auf das Bergplateau mit der Festung oder zum Hafen.

Tafas verließ das Haus und der Vater der tausend Gewänder, der seinen Namen in jeder Hinsicht zu Recht trug, baute sich vor uns auf.

„Habakek - seid mir willkommen! Ich sehe, Tafas bringt euch zu mir. Also seid ihr Freunde des Effendis André Latréaumont und ich will euch mit ganz besonderer Freude dienlich sein."

So ging es noch eine ganze Weile fort und auch ich brachte einige honigsüße Freundlichkeiten über meine Lippen. Der Morgenländer liebt es nämlich, Geschäfte mit scheinbar unverbindlichen Floskeln einzuleiten, die ihm aber sehr wohl einiges über sein Gegenüber verraten. Im Verlauf unseres Gesprächs kam ich auf die vielen Gewänder am Leib des Kleiderhändlers zu sprechen und fragte ihn halb scherzend, ob er nicht darunter ersticke.

„Aber Effendi, ohne diese Kleider würde ich hier an der Küste erfrieren!“ Er schien schon bei dem bloßen Gedanken an das Ablegen der Gewänder zu frösteln. „Als ich noch ein Junge war, lebte ich mit meinen Eltern auf einem Landgut in den südlichen Bergen, dort, wo schon die heiße Wüstensonne brennt. Aber die neuen Herren aus dem Bilad[1] der Frandsch[2] beanspruchten unser Land für sich. Wir zogen nordwärts und ließen uns schließlich in El Dschesair nieder, wo ich diesen bescheidenen Laden von meinem Vater übernahm. Doch die kühle Luft, die über das Meer heranweht, macht mich immer frösteln, wenn ich mich nicht warm anziehe.“

Kühl war es heute ganz gewiss nicht. Und was der Vater der tausend Gewänder als ‚warm anziehen‘ bezeichnete, hätte bei den herrschenden Temperaturen genügt, um einen Europäer in Sekundenschnelle verdampfen zu lassen.

Als wir dem Händler unsere Wünsche unterbreitet hatten, wandte er den Kopf um und rief:

„Yussuf Ben Abdallah, wo treibst du dich rum? Kundschaft ist hier, Freunde von Latréaumont Effendi!“

„Ich komme schon, Vater“, rief eine junge Männerstimme von hinten aus dem Laden.

[1] Land

[2] Franken, Franzosen; wird auch allgemein zur Bezeichnung von Europäern gebraucht (Einzahl: Frandschi).

Dem etwa zwanzigjährigen Yussuf, der herbeigeeilt kam, war die enge Verwandtschaft mit dem Händler auf den ersten Blick anzusehen. Obwohl jünger, größer, mit einem volleren Gesicht und mit viel weniger Kleidern am Leib, erkannte man die Abstammung an der etwas zu langen Nase, den sehr dunklen Augen und dem leicht eingekerbten Kinn. Merkmale, die beiden zu Eigen waren.

Sein Vater trug ihm auf, sich um mich zu kümmern, während der Vater der tausend Gewänder sich der Französin annahm. Die Blicke, die Yussuf ihr zuwarf, zeigten deutlich, dass er eine andere Aufgabenverteilung vorgezogen hätte. Er führte mich in einen Raum, der von jener Beduinenkleidung überquoll, nach der ich mich erkundigt hatte. Gerade hatte ich einen Haik[1] um den Leib und einen Schesch um den Kopf gelegt, als ich lauten Lärm vernahm: Schreie und dann sogar einen Schuss.

Von Sorge um Mademoiselle Dufour erfüllt, rannte ich durch die Räume voller Kleider, bis ich auf eine seltsame Szene stieß. Der Vater der tausend Gewänder hielt sich mit fünf weiteren Männern in einem großen Raum auf, wo mehrere der Kleiderstapel umgestürzt waren. Da ich die Französin nirgendwo entdeckte, atmete ich erleichtert auf. Sie war wohl noch in einem anderen Zimmer mit der Anprobe beschäftigt.

Auf den ersten Blick war klar, dass die fünf mir unbekannten Männer in zwei einander feindselig gegenüberstehende Gruppen geteilt waren. Die größere Gruppe bestand aus drei Europäern, die keinen guten Eindruck auf mich machten. Ihre Kleidung war ein wenig zu geckenhaft. Ihre Blicke verrieten Hoch-

[1] Mantelartiges Umschlagtuch

mut und Verachtung für die beiden Beduinen, die ihnen gegenüberstanden.

Die wiederum hätten nicht unterschiedlicher aussehen können. Der eine war ein stattlicher Krieger, etwa von meiner Statur und auch in meinem Alter. Er stach mir sofort ins Auge, weil sein Schesch und sein Haik von roter Farbe waren. Sein bartloses Antlitz zeigte ebenmäßige und edle Züge, die einer gewissen Härte nicht entbehrten. Seine schmalen Augen blickten die drei Europäer verächtlich an.

Wenn ich auch bei den Beduinenstämmen schon die verschiedensten Sitten kennen gelernt hatte, ein Mann wie der Rote war mir noch nicht untergekommen. Ist die Kleidung der Moslems doch überwiegend weiß, wie es ihr Prophet Mohammed empfohlen hat. Und fast jeder Moslem, der das Mannesalter erreicht, trägt einen Bart, denn Mohammed hat geraten, den Bart lang wachsen zu lassen.

In dieser Beziehung eiferte auch der zweite Beduine seinem Propheten nicht besonders nach. Zwar hingen ein paar wenige Bartfäden von seinem Kinn hinab und einige dürre Schnurrbarthärchen spreizten sich widerspenstig in alle Himmelsrichtungen, doch kam ich beim schnellen überschlägigen Zählen auf nicht mehr als zwei Dutzend Barthaare insgesamt. Das war nun gewiss nicht der Bartwuchs, den der Prophet im Sinn gehabt hatte, als er sprach: ‚Schneidet den Schnurrbart kurz und lasst den Kinn- und den Backenbart lang!‘

Auch sonst war der zweite Beduine eine reichlich merkwürdige Erscheinung. Er war nicht größer als der kleine André Latréaumont und so spindeldürr, dass der Vater der tausend Gewänder, hätte man ihn sämtlicher Gewänder entledigt, sich wohl wie ein Muskelpaket neben ihm ausgenommen hätte. Über dem Gesicht des Kleinen schwebte ein Riesending von Turban, der einmal einem doppelt so großen Mann gehört haben musste. Das galt auch für den Burnus, der auf dem Boden hinter ihm herschleifte wie die Schleppe einer Braut. War die Kleidung des großen Beduinen leuchtend rot und augenscheinlich noch nicht alt, so schien die einstmals weiße Gewandung des Kleinen schon ein paar Menschenalter hinter sich zu haben.

Der altertümliche Schießprügel in seinen Händen passte zu der ganzen Erscheinung. Der Vorderlader, der wohl noch aus der Zeit des großen Napoleon stammte, war drohend auf die drei Europäer gerichtet, die sich aber nicht sonderlich beeindruckt zeigten. Zumal der seltsame Beduinenvogel sein schweres Geschütz bereits abgefeuert hatte, wovon ein Loch in der hölzernen Trennwand hinter den Europäern kündete. Das war der Schuss gewesen, der mich alarmiert hatte.

Einer der Europäer, der durch seine blasse Haut und das hellblonde, fast weiße Haar auffiel, trat einen Schritt vor. Ich sah in seiner Rechten den Revolver, dessen Mündung auf den kleinen Beduinen zeigte.

„Ich sagte doch, dass ihr dreckigen Wüstenratten zu dämlich zu allem seid, sogar zum Schießen“, höhnte er in einem verballhornten Arabisch, das mit Müh und Not zu verstehen war. „Zum Schießen dämlich sozusagen.“ Er gackerte über sein Wortspiel, wurde aber schlagartig wieder ernst. „Jetzt werde ich dir mal zeigen, wie man mit einer Waffe umgeht, du abgeschnittener Haremswächter! Wetten, dass ich dir die Nasenspitze abrasiere, ohne groß zu zielen?“

Und schon ruckte die Hand mit der Waffe vor.

Ich überlegte, wie ich dem Kleinen am besten helfen konnte. Eingedenk der Erfahrung am Hafen hatte ich einen meiner Revolver an mich genommen, bevor ich Latréaumonts Haus verließ. Aber die Waffe steckte in meiner Jacke und die hatte ich zur Anprobe abgelegt.

Ehe ich einen Entschluss fassen konnte, sprang der kleine Beduine vor und schlug mit seinem Flintenlauf so arg gegen die rechte Hand des Europäers, dass dieser vor Schmerz aufjaulte und seine Waffe fallen ließ. Und schon griff der Kleine wieder an und stieß das schwere Rohr seiner Flinte dem anderen in die Magengrube. Der Getroffene stieß ein rasselndes Keuchen aus und fiel dem Beduinen vor die Füße.

„Hamdullilah - Preis sei Gott!“, rief der Kleine aus. „Du hast mir tatsächlich beigebracht, wie man mit einer Waffe umgeht, Giaur[1]. Eben noch dachte ich, solch ein Tüfenk[2] sei zum Schießen da. Dank dir aber kenne ich jetzt den wahren Verwendungszweck. Das Abschießen der Kugeln dient nur dem Lärm. Man kann es bestenfalls benutzen, um gefräßige Vögel vom Feld zu scheuchen. Ihren wahren Wert beweist eine solche Waffe erst, wenn man sie gebrauchen kann, um einer stinkenden Kröte wie dir auf die Finger zu klopfen. Wallahi - bei Gott, du bist ein ausgezeichneter Lehrer, Giaur!“

Während der Beduine zeigte, dass sein Mundwerk noch größer war als sein Turban, griffen die beiden anderen Europäer in ihre Rocktaschen und jeder brachte einen Revolver zum Vorschein.

[1] Ungläubiger; aus dem Türkischen stammendes Schimpfwort für einen Nichtmoslem

[2] Flinte

Mit einem Satz war ich bei einem von ihnen, einem großen, schlanken Mann mit sauber gestutztem Schnurr- und Kinnbart. Ich packte seinen rechten Arm mit beiden Händen, die ich ruckartig in entgegengesetzte Richtungen drehte. Für ihn musste es ein Gefühl sein wie von tausend Nadeln, die in seinen Arm gebohrt wurden. Er stieß einen erstickten Schmerzenslaut aus und schon lag ein weiterer Revolver zwischen den umgestürzten Tuchballen.

Aus den Augenwinkeln sah ich, wie der Rotgewandete eine rasche Handbewegung vollführte. Ein Dolch, den der Beduine offenbar in einem versteckten Armband getragen hatte, fuhr in den rechten Oberarm des dritten Europäers. Auch der Mann, ein grober Kerl mit rotem Haar und einem feisten Schweinsgesicht, verlor seine Waffe. Seine Linke hielt den verletzten Arm und zähneknirschend rang er mit dem Schmerz.

Der kleine Beduine lehnte sein Gewehr gegen einen Kleiderballen und hob einen Revolver auf, mit dem er auf die drei Europäer zielte.

„Ama di bacht - welch ein Glück, dass ich dank euch Schakalen auf einmal so gut mit Waffen umgehen kann. Sie kommen mir schon von selbst zugeflogen. Jetzt wollen wir mal sehen, ob eure Warahwir[1] ebenso ungenau schießen wie mein Tüfenk!"

Er drückte mehrmals hintereinander ab und jagte die Kugeln dicht vor den Füßen der Europäer in die Kleiderstapel. Einer nach dem anderen ergriff die Flucht, zuletzt der Blasshäutige, der anfangs zu Boden gegangen war.

„Lauft nur, ihr feigen Schakale!", rief ihnen der Kleine nach. „Lauft durch die Straßen und schreit eure

[1] Revolver (Mehrzahl von Wirwir)

Feigheit hinaus! Und sagt allen, wer euer Bezwinger ist! Nämlich Hadschi..."

Ein Hadschi war der Kleine also, ein Pilger, der in Mekka gewesen ist. Weiter konnte er sich nicht vorstellen. Ein kurzer Laut des anderen Beduinen brachte ihn zum Schweigen.

Yussuf und Mademoiselle Dufour, die zur Anprobe ein leichtes helles Kleid trug, betraten den Raum und der junge Berber erkundigte sich bei seinem Vater, was vorgefallen war.

„Drei Frandsch haben diese Bedwân[1] verspottet. Und dann ging alles so schnell, als habe Allah einen Blitz unter die Spötter gesandt, ya salâm, ya latîf – o Himmel, o Gütiger!"

„Ein Blitz? Was redest du, Abu 'l Alf Dschellabah?", empörte sich der kleine Hadschi. „Der Lauf meiner Flinte, die Schnelligkeit dieses Besuchers deines Hauses und der Dolch meines Sihdi haben die räudigen Hunde vertrieben."

„Halef spricht wahr", ließ sich der Rote vernehmen. Seine Stimme hatte einen metallischen, aber nicht unangenehmen Klang, von jener Art, die das Befehlen gewohnt ist und die, sobald sie ertönt, allgemeine Aufmerksamkeit erheischt. „Die drei Frandsch zogen ihre Warahwir und doch haben wir sie vertrieben. Lâ hawla we lâ quwwa illa b-illah – es gibt keine Macht und Stärke, außer bei Gott! Er stärkt die Hand des Gläubigen gegen den Ungläubigen. Drei fromme Anhänger des Propheten haben über die gottlosen Frandsch gesiegt."

Dass er mich für einen Anhänger des Propheten hielt, war nicht verwunderlich. Die langen Jahre in fernen Zonen hatten meine Haut gebräunt und mein

[1] Beduinen (Mehrzahl von Bedawi)

dunkler Bart tat im Verein mit Schesch und Haik ein Übriges, um mich als einen Sohn Nordafrikas erscheinen zu lassen.

Ich wandte mich dem Sprecher zu:

„Ich kenne deinen Namen nicht, Vater des schnellen Dolches, aber ich muss dir sagen, dass du dich in einem zweifachen Irrtum befindest."

Die Stirn des Rotgewandeten legte sich in Falten, aber der kleine Hadschi namens Halef, der sich in wichtig tuerischer Positur vor mir aufbaute, hatte das schnellere Mundwerk:

„Den Namen meines Sihdi sollst du sogleich erfahren. Es ist der weithin berühmte Kamal Ben Baschar Rustem, Sohn des Scheiks der Beni Hammada. Nun kennst du seinen Namen, aber er nicht den deinen."

Ich nannte meinen Namen und der Hadschi prallte förmlich zurück.

„Ne'usu b-illah - um Gottes willen!", rief er, das schmale Gesicht ein einziger Ausdruck der Verwunderung. „Was ist denn das? Doch wohl kein Name! Das ist ja kürzer als der Ruf eines Fenneks[1]. Bevor man die Ohren öffnet, ist alles schon vorüber. Allah kerîm - Gott ist gnädig, aber nicht mit denen, die keinen richtigen Namen haben." Fast mitleidig sah er mich an. „Wie soll Allah sich deine guten Taten merken, Effendi, wenn dein Name ist wie das Husten eines Kindes? Sag ihn noch einmal, aber so, dass er nicht vorüber ist, ehe du den Mund aufmachst!"

Langsam wiederholte ich die beiden wahrlich nicht langen Silben.

Seine Augen hingen an meinen Lippen und mühsam versuchte er, die Worte nachzusprechen.

[1] Wüstenfuchs

„Kara..." verballhornte er meinen Vornamen, und das war es auch schon. „Sâmehni, ya sihdi - Verzeihung, o Herr, aber meine Ohren wollen deinen Namen nicht richtig hören. Aus welchem Bilad kommst du, zu welchem Stamm gehörst du? Solch einen Namen habe ich noch nie vernommen."

„Ana almani, w-ana men almaniya - ich bin Deutscher und ich komme aus Deutschland."

„Almani? Almaniya?", stöhnte Halef und zupfte verzweifelt an seinen dünnen Barthärchen. „Auch das sind fremdartige Worte, die nur schwer über meine Lippen kommen. Und von dem Bilad namens Almaniya habe ich noch nichts gehört."

„Dann vielleicht von dem Land der Nemsi, das gleich nebenan liegt?", versuchte ich es mit dem Nachbarstaat Österreich.

„Das Bilad der Nemsi, maschallah[1], warum hast du das nicht gleich gesagt? Natürlich kenne ich die Nemsi, deren wohlklingender Name in allen Oasen und Duars[2] erklingt. Ein tapferer Stamm, der eng mit dem deinen verwandt ist, nicht wahr?"

„In der Tat."

„Also bist du in Wahrheit vom Stamm der Nemsi, der so berühmt ist, dass dein Stamm sich ihm freiwillig unterworfen hat, oder?"

„Nun ja, eigentlich..."

„Jetzt durchschaue ich dich, ya sihdi!", unterbrach er mich. „Deine Bescheidenheit hat dir verboten, von deinem berühmten Stamm zu erzählen. Deshalb hast du all die Namen genannt, die gar keine sind. Ein stolzer Sohn der Nemsi bist du, Kara Ben Nemsi! Ein

[1] Was Gott will (Ausruf der Verwunderung)

[2] Zeltlager

Name, der gut klingt und den man sich merken kann."

Die Worte sprudelten über die Lippen des Kleinen mit einer Schnelligkeit, die weder Unterbrechung noch Widerspruch duldete. Insgeheim vermutete ich, dass er von den Österreichern ebenso wenig gehört hatte wie von den Deutschen. Aber weil er nicht als unwissend dastehen wollte und weil der Name der Nemsi seiner Zunge so angenehm war, erhob er die Österreicher zum in ganz Afrika berühmten Stamm und mich zu ihrem stolzen Sohn. Reisender, so kann es dir ergehen, wenn du dich unter fremde Völker mischst!

„Erlaube mir, edler Kara Ben Nemsi, dir meinen Dank für deine Hilfe auszusprechen", fuhr er auch schon fort. „Und jetzt sollst du auch erfahren, wem du zur Seite gesprungen bist. Mich nennt man Hadschi Halef..."

„Uskut - schweig!", herrschte ihn Kamal Ben Baschar Rustem an. „Merkst du nicht, dass dieser Schwindler ein Frandschi ist, ein Ungläubiger?"

Ich trat zwei Schritte auf Kamal zu, bis mich nur noch eine Armlänge von ihm trennte. Jetzt erst erkannte ich die rote Tätowierung auf seiner Stirn, direkt über der Nasenwurzel. Es war das Symbol des Wassers, eine vom Schesch bis zur Nase führende Zickzacklinie, wie ich sie ähnlich schon auf dem Bussaadi gesehen hatte.

„Mit welchem Recht nennst du mich einen Schwindler, Kamal Ben Baschar Rustem?"

„Du bist ein Ungläubiger und weißt nicht, was die Gelehrten sagen, Kara Ben Nemsi", erwiderte er mit deutlicher Verachtung. „Die Ungläubigen sollen nicht dieselbe Kleidung tragen wie die Gläubigen!"

„Du widersprichst dir selbst. Wenn ich als Ungläubiger nicht davon gehört hätte, hätte ich dich und Halef nicht anschwindeln können. Denn wer schwindelt, handelt mit voller Absicht. Sei aber versichert, Kamal Ben Baschar Rustem, dass ich dich über mich aufklären wollte, als ich von deinem doppelten Irrtum sprach. Dein erster Irrtum war, dass ich ein Anhänger des Propheten sei, der zweite, ich sei ein Ungläubiger."

„Kelb - du Hund, willst du mich verhöhnen? Mit einem Satz gibst du zu, kein Anhänger des Propheten zu sein, aber im nächsten behauptest du, du seist kein Ungläubiger! Wer könnte so reden außer einem Schwindler?"

„Ein aufrechter Mann", sagte ich ruhig, um keine neue Handgreiflichkeit zu provozieren. „Die Nemsi" - ich blieb bei diesem Namen, der den Beduinen so leicht über die Lippen kam - „glauben ebenso an Gott wie ihr, auch wenn sie ihn nicht Allah nennen und nicht der Lehre des Propheten Mohammed folgen."

„Ich aber folge seiner Lehre. Nach den Worten des Propheten sind alle, die fremden Lehren anhängen, Ungläubige, also auch du! Da du meinem Diener gegen deine eigenen Brüder geholfen hast, will ich dir die Sünde der Täuschung nachsehen."

Grußlos ging er an mir vorüber und verließ das Haus des Kleiderhändlers, gefolgt von seinem kleinen Diener, der zuvor den erbeuteten Revolver wieder mit seinem Schießprügel vertauschte. Täuschte ich mich oder warf dieser Hadschi Halef mir einen bedauernden Blick zu, bevor er hinter einem Turm gestickter Jacken und Westen verschwand?

„Nicht gerade ein freundlicher Abschied", meinte

ich und wandte mich dem Vater der tausend Gewänder zu. „Kennst du Kamal Ben Baschar Rustem näher, Abdallah?“

„Ich weiß nur, dass sein Vater der oberste Scheik der Beni Hammada ist.“

„Beni Hammada - Söhne der Steinwüste. Von diesem Beduinenstamm habe ich noch nie gehört. Wo lebt er? Und was hat die rote Kleidung zu bedeuten?“

„Das eine hängt mit dem anderen zusammen, Sihdi. Früher trug der Stamm einen anderen Namen, doch der ist heute verflucht. Das rührt aus der Zeit vor vielen Jahrhunderten, als meine Vorfahren, die ihr Frandsch Berber nennt, noch nicht dem rechten Glauben angehörten. Aus dem Osten waren die Beni Arab[1] in unser Land gekommen, um die Lehre des Propheten mit Feuer und Schwert zu verbreiten. Die Berber kämpften mit Zähigkeit und List gegen die Eindringlinge. Vor einer großen Schlacht beauftragte der oberste Feldherr der Beni Arab einen seiner engsten Vertrauten, den Scheik eines tapferen Stammes, mit der Verteidigung eines wichtigen Gebirgspasses. Den Pass zu halten war entscheidend für den Ausgang der Schlacht. Aber die Wachen dieses Stammes, die das Nahen der Berber melden sollten, wurden von diesen in eine Falle gelockt. Schöne Frauen und berauschende Getränke betäubten die Sinne der Wachen. Die Berber konnten ungehindert in den Pass eindringen und für die Beni Arab ging die Schlacht verloren. Jener Stamm aber verlor seine Ehre und seinen Namen. Seine Angehörigen nennen sich heute Beni Hammada, weil sie in der unwirtlichen Fels- und Schuttwüste leben. Die rote Farbe ihrer Kleidung ist

[1] Araber (wörtlich Söhne Arabiens)

ein Teil ihrer Strafe. Jeder soll die Ehrlosen schon von weitem daran erkennen, dass ihre Kleidung von der Farbe des Blutes ist, von dem so viel in der glücklosen Schlacht vergossen wurde. Auch das Recht, die Zierde der Männlichkeit - einen Bart - zu tragen, wurde ihnen aberkannt."

„Für einen Ehrlosen erschien mir dieser Kamal sehr stolz", gab ich zu bedenken.

„Die Beni Hammada sind Fremden gegenüber abweisend. Man sagt, sie hätten eine wichtige Aufgabe übernommen, um die Schande von sich zu waschen. Vielleicht ist dies der Grund für ihren Stolz. Vielleicht fürchten sie aber auch, abermals hintergangen zu werden, so wie damals die Wächter am Pass."

„Eine wichtige Aufgabe? Wovon sprichst du, Abdallah?"

„Näheres weiß ich nicht, Kara Ben Nemsi."

Es belustigte mich, diesen Namen jetzt auch von ihm zu hören. Ich wandte meine Gedanken wieder dem geheimnisvollen Beduinenstamm zu und sagte: „Ich kann mir keine wichtige Aufgabe denken, die es in der öden Steinwüste zu erledigen gibt. Wo genau liegt das Gebiet der Beni Hammada?"

„Sie weiden ihre Herden zwischen den Oasen El Golea und Timimun, weit abgeschieden von allen Karawanenwegen. Ihr Gebiet gilt als verflucht, weil sich mitten darin der Dschebel[1] esch Scheitan erhebt."

„Der Berg des Teufels? Auch davon hörte ich noch nichts."

„Niemand spricht gern darüber, um den Scheitan, der dort haust, nicht heraufzubeschwören. Ich war nie so weit im Süden, obwohl es dort bestimmt ange-

[1] Berg

nehm warm für mich wäre. Man sagt aber, der Scheitan sei so mächtig, dass sein Atem wie eine Fahne über dem Berg weht."

„Ich wollte Kleider bei dir kaufen und erhalte stattdessen Rätsel über Rätsel, o Abdallah."

„Und ich wollte Kleider verkaufen, aber sowohl die drei Franzosen als auch der Beni Hammada und sein Diener verließen mein Haus, ohne etwas zu erstehen. Dabei wollte Kamal Ben Baschar Rustem der Mutter seiner Kinder ein ganz besonders schönes Gewand mitbringen. Doch die streitlustigen Frandsch haben die Bedwân herausgefordert. Der Beni Hammada blieb ruhig, aber sein Diener beschimpfte die Frandsch und feuerte zur Warnung seine Flinte ab."

Der Vater der tausend Gewänder seufzte so schwer, dass sein Schesch erbebte.

„Ich werde dir ersetzen, was dir entgangen ist", versprach ich und sein Gesicht hellte sich auf wie das eines Kinds beim Anblick das Christbaums. „Dieser Hadschi trägt kein rotes Gewand. Gehört er nicht zu den Beni Hammada?"

„Nein, sonst wäre auch er in Rot gekleidet. Die Beni Hammada haben ein paar Diener, die nicht von ihrem Blut sind."

Mademoiselle Dufour und ich wählten aus, was wir benötigten, und ich zahlte dem Vater der tausend Gewänder zum Ausgleich für die entgangenen Geschäfte die doppelte Summe. Zwar trug ich keine Schuld an seinem Unglück, aber ich wollte ihn dafür entlohnen, dass er mir so bereitwillig Auskunft erteilt hatte. Die Waren sollten am nächsten Tag zu Latréaumonts Haus gebracht werden.

Es dämmerte schon, als ich mit meiner Begleiterin

wieder in die engen Gassen der Kasbah trat. Meine Gedanken kreisten um den Dschebel esch Scheitan, um die Beni Hammada und um den stolzen Sohn ihres Scheiks. Aber seltsam, mehr noch dachte ich an seinen Diener, den kleinen Halef.

3. Schatten in der Kasbah

Schatten, Vorboten der bald hereinbrechenden Nacht, beherrschten die Kasbah. Hier, wo schon mitten am helllichten Tag jeder Sonnenstrahl sich mühsam seinen Weg durch das Gedränge von vorspringenden Dächern und die Wege gänzlich überdeckenden Gewölben suchen muss, beginnt die Nacht früh. Die Händler hatten ihre Stände verlassen, Gaukler und Musikanten bevölkerten nicht länger Straßen und Treppen. Aus den winzigen Fenstern drangen vereinzelte Lichtstrahlen, hörten wir hin und wieder leise Stimmen oder den melodischen Klang einer Flöte. Doch hier draußen waren wir allein mit unseren Gedanken.

Die Beni Hammada beschäftigten meine Fantasie. Entsprach das, was der Vater der tausend Gewänder mir über den Stamm der Entehrten erzählt hatte, der Wahrheit? Oder war die morgenländische Fabulierlust mit ihm durchgegangen, hatte er mir ein Märchen aus Tausendundeiner Nacht erzählt? Unglaublich klang die ganze Geschichte.

Eins stimmte auf jeden Fall: Kämpfe zwischen Arabern und Berbern hatte es in der Vergangenheit reichlich gegeben. Die Berber waren schon immer ein kriegerisches Volk gewesen und ein geheimnisumwittertes dazu.

Die Wissenschaftler streiten über die Herkunft der Berber, die wohl ein Gemisch verschiedener Völker sind, die Nachfahren von Libyern, Numidiern und Mauretaniern. Seit Tausenden von Jahren sind sie das Kämpfen gewöhnt, gegen die Römer, die Vandalen, die Byzantiner und die arabischen Eroberungsheere, die unter der grünen Fahne des Propheten in ihr Land einfielen. Die siegverwöhnten Verkünder des rechten Glaubens stießen bei den Berbern auf erbitterten Widerstand. Häufig ließen sich die Berberstämme unter militärischem Druck nur bekehren, um bei nächster Gelegenheit erneut zur Waffe zu greifen. Der islamische Geschichtsschreiber Ibn Khaldum berichtet, dass die Berber innerhalb von zehn Jahren zwölfmal vom Islam abfielen.

Ich konnte mir gut vorstellen, dass es im Verlauf dieser Kriege zu jener Schlacht gekommen war, von der Abdallah erzählt hatte. Aber was suchte ein Angehöriger des entehrten Stammes, dessen Weideplätze weit draußen in der Sahara lagen, hier in Algier? Ich glaubte, dass Kamal Ben Baschar Rustem eine Handelskarawane hergeführt hatte. Vermutlich war selbst ein so abgeschottet lebender Stamm auf den Handel angewiesen, um die Güter zu beschaffen, die es in der Wüstenei der Hammada nicht gab.

Wie unendlich verschlungen die Gassen der Kasbah waren, merkte ich jetzt, wo mir der kundige Führer fehlte und wo die sich mehr und mehr ausbreitenden Schatten die Markierungspunkte verschluckten, die ich mir auf dem Herweg so sorgsam eingeprägt hatte. Einmal lief ich mit meiner Begleiterin ein gutes Stück im Kreis und zweimal zwang uns eine Sackgasse zur Umkehr.

Als wir das zweite Mal enttäuscht vor einer Mauer standen und uns umwandten, glaubte ich eine Bewegung am Ende der Sackgasse zu bemerken. Dort fiel einer der letzten Sonnenstrahlen auf die gewundene Treppe, die wir herabgestiegen waren. Irgendetwas hatte für den Bruchteil einer Sekunde im Licht gestanden, vielleicht nur eine Katze oder eine Ratte. Aber jener sechste Sinn, der mich auf meinen Reisen durch Urwald und Steppe schon oft vor drohender Gefahr gewarnt hatte, sprach mich auch jetzt an. Möglicherweise hatte ich unterbewusst etwas wahrgenommen, während meine Gedanken mit den Beni Hammada und mit der Suche nach dem Weg zur Straße Bab-Azoun beschäftigt gewesen waren. Meine rechte Hand fuhr zum Revolver, mit der linken schob ich Mademoiselle Dufour ins schützende Halbrund eines Hauseingangs.

Da erscholl ein lauter Ruf:

„U'a - sei vorsichtig, Kara Ben Nemsi!"

Gleichzeitig lösten sich mehrere Gestalten aus den Schatten vor mir und stürmten auf mich zu. Es waren keine Europäer, sondern Einheimische. Sie hielten schlanke Messer in den Händen - Bussaadis!

Ich hegte wenig Zweifel, dass die lautlosen Angreifer zu den Schwarzen Skorpionen gehörten. Wäre der Überfall unvorbereitet gekommen, hätte mich wohl eine der wahrscheinlich vergifteten Klingen zumindest leicht verletzt und das Gift des Skorpions den Rest erledigt. So aber blieb mir Zeit genug, fünf Schüsse abzugeben. Ich hatte fünf Angreifer gezählt und zielte auf ihre Beine, um nicht unnötig Menschenleben auszulöschen. Schreie und Flüche drangen durch die Nacht und die Attentäter gingen zu Boden.

„Kull schejatin - alle Teufel!“, ertönte eine raue Stimme. „Der Giaur ist bewaffnet und trifft im Dunkeln besser als mancher andere am Tag. Ilâ el chalf - zurück!“

Die zweibeinigen Skorpione, offenbar nicht im Besitz von Feuerwaffen, ergriffen humpelnd und sich gegenseitig stützend die Flucht. Ich überlegte, ob ich die Gelegenheit nutzen sollte, um einen Gefangenen zu machen, der mir wertvolle Auskünfte über das Treiben der Bande geben konnte. Aber ich hatte nur noch eine Patrone in der Trommel meines Revolvers und musste bei dem kaum vorhandenen Licht damit rechnen, dass auch ein verwundeter Skorpion mir eine Verletzung mit seinem Giftmesser beibrachte. Zudem wollte ich Nadine nicht schutzlos zurücklassen. Aus diesen Erwägungen ließ ich sämtliche fünf Attentäter entkommen.

Als auch der letzte die Sackgasse verlassen hatte, vernahm ich, während ich meine Waffe nachlud, Schritte, die sich vorsichtig näherten. Das musste der Orientale sein, der mich gewarnt hatte.

„Ta'al, ya saheb - tritt näher, Freund!“, rief ich ihm zu. „Die Gefahr ist gebannt.“

„Ya allah, ya nubi, ya suruhr - o Allah, o Prophet, o Freude!“, ertönte augenblicklich die Antwort. „Dein Wirwir hat die Mörder vertrieben. Allah segne dein gutes Auge und deine sichere Hand, Kara Ben Nemsi!“

Der Mann trat näher und im letzten Licht des sterbenden Tages erkannte ich ihn. Erst vor kurzem hatte ich mit ihm im Haus des Kleiderhändlers gesprochen.

„Was tust du hier, Yussuf Ben Abdallah?“

„Ich kam, um dich und die Mademoiselle vor den Mördern zu warnen."

„Schukran - danke, dein Warnruf kam zur rechten Zeit. Aber woher hast du von dem Überfall gewusst?"

„Ich bemerkte, wie die Bande sich an unserem Haus vorbeidrückte, kurz nachdem ihr es verlassen hattet. Diese Männer verhielten sich so, als wollten sie nicht gesehen werden, und das erregte erst recht meine Aufmerksamkeit. Also schlich ich denen nach, die euch nachschlichen."

Während der Sohn des Kleiderhändlers dies berichtete, hingen seine Augen fast unverwandt an Nadine, die aus dem Hauseingang herausgetreten war. Schon vorhin war mir aufgefallen, dass der junge Berber von ihr sehr eingenommen war. Sollte das der wahre Grund dafür sein, dass er uns gefolgt war? Mir konnte es gleich sein. Zwar wäre es mir wohl auch ohne seine Warnung gelungen, die Feinde in die Flucht zu schlagen, aber Yussufs Ruf war dennoch eine Hilfe gewesen. Die Attentäter wussten sich entdeckt, ohne zu ahnen, dass nur ein einzelner hinter ihnen stand. Dies hatte vielleicht zu der erstaunlichen Schnelligkeit ihres Rückzugs beigetragen.

„Kennst du die Männer, die uns überfallen wollten?", fragte ich ihn.

„Lâ, ya sihdi - nein, Herr. Es war zu dunkel, um sie zu erkennen."

„Ich vermute, dass sie zu El Agreb el Aswad gehören. Weißt du etwas über diese Bande?"

„El Agreb el Aswad? Bei den hundert Namen Allahs, dann war die Gefahr noch größer, als ich dachte! O Sihdi, sei froh, dass es so glimpflich abgegangen ist. El Agreb el Aswad ist der gefürchtetste Mann in ganz Algier."

„Das habe ich schon gehört. Doch wer verbirgt sich hinter diesem Namen?"

„Musch'arif - das weiß ich nicht. Größer als die Gefährlichkeit des Schwarzen Skorpions ist nur das Geheimnis, das ihn umgibt. Wenn er die Mörder ausgesandt hat, solltet ihr rasch zu Latréaumont Effendi heimkehren. Die Schwärze der Nacht könnte den Attentätern den verlorenen Mut zurückbringen."

„Ein weiser Rat, Yussuf."

„Ich werde euch führen, damit ihr den kürzesten Weg findet. Die Gassen der Kasbah sind so gewunden wie der Leib einer zusammengeringelten Schlange."

Dankbar nahm ich sein Angebot an und keine fünfzehn Minuten später standen wir zwischen den Mauern und Palmen von Bab-Azoun. Als ich in meine Tasche griff, um Yussuf meinen Dank in klingender Münze abzustatten, hob er abwehrend die Hände.

„Lâ, lâ - nein, nein! Nicht für Geld habe ich das getan, sondern aus Sorge um dich und die Mademoiselle aus dem Land der Frandsch."

Sein Blick ruhte, wie fast während des ganzen Wegs, auf Nadine und verriet, dass er sich noch mehr um sie als um mich sorgte. Ein glücklicher Ausdruck trat auf sein Gesicht, als sie ihm die Hand reichte, um ihm zu danken und ihm eine gute Nacht zu wünschen. Wie sagt doch der Koran: ‚Verschönt ist den Menschen die Liebe zu dem, was sie begehren.'

*

„Und ist es wirklich wahr, Monseigneur, dass die Einheimischen Sie Kara Ben Nemsi nennen?", fragte leicht belustigt Raoul Saint-Criant, als wir Herren - er, André

Latréaumont und ich – uns nach dem Essen mit einer guten Zigarre in den Rauchsalon zurückgezogen hatten.

Latréaumonts französische Köchin hatte unsere Gaumen mit einem achtgängigen Menü verzaubert, wie es das Hôtel de Paris, das beste Haus am Platz, seinen Gästen nicht aufwendiger und köstlicher hätte vorsetzen können. Die Damen des Hauses saßen jetzt nebenan und lauschten Mademoiselle Dufour, die wohl zum zehnten oder zwölften Mal von unserem Abenteuer in der Kasbah berichten musste. Mir hatten Latréaumont und sein zukünftiger Schwiegersohn dasselbe Schicksal zugedacht. Der ursprüngliche Zweck von Saint-Criants Besuch, nähere Absprachen über die geplante Hochzeit zu treffen, war demgegenüber in den Hintergrund getreten.

Dass der kleine Hadschi mit dem großen Turban mir kurzerhand die österreichische Staatsbürgerschaft verliehen hatte, wusste Saint-Criant vermutlich von seiner Verlobten, die es wiederum von Nadine gehört haben musste.

Während die Blicke der beiden Männer erwartungsvoll auf mir ruhten, lehnte ich mich im Polster meines Sessels zurück, zog genüsslich an der Zigarre und betrachtete zum hundertsten Mal an diesem Abend das faszinierende Gesicht des jungen Reeders. Wer ihn nicht kannte, mochte es auf sein Mienenspiel oder auf die Wirkung des jeweiligen Lichts zurückführen, dass das längliche Antlitz mit dem akkurat gestutzten Schnurr- und Kinnbart mal europäisch und dann wieder höchst orientalisch wirkte. Ich konnte mir gut vorstellen, dass seine elegante Erscheinung und seine schwungvolle Art auf eine junge Frau wie Clairon Latréaumont sehr anziehend wirkte.

Bei Tisch hatte ich auch das Geheimnis seiner ungewöhnlichen Gesichtszüge erfahren. Sein Vater hatte eine Berberin geheiratet, die dem Mann zuliebe zum christlichen Glauben übertrat. In den Zügen des Sohns hatten sich die Vorzüge beider Völker aufs Vorteilhafteste verbunden. Raoul Saint-Criants Mutter war schon vor etlichen Jahren gestorben, der Vater war ihr vor drei Jahren gefolgt. Als einziger Sohn erbte Raoul die Reederei und das gesamte Vermögen. Anfängliche Vorbehalte in der französischen Gemeinde von Algier gegen den Mischling hatten sich verflüchtigt, als sichtbar wurde, dass der Sohn ein ebenso zuverlässiger und erfolgreicher Geschäftsmann war wie der Vater.

Ich erzählte also noch einmal die Geschichte von dem Zusammentreffen beim Vater der tausend Gewänder, nur kurz unterbrochen von Tafas, der uns einen ausgezeichneten Kognak servierte. Als ich berichtete, wie der Diener des Ben Hammada mich für den weithin berühmten Stamm der Nemsi adoptiert hatte, brachen die beiden Franzosen in lautes Gelächter aus. Auch den Überfall in der Kasbah musste ich in allen Einzelheiten schildern.

Interessiert beugte sich Saint-Criant vor.

„Und Sie glauben wirklich, dass diese Kerle für El Agreb el Aswad arbeiten?"

„Natürlich konnte ich bei dem schlechten Licht die Gravuren auf den Klingen nicht erkennen, aber ich bin mir ziemlich sicher, dass die schlanken Messer aus Bu Saada stammen. Liegt es da nicht nahe, die Attentäter für Gesandte des Schwarzen Skorpions zu halten?"

„Ist das nicht ein seltsamer Zufall, dass Sie gleich zweimal an einem Tag Angehörigen dieser heimtückischen Bande begegnen?"

„Ich glaube nicht an den Zufall", erwiderte ich voller Überzeugung. „Was der Mensch leichthin Zufall nennt, hat in der Regel einen zwar verborgenen, aber umso tieferen Zusammenhang."

„C'est à ne pas y croire - das ist unglaublich!", stieß Latréaumont erregt aus. „Sie sind heute erst in Algier angekommen, Monseigneur. Wie um alles in der Welt können Sie in der kurzen Zeit den Unmut des Schwarzen Skorpions erregt haben?"

„Warum ich?", entgegnete ich. „Am Hafen war Mademoiselle Dufour das Opfer des Skorpions. Vielleicht hatten es auch die Männer in der Kasbah auf sie abgesehen."

„Aber sie ist auch erst heute eingetroffen!", trumpfte Latréaumont auf.

„Möglicherweise geht es nicht um Mademoiselle persönlich, sondern um ihren Verlobten." Ich berichtete kurz von dem, was sie mir über die Oase des Scheitans erzählt hatte. „Vielleicht ist doch etwas an dieser Geschichte dran und jemand will verhindern, dass zu viele Leute nach der geheimnisvollen Oase suchen."

Ein erschrockener Ausdruck trat in Latréaumonts Gesicht.

„Wenn das wahr ist, sollten wir sofort die Polizei alarmieren!"

„Was sollte das nützen?", fragte ich. „Wenn die Polizei die Skorpionbrut bislang nicht ausrotten konnte, wird sie jetzt auch nichts weiter unternehmen. Natürlich befindet sich Mademoiselle Dufour in großer Gefahr, falls meine Annahme richtig ist. Deshalb bitte ich Sie, Monseigneur Latréaumont, auf sie Acht zu geben, während ich nach Monsieur Arnaud suche.

Informieren Sie Ihre Dienerschaft und sorgen Sie dafür, dass alle Eingänge zu Ihrem Anwesen verschlossen und gut bewacht sind, besonders nachts!"

„Sie wollen also wirklich in die Sahara aufbrechen?", fragte er mit Verwunderung und Besorgnis in der Stimme.

„Ich habe es Mademoiselle Dufour versprochen. Außerdem erscheint mir die Oase des Scheitans umso interessanter, je länger ich darüber nachdenke."

„Aber wo wollen Sie suchen?", fragte Latréaumont.

„Ich werde versuchen, die Spur der Expedition aufzunehmen. Monseigneur Saint-Criant, können Sie mir da weiterhelfen?"

„Vincent Jacasse ist ein alter Freund von mir. Deshalb hat er mit Professor Pioche und Monsieur Arnaud in meinem Haus gewohnt. Aber im Gegensatz zu mir hält Vincent nicht viel von soliden Geschäften. Er investiert sein Geld lieber in zweifelhafte Tagträumereien wie diese Suche nach der legendären Oase. Ich habe derzeit viel um die Ohren, weil die Berberaufstände auch meine Geschäfte bedrohen. Deshalb habe ich mich nicht viel um Vincent und seine Freunde gekümmert. Ich weiß nur, dass sie nach Dschelfa oder Laguat reisen wollten, um sich dort Tiere und Helfer für die Weiterreise in die Wüste zu mieten."

„Also wollten sie die mittlere Route in die Sahara nehmen", stellte ich fest.

„Oui, das hatten sie vor."

„Das ist nicht viel, aber schon mal ein Anhaltspunkt."

Saint-Criant klopfte die Asche seiner Zigarre in den silbernen Aschenbecher, der auf dem kleinen Eichenholztisch stand.

„Ein Punkt in der Kette Ihrer Überlegungen erscheint mir unverständlich, Monseigneur."

Ich blickte ihn fragend an.

„So, welcher?"

„Wie passt es zusammen, dass der Anschlag in der Kasbah offenbar Ihrem Leben oder dem von Mademoiselle Dufour gegolten hat, der Skorpion am Hafen sich aber mit Mademoiselles Börse zufrieden geben wollte? Sie sagten doch, er habe sein Bussaadi erst gezogen, als Sie ihn verfolgten."

„Das ist kein Widerspruch", antwortete ich. „Wer auch immer Mademoiselle Dufour von der Suche nach ihrem Verlobten abhalten wollte, glaubte zunächst, es würde ausreichen, sie ihrer finanziellen Mittel zu berauben. Er dachte wohl, Mademoiselle würde mit Hilfe der Behörden sogleich die Rückreise nach Frankreich antreten. Als ich ihr aber half und unser Freund Latréaumont ihr Unterkunft gewährte, entschloss sich der geheimnisvolle Unbekannte zu stärkeren Maßnahmen."

„Wenn das alles so ist, wie Sie sagen, haben Sie sich viel vorgenommen, Monseigneur", sagte Saint-Criant mit einem anerkennenden Nicken. „Wer immer Ihr Gegner ist, es muss ein mächtiger Mann sein."

„Wohl wahr", stimmte ich ihm zu. „Er wusste sogar, mit welchem Schiff Nadine Dufour ankam."

„Ich kann Ihnen nur die Daumen zu Ihrem Unternehmen drücken", fuhr der Reeder fort. „Bisher ist es niemandem gelungen, El Agreb el Aswad in die Ecke zu treiben!"

*

Recht früh am nächsten Tag kam Yussuf Ben Abdallah mit einem Packesel, um die gekauften Waren zu liefern. Ich ging mit ihm hinauf in mein Zimmer, um meine neuen Kleider zu verstauen und ihm die Kaufsumme auszuhändigen. Durch das halb offene Fenster hörte man, vermengt mit Vogelgesang und Möwengeschrei, die Stimmen der Damen, die im Garten die noch kühle Morgenluft genossen.

Yussuf warf einen sehnsuchtsvollen Blick zum Fenster, wagte es aber nicht länger hinauszusehen. Er zwang seinen Blick zurück auf mich und sagte zögernd:

„Effendi, darf ich eine Bitte äußern?"

Ich nickte und konnte ein Lächeln nur mühsam unterdrücken, als ich erwiderte:

„Ich nehme an, deine Bitte hat mit Mademoiselle Dufour zu tun."

Überraschung zeichnete sein angenehmes Gesicht mit dem sauber geschnittenen Bart.

„Maschallah, o Effendi, bist du ein Hellseher?"

„Um zu wissen, worum deine Gedanken kreisen, o Yussuf Ben Abdallah, muss man nicht *hell*sehen können. Es genügt einfach nur *hin*zusehen."

„Ich habe auch gesehen, Effendi. Gestern sah ich an deiner Seite jenes Weib das Haus meines Vaters betreten, dem seitdem all meine Gedanken und all mein Sehnen gehören."

„Sie kommt aus dem Bilad der Frandsch und sie ist einem anderen Mann versprochen, den sie in deinem Bilad sucht", wandte ich ein.

„All das weiß ich, Effendi."

„So? Woher?"

„Ein Bakschisch hat mir das Wissen erkauft."

„Welchen Vogel hat das Klingen deiner Münzen zum Singen gebracht, Yussuf?"

„Es war Tafas. Von ihm weiß ich, dass du in die Wüste gehst, um den Mann zu suchen, dem das Herz der Mademoiselle gehört. Bitte, Effendi, erlaube mir, dich auf dieser Reise zu begleiten!"

Ich hatte mit vielem gerechnet, aber diese Bitte überraschte mich.

„Du irrst, Yussuf, wenn du meinst, Mademoiselle Dufour auf der Reise nah zu sein. Sie wird mich nicht begleiten, sondern hier in Algier bleiben."

„Auch das hat Tafas mir gesagt."

„Aber was willst du dann in der Wüste?"

„Ich will dir helfen, den Verlobten der Mademoiselle zu finden, Effendi. Ich weiß, dass meine Gefühle nicht auf Erwiderung hoffen dürfen. Aber ich will nicht, dass die Mademoiselle unglücklich ist. Der Prophet verbietet, das zu begehren, womit Allah die einen vor den anderen ausgezeichnet hat. Ich bin nicht mit dem Herzen der Mademoiselle ausgezeichnet worden, aber das ändert nichts an meiner Zuneigung zu ihr. Sag, Effendi, ist meine Bitte töricht?"

„Ganz und gar nicht, Yussuf. Ein weiser Mann namens Plinius hat einmal gesagt, die wirksamste Bitte von allen sei, die Gründe anzugeben, weshalb man bitte. Und du hast sehr ehrenvolle Gründe."

„Heißt das, ich darf dich begleiten?"

„Nein, das kann ich dir nicht erlauben. Ich habe guten Grund zu der Annahme, dass es eine ebenso beschwerliche wie gefahrvolle Reise wird. Ich bin solche Strapazen gewöhnt, aber du, Yussuf, bist ein Kind der Stadt."

Der Sohn des Kleiderhändlers kämpfte mit seiner

Enttäuschung und wandte sich mit hängendem Kopf zur Tür. Kurz bevor er das Zimmer verließ, drehte er sich abrupt um.

„Du sprichst das Arabische sehr gut, Effendi, aber du musst durch das Land vieler Berberstämme reisen. Die Sprache der Berber ist anders und fast jeder Stamm besitzt seine eigene Mundart. Beherrschst du auch sie alle?"

„Ich habe nur die Mundart der Beni Mesab gelernt."

Von neuem Mut erfüllt, warf sich Yussuf in die Brust.

„Dann kannst du meine Hilfe gut gebrauchen, Kara Ben Nemsi. Mein Vater hat mich nämlich die Sprachen fast sämtlicher Berberstämme in diesem Land gelehrt. Er sagt immer, für einen Kaufmann sei das Beherrschen von Sprachen ebenso wichtig wie das Beherrschen der Zahlen."

„Der Vater der tausend Gewänder ist ein kluger Mann. Was sagt er zu deinem Wunsch, in die Sahara zu reisen?"

„Er ist damit einverstanden. Ich soll meine Sprachkenntnisse auffrischen. Und er hat gesagt, er gönnt mir mehr als jedem anderen die wärmende Sonne des Südens."

„Das ist wahrhaftig die Stimme deines Vaters", lachte ich. „Tagsüber wird es in der Tat warm werden, des Nachts aber umso kälter. Pack genügend Decken ein, Yussuf!"

Seine Augen wurden riesengroß.

„Heißt das, du nimmst mich mit, Effendi?"

„Na'am - ja."

Yussuf schien es aufrichtig zu meinen. Seine Sprachkenntnisse konnten sich tatsächlich als sehr vorteilhaft erweisen. Außerdem war er ein aufgeweckter Bursche, und ein gescheiter Begleiter ist in den Weiten der Sahara genauso wertvoll wie ein gut gefüllter Wasserschlauch.

„Schukran - danke, Kara Ben Nemsi Effendi. Rabbena chaliëk - Gott erhalte dich!“

4. Von Algier nach Bu Saada

Am nächsten Tag verließen wir Algier. Da ich plante, hierher zurückzukommen, ließ ich einen Teil meines Gepäcks bei den Latréaumonts, die sich sehr herzlich von mir verabschiedeten. Noch herzlicher fiel der Abschied von Nadine Dufour aus. Als sie sich auch Yussuf zuwandte, um ihm die Hand zu reichen, glühten seine Wangen wie die Sonne kurz vor dem Versinken. Nadine kannte den wahren Grund nicht, weshalb er mich begleitete. Yussuf hatte mich um Stillschweigen gebeten und ich respektierte seinen Wunsch. Wir hatten Nadine und den Latréaumonts erzählt, der Sohn des Kleiderhändlers wolle im Hochland der Schotts[1] und seinen südlichen Ausläufern Geschäftskontakte knüpfen. Er hatte mir übrigens das bestätigt, was ich mir bereits dachte: Auch seinem Vater hatte er diesen Reisegrund genannt.

Mit dem Zug fuhren wir nach Blida. Die Berberaufstände ließen eine Überquerung der Berge zu einer höchst unsicheren Angelegenheit werden. Deshalb beschloss ich, die Postkutsche zu nehmen, auch wenn die Fahrt mit der schaukelnden, oft im

[1] Ein Schott ist ein großes Becken mit Salzablagerungen.

Morast versinkenden und um Haaresbreite an tiefen Abgründen entlangschrammenden Steppenpost alles andere als ein Vergnügen ist, wie ich meinen Lesern bereits früher geschildert habe.[1] Aber die Postkutsche hatte den unschätzbaren Vorteil, dass ihr wegen der unsicheren Lage eine berittene Bewachung zugeteilt war. Zunächst begleitete uns eine halbe Schwadron der in Blida kasernierten Afrikanischen Jäger[2], die in Ksar el Bukhari durch eine Abteilung Spahis[3] abgelöst wurde.

Ob durch den Begleitschutz abgeschreckt oder aus anderen Gründen: Die Aufständischen kümmerten sich nicht um unser von acht Pferden gezogenes, ratterndes und quietschendes Gefährt. Nur von fern sahen wir die festungsartigen Siedlungen der Berber, die sich, Adlernestern gleich, auch an die höchsten Bergkuppen schmiegten. Unmöglich zu sagen, ob dort friedliche Bauern oder bis an die Zähne bewaffnete, zu allem entschlossene Rebellen hausten.

Tage beschwerlicher Berg- und Talfahrt wechselten sich mit kaum bequemeren Nächten in den engen Schlafsälen der Rasthöfe ab. Südlich der Höhenzüge, die zum Tell-Atlas gehören, sahen wir die weißen Salzflächen der Schotts schon von fern im Sonnenlicht glänzen. Die Hochebene ist hier leicht gewellt und die zahlreichen Senken wurden von der Natur nicht immer mit Abflüssen versehen. Wo die Becken geschlossen sind, sammelt sich das Wasser der spärli-

[1] In der Erzählung ‚Die Gum' in Karl Mays Gesammelten Werken Band 10 ‚Sand des Verderbens'

[2] In Nordafrika aufgestellte französische Kavallerie

[3] In Nordafrika aufgestellte Kavallerie, zum großen Teil aus Einheimischen rekrutiert, aber von französischen Offizieren befehligt

chen Regengüsse. Beim Verdunsten bleibt das Salz zurück, dem das Hochland der Schotts seinen Namen verdankt.

Bald darauf tauchten erste kleine Sanddünen auf, wenn wir die eigentliche Wüste auch noch nicht erreicht hatten. Ein paar herrenlose Kamele trotteten durch das karge Gelände der Trockensteppe. Am darauf folgenden Tag begegneten wir einer großen Schafherde, die wohl zu dem Duar der Laarba-Beduinen gehörte, deren schwarze Zelte in ein schmales Tal gesprenkelt waren.

Der Wechsel von schwarzen Zelten zu gestreiften mit der vorherrschenden Farbe Rot zeigte uns, dass wir Dschelfa bald erreichen würden. In den gestreiften Zelten wohnen die Beduinen vom arabisch-berberischen Mischstamm der Uled Nail, deren zentraler Marktplatz die Ortschaft Dschelfa ist. Bedeutung hat Dschelfa erst in den letzten zwei Jahrzehnten erlangt, seit die Franzosen im Jahr 1852 an diesem Punkt, wo sich die Karawanenstraßen zu den Oasen Bu Saada und Laguat mit den Verbindungswegen zum Norden treffen, einen Militärposten errichtet haben.

Trotzdem ist es ein trostloser Ort geblieben, für den Beduinen ein Handelsplatz, für den Europäer eine Station auf der Durchreise, für den Soldaten ein verwünschter Vorposten im öden Steppenland, nicht mehr. Ich würde Dschelfa nicht einmal als eine Stadt bezeichnen, eher als ein großes Dorf, dessen militärisch gerade Straßen nichts Orientalisches an sich haben. Sobald unsere staubbedeckte Kutsche vor der Poststation anhielt, suchte ich die Kommandantur auf, um mich nach Professor Pioche sowie den Messieurs Arnaud und Jacasse zu erkundigen.

„Bien sûr - sicherlich, die Herren waren hier, vor ungefähr zwölf Tagen“, erklärte ein junger Leutnant in tadellos sitzender Uniform. „Sie erkundigten sich nach Dienern, Führern und Kamelen für eine Expedition in die Sahara. Meinen Vorschlag, in diesen unruhigen Zeiten von ihrem Vorhaben abzusehen, wiesen sie zurück. Ich riet ihnen daher, mit der Post nach Laguat weiterzureisen. Dort trifft man eine größere Auswahl an Führern für die Sahara und auch an Kamelen. Der hiesige Viehmarkt besteht überwiegend aus Schafen und Ziegen.“

Mit dieser Nachricht kehrte ich zu Yussuf zurück, der vor der Poststation auf seinem Reisesack saß und auf unser Gepäck Acht gab. Er blickte nach Süden, wo die nach dem Nomadenstamm benannte Bergkette Uled Nail die Sahara vom Hochland trennte. Ein beschwerlicher Weg für die Postkutsche. Selbst der Karawanenpass, der zwischen den im Abenddämmer dunkel aufragenden Hügeln hindurchführte, erreicht eine Höhe von über zwölfhundert Metern.

„Morgen besteigen wir die Kutsche nach Süden“, sagte Yussuf leise, aber mit fester Stimme. „Und in Laguat werden wir die Spur von Monsieur Arnaud aufnehmen!“ Es klang wie ein Versprechen, das er Mademoiselle Dufour gab.

„Du irrst zum Teil, Yussuf. Wir werden zwar nach Laguat gehen, aber morgen nehmen wir die Kutsche nach Osten.“

„Nach Osten, Effendi, 'alâsch - warum?“

Ich öffnete meine Segeltuchtasche und nahm das kleine Lederfutteral heraus, in das ich das Bussaadi gesteckt hatte. Als ich die gefährliche Klinge hervorzog, begriff mein Begleiter.

Er blickte über die flachen Dächer der erdfarbenen Häuser nach Osten und murmelte:

„Bu Saada!"

*

Bu Saada - was für einen Unterschied zum farblosen Dschelfa bietet doch der Anblick dieser Oasenstadt an den Ausläufern des Sahara-Atlas! Umwogt von den gelbgrünen Büscheln des oft hüfthohen Halfagrases erheben sich ausgedehnte Haine mit Tausenden von Dattelpalmen, deren weit ausladende Wedel das Auge des Reisenden schon aus der Ferne mit ihrem grünen Leuchten grüßen. Die feuchten Salzflächen des Schotts el Hodna, an dessen Südrand Bu Saada liegt, schaffen das angenehme Klima zum prächtigen Gedeihen des Baums, der den Oasenbauern nicht nur die begehrte Dattelfrucht liefert, sondern auch vielfältiges Baumaterial. Zudem schützt er die Oase vor den Strahlen der Sonne und vor dem oft nicht minder heißen Südwind, der aus der Sahara kommt und dem Bu Saada, obwohl auf einer Hochebene gelegen, die Eigenheiten einer Wüstenoase verdankt. Durch eine Lücke in den Zab-Bergen, die den Ort von der Sahara trennen, hat der Wind seit Urzeiten Sand herangetragen und zu jenen goldbraunen Dünen aufgehäuft, deren sanfte Wellen sich bis nach Dschelfa erstrecken. Rund um die Oase hat man die Hügel mit dichtem Tamariskengebüsch bepflanzt, um dem Sand ein weiteres Vordringen zu verwehren. Es sieht aus wie ein grüner Gürtel, den man der Siedlung um den mächtigen Leib gelegt hat.

Als das prächtige Bild der Oase sich zwischen den Sanddünen hervorschob, ergriff eine doppelte Erregung von mir Besitz. Endlich spürte ich den Atem der Wüste, den zu kosten ich nach Afrika gekommen war. Aber mehr noch, in Bu Saada hoffte ich einem gefährlichen Tier auf die Spur zu kommen, klein zwar, aber mit einem tödlichen Stachel - El Agreb el Aswad. Der Schwarze Skorpion schien an Professor Pioches Sahara-Expedition überaus interessiert. Er hatte seine Gefährlichkeit schon zweimal unter Beweis gestellt und es schien mir geraten, mehr über ihn in Erfahrung zu bringen. Aus Bu Saada stammte das schlanke Messer in meinem Gepäck, das Erkennungszeichen der menschlichen Skorpione. Die Aussicht, hier möglicherweise Näheres über die Bande herauszufinden, rechtfertigte in meinen Augen den Umweg.

Unsere Kutsche ratterte zwischen Getreidefeldern hindurch, tauchte in eine Allee aus Granatapfelbäumen ein und fuhr schließlich durch enge, verwinkelte Gassen kastenförmiger Lehmziegelhäuser. Etwas größer, aber nicht schmuckvoller als die meisten anderen Häuser war das Gebäude, vor dem die Steppenpost mit quietschenden Bremsen anhielt und das den hochtrabenden Namen ‚Hôtel de l'Europe' trug. Die Spahis, die uns auch auf dem letzten Streckenabschnitt begleitet hatten, verabschiedeten sich mit präsentiertem Karabiner und ritten zu den roten Ziegelmauern der Kaserne, die auf einer Anhöhe über den terrassenförmig angeordneten Berberhäusern thront.

Das Hôtel de l'Europe wurde tatsächlich von einem Europäer geführt, einem Monsieur Cremer. Der rotwangige Franzose gab uns im ersten Obergeschoss zwei nebeneinander liegende Zimmer, die Nummern einhundertfünf und einhundertsechs, die auf einen schattigen Innenhof hinausführten. Dort hockten in einem Orangenbaum zwei oder drei Palmtauben und begrüßten mich mit ihrem melancholischen Gesang, als ich auf den gemeinsamen Balkon unserer Zimmer trat.

Nach einer leichten Mahlzeit in dem von Monsieur Cremer geführten Restaurant trennte ich mich für den Rest des Nachmittags von Yussuf. Er wollte Gespräche mit den hiesigen Tuchhändlern und Teppichknüpfern führen, um seinen Vater nicht ganz zu enttäuschen. Mich interessierte mehr der Eisenwarenmarkt, den ich aufsuchte, nachdem ich meine Waffentasche in die Obhut des Hoteliers gegeben hatte. Ich würde meine Gewehre hier wohl kaum benötigen und befürchtete, auf dem Zimmer könnten sie gestohlen werden. Zuvor nahm ich allerdings meine Revolver, das altgediente Bowiemesser und das Lederfutteral mit dem Bussaadi an mich.

Monsieur Cremer staunte nicht wenig, als ich sein Haus verließ, hatte ich doch Schesch und Haik übergestreift, die ich beim Vater der tausend Gewänder erworben hatte. Dazu trug ich jene weiten Hosen und hohen Stiefel aus besticktem gelbem Leder, wie sie für die Einheimischen dieser Gegend kennzeichnend sind.

Ich wurde nicht als Europäer erkannt und entging so den aufdringlichen Bettlern und Straßenhändlern, die mich andernfalls mit unaufhörlichen Bakschischforderungen und ‚günstigen Angeboten' zu vielfach überhöhten Preisen bedrängt hätten. Die Händler des Eisenwarenmarkts hatten ihre Stände im Schatten des alten Ksars[1] errichtet, aus dessen bröckelnden Mauern die Minarette der Moscheen Uled Attik und El Nikla

[1] Mit Mauern befestigte Siedlung; Festung

aufragen. Dicht an dicht wurden hier Schmuck, Werkzeuge und Waffen angeboten, oft mit alten berberischen Symbolen verziert. Ich fand mehrere Stände mit den berühmten Bussaadis, sah auch die Zickzacklinie und den von einem Dreieck eingeschlossenen Punkt in den verschiedensten Ausgestaltungen, doch das Motiv des Skorpions suchte ich vergebens.

Deshalb zeigte ich mein Bussaadi vor und erkundigte mich, wo ich weitere Messer mit dem Abbild des Skorpions kaufen könne. Niemand konnte oder wollte mir etwas sagen. Einige Händler wurden beim Anblick meines Messers sogar feindselig und riefen, wenn ich nichts bei ihnen kaufen wolle, solle ich zum Teufel gehen.

Etwas zupfte von hinten am Stoff meines Haiks. Ich drehte mich um und sah in das schmale Gesicht eines Dreikäsehochs in so löchrigen Kleidern, dass mehr Haut unbedeckt als bedeckt war.

„Ta'al, ya sihdi - komm mit mir, o Herr! Ich weiß, wo du solche Bussaadis findest, wie du sie suchst. Und du wirst den kleinen Ali dafür doch gewiss mit einem kleinen Bakschisch entlohnen, nicht wahr?"

„Wenn du mir wirklich zeigst, wo diese Bussaadis geschmiedet werden, sollst du sogar ein großes Bakschisch erhalten, kleiner Ali."

Sein erfreutes Grinsen zog sich von einem Ohr zum anderen.

„Allah jebârik - Gott segne dich dafür, Sihdi."

Er führte mich zum Rand der Berbersiedlung, wo sich mehr und mehr Bäume zwischen die Häuser drängten. Ganz in der Nähe fiel das Gelände steil ab, um jene enge Schlucht zu bilden, die sich der Bu-Saada-Fluss für sein Bett gegraben hat.

„Sag mir, Ali, woher weißt du von den Messern?“, fragte ich unterwegs. „Die Händler am Ksar blieben auf meine Frage so stumm, als hätte ein Samum[1] ihre Münder verklebt.“

„Murad Abbasi hat es nicht gern, wenn über seine Arbeit gesprochen wird, Sihdi. Es heißt, ein vorlautes Mundwerk wird von seiner strafenden Hand verschlossen.“

„Ist dieser Murad Abbasi der Schmied, der diese besonderen Bussaadis fertigt?“

„Ja. Die Messer mit dem Skorpion kommen aus der Werkstatt von Murad Abbasi, dem Messerschmied. Er und sein Sohn Azmi schmieden die Messer, sein Sohn Saîd beschalt sie und sein Sohn Okba verziert die Klingen. Okbas geschickte Hände ritzen auch den Skorpion in das Eisen. Aber die Messer mit dem Skorpion kann man nicht auf dem Sûq[2] kaufen. Ich habe einmal beobachtet, wie mehrere Kisten der Messer mit einer Kâfila[3] nach El Dschesair geschickt wurden.“

„Für wen waren die Messer bestimmt?“

„Niemand weiß es, aber alle munkeln, dass El Agreb el Aswad diese Messer von Murad Abbasi kauft.“

„Dann ist der Messerschmied wirklich ein gefährlicher Mann“, stellte ich fest. „Fürchtest du seine strafende Hand nicht, Ali?“

Er blickte zu mir auf und zeigte erneut das breite Grinsen, das sein Gesicht in eine obere und eine untere Hälfte spaltete.

„Doch. Seine Hände sind hundertfach stärker als meine, aber meine Beine sind tausendmal schneller als seine. Und ich brauche dein Bakschisch, um mir und meiner Schwester zu essen zu kaufen.“

[1] Sandsturm [2] Markt [3] Handelskarawane

Ich erfuhr, dass er und seine ein Jahr jüngere Schwester die Mutter vor sechs Monaten verloren hatten. Sie war einer fiebrigen Erkrankung erlegen. Ihren Vater hatten die Kinder nie gekannt. Sie standen allein da und Betteln war ihr einziger Broterwerb. Trotz seines listigen Gesichts schien Ali die Wahrheit zu sagen, als er von seinem Schicksal erzählte. Deshalb gab ich ihm ein Bakschisch, das dem Wochenverdienst eines Oasenbauern entsprach, als er mir Murad Abbasis Schmiede zeigte.

Während Ali sich überschwänglich bedankte und mich mit sämtlichen Lobpreisungen bedachte, die jemals über die Lippen eines Berberjungen gekommen sind, blieb ich überrascht an dem großen Eingang zur Schmiede stehen. In dem Halbdunkel drinnen erblickte ich zwei Männer, die in ein Gespräch vertieft waren. Die Worte konnte ich nicht verstehen, weil der metallische Schlag eines Schmiedehammers jedes Geräusch übertönte.

Der breitschultrige Berber von ungefähr fünfzig Jahren musste Murad Abbasi sein. Seine Brust war nackt und rußgeschwärzt. Er hatte den Körperbau eines Bären und sah aus, als könnte er einen Mann mit Leichtigkeit zerquetschen.

Meine Verwunderung und Vorsicht wurde von seinem Gegenüber erregt, einem Europäer im hellen Tropenanzug. Wegen der Hitze in der Schmiede hatte er seinen Korkhelm abgenommen. Deutlich konnte ich sein scharf geschnittenes Gesicht mit dem sauber gestutzten Bart sehen – und ich erkannte es sogleich wieder. Er war einer der drei Europäer, die beim Vater der tausend Gewänder mit dem Beni Hammada und seinem Diener aneinander geraten waren. Und zwar der Mann, dem ich den Revolver entwunden hatte.

Als er seinen Helm aufsetzte und sich zum Gehen anschickte, bedeutete ich Ali leise zu sein. Ich zog ihn mit mir hinter ein Oleandergebüsch, wo wir still verharrten, bis der Mann, dessen gerade Haltung und präzise Bewegungen mich an einen Soldaten erinnerten, um die nächste Ecke gebogen war.

Ich deutete ihm nach und fragte Ali:

„Kannst du dem Frandschi unbemerkt folgen und mir im Hôtel de l'Europe Nachricht geben, wo er wohnt? Dann ist noch ein Bakschisch für dich drin."

Er klopfte gegen das Ledersäckchen in seinem Hosenbund, wo er meine Münzen verstaut hatte.

„Noch *so* ein Bakschisch, Sihdi?"

Ich nickte und schon war der Kleine davongehuscht.

War es ein Zufall, dass ich den Europäer ausgerechnet bei dem Schmied wiedertraf, der die Bussaadis für den Schwarzen Skorpion herstellte? Das mochte ich ebenso wenig glauben, wie ich an den Zufall an sich glaubte.

Jetzt schien mir bei der Begegnung mit Murad Abbasi doppelte Vorsicht geboten. Ich erhob mich, klopfte den Staub aus den Falten des Haiks und vergewisserte mich, dass meine Revolver und das Bowiemesser zwar unter dem Gewand verborgen, aber griffbereit waren. Äußerlich gelassen, aber voll innerer Anspannung trat ich ins Zwielicht der Schmiedewerkstatt.

Der Messerschmied stand an der Esse und schürte das Glühen der Kohlen mit einem eimergroßen Blasebalg. Die Muskelpakete an seinen Oberarmen glänzten im roten Schein des Schmiedefeuers. Noch immer erklangen die regelmäßigen Hammerschläge. Ein jüngerer Mann mit einer Lederschürze vor der ebenfalls nackten Brust stand am Amboss und bearbeitete mit einem klobigen Hammer ein glühendes Eisen. Das musste Azmi sein, dessen Gesicht schmaler war als das des Vaters, aber von demselben groben Ausdruck beherrscht wurde. In einer Ecke saßen noch zwei junge Männer, die Murad Abbasi ebenfalls ähnelten. Der eine, Saîd, schnitzte an einem schmalen Stück Horn, das ein Griffstück für ein Bussaadi werden sollte. Der andere, Okba, ritzte mit Hammer und Meißel eine der bekannten Zickzacklinien in die Klinge eines bereits beschalten Messers.

„Es salâm 'aleïkum - Friede sei mit euch!", gebrauchte ich, die rechte Hand zum Herzen führend, den Gruß, der eigentlich den Moslems vorbehalten ist. Doch wollte ich die anderen nicht merken lassen, dass ich Europäer und Christ war.

Murad Abbasi legte den Blasebalg zu Boden, wandte sich zu mir um und legte ebenfalls die Rechte auf seine linke Brust.

„We 'aleïkum es salâm - und Friede sei mit dir." Seine Stimme und sein breites Gesicht drückten jene oberflächliche Höflichkeit aus, die aus der Hoffnung auf ein einträgliches Geschäft geboren wird.

Ich blickte mich in der Werkstatt um und nickte anerkennend.

„Weithin ist dein Ruhm als bester Haddad el mwâs[1] gedrungen, und wie ich sehe, zu Recht, falls du der berühmte Murad Abbasi bist."

„Der bin ich, Sihdi, und mein Ohr hört solche

[1] Messerschmied

Worte gern. Doch sage mir, bis wohin mein Ruf gedrungen ist."

„Bis nach El Dschesair, o Murad Abbasi. Das Lob des Fleißes und der Kunstfertigkeit, mit der Allah dich und deine Söhne gesegnet hat, hallt wider in der ganzen Stadt, vom Hafen bis hinauf in die höchsten Gassen der Kasbah."

Der Schmied lächelte breit und entblößte gelbe Zähne mit großen Lücken.

„Ich wusste nicht, dass unsere Arbeit selbst jenseits der Berge gerühmt wird." Er wandte sich seinen Söhnen zu. „Min kan bisaddak - wer hätte das gedacht?" Dann blickte er wieder mich an. „Welchen edlen Namen trägt der Verkünder dieser freudigen Nachricht?"

Da ich schlecht meinen eigentlichen Namen nennen konnte, ohne zu verraten, dass ich ein Rumi war, ein verhasster Christ, erinnerte ich mich dessen, wie der kleine Hadschi mich getauft hatte.

„Man nennt mich Kara Ben Nemsi."

„Und wie laufen deine Geschäfte, o Kara Ben Nemsi?" Das war eine für einen Moslem sehr direkte Weise, das Gespräch von der freundlichen Begrüßung aufs Geschäftliche zu lenken.

„Das hängt ganz von dir ab, Murad Abbasi. Wir brauchen Nachschub, zwölf Dutzend mindestens. Bis wann kannst du liefern?" Ich holte das Lederfutteral unter dem Haik hervor und zog die Klinge des Bussaadis halb heraus.

„Du bist eigens aus El Dschesair gekommen, um bei mir Messer zu bestellen? Dein Vertrauen in meine Arbeit ist groß, Effendi, râni farhâan - das freut mich sehr. Sogleich werde ich in mein Lager gehen. Mit Allahs Hilfe sind dort noch genügend Messer."

„Auch mit diesem Zeichen?“, fragte ich und zog die Klinge ganz aus dem Leder.

Der Schmied trat näher und mit großen Augen betrachtete er die Klinge mit dem Zeichen des Skorpions. Kaum hörbar formten seine aufgeworfenen Lippen die Worte:

„El Agreb el Aswad!“

Wie auf ein geheimes Zeichen stellten seine Söhne ihre Arbeit ein und traten neben ihn. Azmi hielt noch den Schmiedehammer in der Hand, Saîd das Schnitzmesser und Okba den dünnen Meißel mit der nadelschlanken Spitze.

Ich streifte die drei mit einem bewusst gleichgültigen Blick und sah dann wieder ihren Vater an.

„Jetzt weißt du, dass ich ganz besondere Messer benötige, Murad Abbasi. Hast du von dieser Sorte auch zwölf Dutzend auf Lager?“

„Nein, Sihdi, ich wusste doch nichts von deinem Kommen. Ya mussihbe, ya ghumm, ya elehm, ya rezalet - o Unglück, o Kummer, o Schmerz, o Schande!“

„Wie schnell kannst du die Messer herstellen? Du weißt, dass mein Auftraggeber nicht gern wartet.“

„Ich werde es mit meinen Söhnen beratschlagen, o Kara Ben Nemsi. Erlaube mir, dass ich dich für heute Abend zu mir einlade, zu einem Essen mit Musik und Tanz, wie es dem Gesandten von El Agreb el Aswad gebührt. Dann kann ich dir genau sagen, zu welchen Tag die Bussaadis mit dem Zeichen des Skorpions fertig sind. Sie müssen nicht nur verziert, sondern zum Teil noch geschmiedet und beschalt werden. Du weißt, dass El Agreb el Aswad einen besonders harten Stahl verlangt.“

„B-en-niyya - selbstverständlich!“, antwortete ich

mit gespielter Entrüstung. „Hältst du mich für dumm?“

„Nein, Effendi, âna âsef - es tut mir leid.“

„B-es-smah - das macht nichts“, gab ich mich versöhnlich.

„Dann zürnst du mir nicht und nimmst meine Einladung an?“

„Na'am, sahha - ja, ich bin einverstanden.“ Ich steckte das Bussaadi wieder ein und wandte mich zum Eingang.

Der Schmied kam mir zwei Schritte nach.

„Bis heute Abend, Effendi, ma'a es salâma - mit dir sei Friede!“

„Ilâ el liqâ - auf Wiedersehen“, sagte ich knapp und trat aus der trockenen Hitze der Schmiede hinaus in die milde Nachmittagsluft der Oasenstadt.

*

„Sihdi, hâ el frandschi - hier ist der Europäer!“, teilte mir Ali mit, als ich zum Hôtel de l'Europe zurückkehrte. Er hatte im Schatten des schmalen Vordachs gekauert und geduldig auf mich gewartet - und natürlich auch auf sein Bakschisch. „Ich bin ihm bis hierher gefolgt. Er ist in das Funduq[1] gegangen und nicht wieder herausgekommen.“

Ich war nicht überrascht. Wohl die meisten der Europäer, die in Bu Saada abstiegen, wählten dieses Hotel.

Alis Augen glänzten beim neuerlichen Empfang eines überreichen Trinkgelds. Er wollte gar nicht mehr aufhören, mich mit Lobpreisungen zu bedenken. Um nicht unnötige Aufmerksamkeit zu erregen, unter-

[1] Herberge, Hotel

brach ich seinen Redefluss und verabschiedete mich von ihm. Als er wieselflink in das Straßengewühl eintauchte, blickte ich ihm nachdenklich hinterher. Er war geistig reger als die meisten europäischen Knaben in seinem Alter. Was hätte aus ihm werden können, wäre er nicht hier am Rand der Wüste in Not und Elend hineingeboren worden!

Kaum hatte ich die Treppe zum ersten Obergeschoss hinter mir, da stürmte mir Yussuf, der offenbar auf mich gewartet hatte, mit dem halblauten Ruf entgegen:

„Hâ el frandsch - die Europäer sind hier! Die drei, die in Algier Ärger mit dem Beni Hammada hatten. Sie wohnen in diesem Hotel!"

„Ich weiß", erwiderte ich zu seiner Verblüffung und zog ihn in mein Zimmer. „Zumindest dachte ich mir, dass alle drei hier wohnen." Ich berichtete ihm von meinem Ausflug und fragte: „Wie hast du die Europäer entdeckt?"

„Als ich zum Hotel zurückkam, wäre ich fast dem Mann begegnet, den du beim Messerschmied gesehen hast. Im letzten Augenblick konnte ich mich hinter dem Stand eines Töpfers verbergen, sodass er mich nicht bemerkte. Ich sah ihn ins Hotel gehen und wartete eine Weile ab, um mich dann bei Monsieur Cremer nach ihm und seinen Gefährten zu erkundigen."

„Das war nicht unbedingt sehr klug, Yussuf. Wenn unser Hotelier das den dreien berichtet, sind sie gewarnt."

Meine Zurechtweisung beantwortete Yussuf mit einem Lächeln.

„Asch ka t-abber-ek - was denkst du von mir? Halte

mich nicht für dumm, Sihdi! Ich habe dem Monsieur erzählt, ich hätte einen Frandschi erblickt, der einem Freund von dir ähnelt. Ich beschrieb den Mann und er nannte mir seinen Namen und den seiner beiden Begleiter. Auch erfuhr ich ihre Zimmernummern und den Tag ihrer Ankunft. Dann sagte ich dem Monsieur, ich hätte mich getäuscht, der Name deines Freundes sei nicht darunter. Jetzt sag selbst, Sihdi, habe ich mich unklug verhalten?"

„Nie und nimmer", lachte ich. „Du bist mit der Umsicht des Adlers und der Schläue des Fenneks vorgegangen, Yussuf. Berichte mir, was du in Erfahrung gebracht hast!"

Wir ließen uns auf ein paar Kissen nieder. Zwar gab es in dem Zimmer auch einen Stuhl für den europäischen Logiergast, aber zum einen knarrte und wackelte er bei der kleinsten Berührung und zum anderen wollte ich lieber mit Yussuf Auge in Auge sitzen.

„Die drei Frandsch kamen erst gestern mit der Steppenpost", erzählte mein Gefährte. „Wie lange sie hier bleiben, wusste der Monsieur nicht. Der, dem du auch begegnet bist, heißt Mathieu Gallord, die beiden anderen Gunnar Lennart und Patrick O'Girke."

„Ein internationales Trio, sieh mal an. Du sprichst ihre Namen übrigens sehr gut aus, Yussuf."

„Ich habe mich immer darum bemüht, Sihdi. Mein Vater sagt, ein Geschäftsmann muss die Namen seiner Kunden kennen. Mit den Namen der Frandsch kenne ich mich deshalb recht gut aus, doch ihre verschiedenen Sprachen sind für mein Ohr so unverständlich wie das Zwitschern der Vögel. Ich bin schon heilfroh, von der Sprache der eigentlichen Frandsch ein wenig zu verstehen."

Mit den ‚eigentlichen Frandsch' meinte er die Franzosen im Unterschied zu den Europäern allgemein. Ich konnte gut nachempfinden, dass ihn die Vielzahl unserer europäischen Sprachen verwirrte. Das Arabische hingegen spricht man in ganz Nordafrika bis weit ins vordere Asien hinein, wenn auch in unterschiedlichen Dialekten. Gleichwohl gibt es auch örtlich unterschiedliche Färbungen des Arabischen sowie die verschiedenen Berbermundarten, derentwegen ich Yussuf mitgenommen hatte.

Ich fragte ihn nach den Zimmern der drei Europäer.

„Sie haben die Zimmer dreihundertfünf, dreihundertsechs und dreihundertsieben, also zwei Stockwerke genau über uns, Sihdi."

„Ein Umstand, der uns vielleicht nützlich ist", sagte ich, stand auf und ging hinaus auf den Balkon.

Vorsichtig blickte ich mich um, bevor ich ganz ins Freie trat. Weder auf den anderen Balkonen noch unten im Hof, der schon ganz in Schatten getaucht war, konnte ich eine Menschenseele entdecken. Ich lehnte mich weit über das Steingeländer hinaus und spähte nach oben. Wie bei meinem Zimmer und auch dem Yussufs gab es keine abschließbaren Balkontüren, sondern nur schwere Vorhänge.

Yussuf kam zu mir und fragte, was ich vorhätte. Ich ging wieder ins Zimmer und entkleidete mich, bis ich nur noch Hemd und Hosen trug. Besonders wichtig für mein Vorhaben war es, die Stiefel und Strümpfe auszuziehen.

Jetzt erst beantwortete ich Yussufs Frage:

„Es wäre nützlich, die Pläne der drei Frandsch näher zu kennen. Ich möchte dich bitten, mir zu dem Balkon über uns hinaufzuhelfen. Von dort werde ich schon allein weiterkommen. Die Lehmziegel sind unregelmäßig genug, um mir sicheren Halt zu geben."

Yussufs Züge nahmen einen überraschten Ausdruck an.

„Anâ marûb - ich bin erschrocken! Du willst doch nicht etwa zum dritten Obergeschoss klettern und die Frandsch belauschen?"

„Genau das ist mein Plan. Und jetzt hilf mir bitte!"

Wir gingen wieder auf unseren Balkon, wo ich auf das handbreite Geländer stieg. Yussuf, dem ich seine Zweifel am Gelingen meines Vorhabens deutlich ansah, stellte sich auf meine Bitte mit dem Rücken zur Wand und verschränkte die Hände vor dem Bauch. Ich benutzte seine Räuberleiter, um mich am Geländer des Balkons über uns festzuhalten. Ein kräftiger Ruck und ich zog mich hinauf. In dem betreffenden Zimmer schien sich zu meiner Erleichterung niemand aufzuhalten. Jetzt musste ich ohne Yussufs Hilfe auskommen, um vom zweiten zum dritten Obergeschoss zu gelangen. Ich stieg auf die Balustrade. Mit den Fingern und den nackten Zehen suchte ich Halt im Mauerwerk, während ich mich mit der Brust flach gegen die Wand drückte. Vorsichtig schob ich mich höher, wobei ich zweimal mit einem Fuß abrutschte. Dann bekam ich das Geländer über mir zu fassen und zog mich auf den Balkon im dritten Obergeschoss. Während des ganzen Unternehmens bemühte ich mich, so wenig Geräusche wie möglich zu verursachen.

Auch hier teilten sich zwei Zimmer, die Nummern dreihundertfünf und dreihundertsechs, einen Balkon. Hinter dem Vorhang zu Zimmer dreihundertsechs hörte ich Stimmen von Männern, die sich auf Französisch unterhielten. Ich stellte mich neben den Durchlass und lauschte.

„...können wir unsere Reise bald fortsetzen?", fragte jemand in sehr schlechtem Französisch, wohl Lennart oder O'Girke, in denen ich aufgrund ihrer Namen einen Skandinavier und einen Iren vermutete. „Hier gibt es nichts für uns zu holen."

„Verlässt dich jetzt schon der Mut?" Die Gegenfrage erfolgte in perfektem Französisch und kam wahrscheinlich von dem Mann, der sich Mathieu Gallord nannte.

„Non, mon Lieutenant - nein, Herr Oberleutnant. Ich...ich meinte nur..."

„De rien, Sergent-major - schon gut, Oberfeldwebel. Morgen früh reiten wir weiter nach Fort Danjou. Ich habe mit dem Schmied alles Notwendige beredet. Ist zwar eigentlich nicht unsere Aufgabe, hier den Boten für den Schwarzen Skorpion zu spielen, aber immerhin stehen wir in seinem Sold. Und er zahlt um einiges besser als das französische Kriegsministerium, wie wir alle wissen."

Die Folge seiner Bemerkung war ein allgemeines Gelächter. Dann hörte ich Schritte und wieder die Stimme des Franzosen.

„Werde mal den Vorhang zur Seite ziehen. Eine frische Abendbrise wird die stickige Luft hier im Zimmer vertreiben."

Die Worte brachten meinen Puls zum Rasen. Zum Fliehen war es zu spät. Oberleutnant Gallord konnte den Balkon jeden Augenblick erreichen. Falls er mich entdeckte, mochte es übel für mich ausgehen. Ich hatte sämtliche Waffen in meinem Zimmer gelassen, da sie mich beim Klettern behindert hätten.

Ich drückte mich in eine Ecke des Balkons, den Rücken eng gegen die Wand gepresst, und hielt den Atem an. Schon vernahm ich das kurze Geräusch des energisch zur Seite gezogenen Vorhangs. Kurz erblickte ich das scharfgeschnittene Profil des Franzosen, dann kehrte er ins Zimmer zurück.

Die Gefahr war noch nicht vorbei. Jederzeit konnte einer der beiden anderen herauskommen, um die kühle Abendluft zu atmen. Rasch stieg ich über das Geländer und ließ mich zu dem Balkon im zweiten Obergeschoss hinab. Zwar war es bedauerlich, dass ich nur so kurz Zeuge der Unterhaltung gewesen war, doch hatte ich gleichwohl ein paar wichtige Informationen erhalten. Mich am Geländer des oberen Balkons festhaltend, schwang ich mich vor und zurück, bis ich weit genug über dem unteren Balkon war, um loszulassen. Sicher landete ich auf den nackten Füßen und gelangte auf dieselbe Weise vom zweiten Obergeschoss zurück auf den eigenen Balkon. Ich ging mit Yussuf in mein Zimmer und zog den Vorhang zu, damit unser Gespräch nicht von den drei Männern gehört wurde, die zwei Stockwerke über uns logierten.

Als ich Yussuf das Erlauschte berichtet hatte, sagte er:

„Die drei Frandsch stehen also in den Diensten von El Agreb el Aswad. Wir müssen sofort zum örtlichen Kommandanten gehen und Anzeige gegen sie erstatten!"

„Mit welcher Begründung?"

„Mit welcher Begründung?", wiederholte er fassungslos. „Das fragst du noch, Sihdi? Sie sind Männer des Schwarzen Skorpions, Diebe, Erpresser, Räuber, Mörder!"

„Das wissen nur wir und wir können es nicht beweisen."

„Aber du hast es selbst gehört, o Kara Ben Nemsi, und du bist ein Frandschi! Dein Wort gilt etwas beim Kommandanten von Bu Saada."

„Vergiss nicht, dass die drei anderen auch Frandsch sind. Ihre drei Aussagen stünden gegen meine. Wem würde der Kommandant wohl glauben?"

Yussuf zeigte ein bestürztes Gesicht.

„Du hast Recht, Sihdi. Schi makruh - es ist schändlich, aber es ist wahr, wir können nichts unternehmen!"

„Ganz so schlimm ist es nicht. Immerhin wissen wir, dass wir die drei zu unseren Feinden rechnen müssen. Es ist immer besser, seine Feinde zu kennen. Und wir sollten sie nicht unterschätzen, da wir es offenbar mit ehemaligen Soldaten zu tun haben. Auch scheint ihr Ziel ein Militärstützpunkt zu sein, ein gewisses Fort Danjou."

„Ich habe den Namen noch nie gehört, Sihdi."

Da ich ihn auch nicht kannte, zog ich aus meinem Reisesack die Karte Nordwestafrikas, die ich am Tag vor unserer Abreise neben anderen Utensilien in Algier erstanden hatte. Aber so sehr ich mich auch bemühte, ich konnte keinen Militärstützpunkt dieses Namens auf ihr entdecken.

„Vielleicht haben die Soldaten der Frandsch dieses Ksar längst aufgegeben", meinte Yussuf. „Wenn die drei Männer früher Soldaten waren, kann es doch sein, dass sie aus irgendeinem Grund zu ihrem früheren Ksar zurückwollen."

„Ein guter Gedanke", sagte ich, da fiel mein Blick auf das Herstellungsdatum der Karte. „Diese Charïta[1] ist drei Jahre alt. Vielleicht ist es auch ein neuer Stützpunkt, der auf ihr noch nicht eingetragen ist."

[1] Landkarte

„Nur Allah wird es wissen", seufzte Yussuf. „Was aber können wir jetzt unternehmen?"

„Ich werde der Einladung des Messerschmieds folgen und versuchen, von ihm mehr über die Mission der drei Frandsch zu erfahren. Ich müsste mich sehr irren, wenn es nicht etwas mit der Oase des Scheitans zu tun hat."

5. Eine nächtliche Jagd

Yussuf bestand darauf, mich zu Murad Abbasi zu begleiten. Ich willigte unter der Bedingung ein, dass er mich die Unterhaltung bestreiten ließ, weil ich befürchtete, er könnte uns durch ein unbedachtes Wort verraten. Als die letzten Strahlen der Sonne hinter den Uled-Nail-Bergen verschwanden, erreichten wir die Schmiede. Schon von weitem hörten wir sanfte Flötenmusik, Klänge, die auf einen Europäer fremd, aber nicht unangenehm wirkten. Der Messerschmied trat uns entgegen und wir tauschten die üblichen Höflichkeitsfloskeln aus. Ich sagte ihm, Yussuf sei mein in alles eingeweihter Diener. Das ersparte mir lange Erklärungen und rechtfertigte zugleich, dass ich allein die Unterhaltung mit meinem Gastgeber bestritt.

Die Damen des Hauses, falls es sie gab, bekamen wir erwartungsgemäß nicht zu Gesicht. Murad Abbasi führte uns in das große Mafradsch[1], wo uns seine Söhne und ein vierter junger Berber erwarteten, der die Flöte blies. Yussuf und ich ließen uns wie die anderen auf bestickte Teppiche und Kissen nieder. In der

[1] Repräsentationszimmer

Mitte des Raums stand eine bronzene Räucherschale mit glühenden Kohlen. Der Schmied nahm aus einer kleineren Schale Räucherharz und streute es in so großer Menge auf die Glut, dass der Raum bald mit schweren Düften erfüllt war. Der Hausherr klatschte in die Hände wie ein türkischer Aga und ein halbwüchsiger Junge brachte die Kanne mit dem Begrüßungskaffee. Murad Abbasi selbst schenkte Yussuf und mir ein und reichte uns die schmutzverkrusteten Tassen. Wir tranken das ebenso heiße wie süße Gebräu und tauschten erneut jene nicht minder süßen Worte der gegenseitigen Hochachtung aus, die der Orientale so sehr liebt, dass sie vor jedes längere Gespräch gehören.

„Ich werde deine Gastfreundlichkeit bis nach El Dschesair rühmen, o Murad Abbasi", raspelte ich fleißig Süßholz. „Der, dessen Wort für uns alle Gesetz ist, wird davon sehr angetan sein. Und seine Freude wird sich noch steigern, wenn er die verlangte Lieferung möglichst bald erhält."

Der Schmied nickte verständig.

„Allah ist mit dem Fleißigen und der, von dem du sprichst, wird zufrieden sein. Aber lass uns das Geschäftliche später besprechen, Effendi, wenn wir uns am Essen und Trinken, an Musik und Tanz erfreut haben. Wenn du meine Gastfreundlichkeit rühmst, soll es zu Recht geschehen!"

Erneut klatschte er in die Hände und der halbwüchsige Diener brachte Schüssel um Schüssel mit Leckereien herein, die er vor uns auf den Boden stellte. Da gab es Chqamba - gebratenen Fettdarm, Tadschin el Dsch'Ben - mit Eiern und Käse gebackene Fleischbällchen, M'Chimeche - Fleischbällchen mit Mandeln und Dschuaz Lubia - ein Ragout mit grünen Bohnen. Sämtliches Fleisch stammte vom Hammel, dem in diesem Teil Afrikas mit Vorliebe verspeisten Tier. Der Junge bracht Schalen mit Marqa Beidha und Marqa Hamra, weißer und schwarzer Soße. Darin wurde der Kuskus getaucht, jener gesalzene und mit Smen, einer besonderen Butter, zu groben Körnern aufbereitete Weizen- oder Gerstengrieß, den man in den unterschiedlichsten Zubereitungsarten überall in Nordafrika vorgesetzt bekommt. Mit bloßen Fingern griffen wir in die Schüsseln und stopften uns das Fleisch in die Münder oder formten den breiigen Kuskus zu kleinen Kugeln, die wir dann in der Soße badeten. Als Serviette diente nach alter orientalischer Sitte das Gewand.

Der Junge brachte uns tönerne Becher und füllte sie aus einer schweren Karaffe mit einem weißen Getränk, aus dessen Zähflüssigkeit ich sogleich schloss, dass es sich um Busa handelte. Das ist ein Gebräu aus Datteln und Ngafolikörnern, dessen berauschende Wirkung noch stärker ist als beim Lagbi, dem gegorenen Dattelpalmensaft, zu dem Araber und Berber gemeinhin greifen, weil der Koran ihnen den Wein untersagt. Da das dort benutzte Wort ‚Khamr' den aus Trauben gewonnenen Wein meint, umgeht der pfiffige Moslem das Verbot, indem er Lagbi oder eben Busa trinkt. Ich nippte nur an meinem Becher, weil ich wachen Geistes sein musste, um das Gewünschte in Erfahrung zu bringen. Yussuf tat sich keinen Zwang an, leerte seinen Becher rasch und hielt ihn dem Diener zum Nachfüllen hin.

Wieder klatschte Murad Abbasi in die Hände und der Flötenspieler gab seinen Klängen einen schnelleren Rhythmus. Zwei hübsche junge Frauen schwebten mit graziöser Leichtigkeit in den Raum und begannen, den Takt mit den Händen mitzuklatschen. Beide Frauen trugen ähnlichen Schmuck: eine goldschimmernde Krone mit hohen Pfauenfedern auf dem Haupt, eine Vielzahl an Ketten und Armbändern, scheinbar besetzt mit funkelnden Edelsteinen, die sich bei näherem Hinsehen als gefärbtes Glas enttarnten. So wie sich das funkelnde Gold des Schmucks als poliertes Kupferblech herausstellte. Ihre wallenden Seidenkleider ähnelten einander, ebenso die Tätowierungen im Gesicht, aus denen ich ersah, dass die beiden zu den Uled Nail gehörten.

Bei diesem Stamm ist es Sitte, dass die jungen Frauen sich als Tänzerinnen in den Oasenstädten eine stattliche Aussteuer verdienen, bevor sie in ihr Dorf zurückkehren, um geheiratet zu werden. Das Verhältnis des Orientalen zu seiner sonst so wohl behüteten Frau ist bei den Uled Nail gleichsam umgekehrt, auch nach der Heirat. Die durch ihre Reisen gereifte Frau schwingt dann nicht länger zur Musik ihren lieblichen Leib, sondern zu ihrer Kommandostimme den Pantoffel, unter den sich der Mann ducken muss.

Die Darbietung der beiden Beduinengrazien unterschied sich sehr von dem, was dem Europäer in den Hafenstädten Nordafrikas als orientalischer Bauch- oder Schleiertanz verkauft wird. Nach alter Stammestradition tanzten sie hocherhobenen Hauptes, wobei sie sich an den Händen hielten wie zwei Schulmädchen beim Pausenspiel. Zum an- und abschwellenden Rhythmus der Flöte flogen ihre Füße hin und her, formten die Beduininnen ungewöhnliche Figuren, die so tief in der Geschichte der Uled Nail verwurzelt waren, dass die beiden Tänzerinnen ihre ursprüngliche Bedeutung wohl selbst nicht kannten.

Ich hatte noch keinen Uled-Nail-Tanz gesehen und folgte der Aufführung fasziniert, hin und wieder an dem Busa nippend. Fast vergaß ich den Grund meines Hierseins. Der Flötenklang vermischte sich mit dem Klirren des Schmucks, dem jede Bewegung der Tänzerinnen neue Töne entlockte. Die beiden Mädchen verschmolzen zu einer einzigen Gestalt, einer Traumfigur, geboren aus dem Kreisgang ihrer Schritte. Ein Fabelwesen aus Tausendundeiner Nacht bewegte sich vor mir mit einer magischen Anziehungskraft, die alles andere zur Bedeutungslosigkeit verblassen ließ. Kaum noch konnte ich die Gesichter der anderen erkennen und die Muster der schmückenden Wandteppiche lösten sich auf wie das ganze Zimmer. Es war wie ein Traum, der nicht im Schlaf, sondern bei wachem Geist von mir Besitz ergreifen wollte.

Jener heimliche Sinn, der den Erfahrenen vor drohendem Unheil warnt und der mich schon in der Kasbah von Algier auf die schattenhaften Verfolger aufmerksam gemacht hatte, sprach auch jetzt zu mir. Ich verwandte meine ganze Kraft darauf, die Klarheit meines Verstands zurückzugewinnen, und sah mich zu Yussuf um. Er lag, zusammengesunken wie ein Schlafender, in seitlicher Haltung auf den verrutschten Kissen. Sein Becher war umgekippt, ein letzter kläglicher Rest Busa ausgelaufen.

Unter halb geschlossenen Lidern blickte ich zu Murad Abbasi und seinen Söhnen. Ihre Gesichter waren, den kunstvollen Tanz der Uled-Nail-Mädchen missachtend, mit gespannter Erwartung auf mich gerichtet.

Schlagartig wurde mir klar, was geschehen war. Da ich gesehen hatte, dass auch der Messerschmied und seine Söhne dem Busa zugesprochen hatten, konnte es nicht an der berauschenden Wirkung des Getränks liegen. Vielmehr glaubte ich, dass Yussufs und mein Becher von innen mit einem betäubenden Gift bestrichen worden waren, das mit jedem Schluck seine Wirkung verstärkte.

Ich streckte die Hand nach meinem Becher aus und warf ihn mit einer absichtlich ungeschickten Bewegung um. Der zähe weiße Saft floss auf einen handgeknüpften Teppich, während ich in ähnlicher Haltung wie mein Gefährte auf die Kissen sackte und reglos verharrte.

Meine Lider wirkten geschlossen, waren es aber nicht ganz. Ich konnte genug sehen, um zu erkennen, wie Murad und seine Söhne aufstanden und zu mir traten. Das Flötenspiel erstarb und die Tänzerinnen tanzten nicht länger.

Der Schmied blickte auf mich herab und spie mich verächtlich an.

„Dieser Nassâb[1] ist uns ahnungslos wie ein Säugling in die Falle gegangen. Gibt sich als Bote von El Agreb el Aswad aus, ohne das Kennwort zu wissen, ya tîs – der Narr!"

Mit seiner Beschimpfung hatte er gar nicht so Unrecht. Wie leichtgläubig war ich doch gewesen, als ich annahm, die Männer des Schwarzen Skorpions hätten als Erkennungsmerkmal nur das Bussaadi mit dem eingeritzten Skorpion. Ein vorsichtiger Mann wie El Agreb el Aswad gab den Seinen selbstverständlich eine geheime Losung mit auf den Weg. Oh ja, ich war ein Tîs!

Okba, der Metallschneider, hatte den Flötenspieler und die Mädchen bezahlt und weggeschickt. Jetzt trat

[1] Betrüger

er wieder zum Vater und zu seinen Brüdern und fragte:

„Was machen wir mit diesem Kara Ben Nemsi und seinem Diener? Töten wir sie sogleich?"

„Nein, draußen", entschied Murad Abbasi. „Wir schaffen sie zum Fluss, schneiden ihnen die Kehlen durch und werfen sie hinunter ins Wadi[1]. Niemand wird ihren Tod mit uns in Verbindung bringen. Aber erst will ich sehen, ob dieser Himâr[2] etwas Wertvolles bei sich trägt."

Er beugte sich über mich, um mich zu durchsuchen. Ich spürte seinen heißen Atem auf meiner Wange, roch die strenge Ausdünstung aus seinem Mund, vermischt mit einem Brandgeruch, der dem Schmied von Berufs wegen wohl auf ewig anhaftete.

Meine rechte Seite, auf der ich lag, war den Blicken der anderen weitgehend verborgen. Vorsichtig hatte meine rechte Hand unter dem Haik nach den Waffen getastet und dabei ausgerechnet das Bussaadi zu fassen bekommen. Als Murad Abbasi mich kräftig anpackte, um mich auf den Rücken zu wälzen, sprang ich auf und schlang den linken Arm um seinen wulstigen Hals. Ich riss ihn rücklings an mich und drückte die Klinge des Bussaadis gegen seine Wange.

„Wenn sich einer von euch bewegt, ist euer Vater des Todes!", warnte ich die drei Söhne meines Gefangenen, die mir wie erstarrt gegenüberstanden. „Und für dich gilt das erst recht, Murad Abbasi! Du wirst wissen, welche Wirkung schon die kleinste Verletzung mit diesem speziellen Bussaadi hat."

[1] Flussbett, Tal; häufig Bezeichnung für die ausgetrockneten Flüsse der Sahara

[2] Esel

„Ich weiß es", krächzte er mit zitternder Stimme.

„Gut. Dann sag mir jetzt das Losungswort von El Agreb el Aswad! Und falls du meinst, mich anlügen zu können, bedenke dies: Der kleinste Zweifel an der Wahrheit deiner Worte und ich ritze dir ein wenig die Wange, um zu sehen, was passiert!"

Der massige Mann begann zu zittern. Schweiß perlte auf seiner Stirn und auf dem Gesicht. Er verströmte den strengen Geruch von Todesangst. Seine Furcht ließ zweimal seine Stimme ersterben und erst beim dritten Versuch konnte er sagen:

„El agreb mlêh, w-el agreb chatîr."

„El agreb mlêh, w-el agreb chatîr – der Skorpion ist gut und der Skorpion ist gefährlich", wiederholte ich leise, um mir den Satz einzuprägen. Ich glaubte dem Schmied. Seine Angst war zu groß, um mich zu belügen. Außerdem schien mir die Losung sehr treffend. Zu seinen Untergebenen mochte El Agreb el Aswad gut sein, für seine Feinde aber war er höchst gefährlich.

Das Bussaadi weiterhin gegen Murads Wange haltend, befahl ich ihm, den Diener mit einem großen Krug Wasser kommen zu lassen. Als der Junge eintrat, wirkte er angesichts der ungewöhnlichen Szene nicht sonderlich erstaunt. Entweder war er in den Plan seines Herrn eingeweiht oder im Haus des Messerschmieds war man es gewohnt, wenn nicht alles mit rechten Dingen zuging. Auf meine Anweisung schüttete der Diener das Nass über Yussufs Kopf aus. Yussuf prustete, hustete, schüttelte sich, während er seinen Oberkörper mühsam aufrichtete, und sah mich aus trüben Augen an.

„Wir sind in eine Falle getappt, der Busa war vergiftet“, erklärte ich knapp. „Steh auf, du musst gegen die Müdigkeit ankämpfen!“

Mühsam zog er sich an der Wand hoch, was auch gelang, nachdem er zwei Wandteppiche heruntergerissen hatte.

Ich wandte mich Azmi, Okba und Saîd zu.

„Ihr bleibt hier und rührt euch nicht von der Stelle, falls ihr euren Vater lebend wieder sehen wollt. Merke ich, dass ihr mich verfolgt, stirbt er!“

Natürlich wäre es sicherer gewesen, die drei und auch den Diener zu fesseln. Aber dazu hätte ich Yussufs Hilfe bedurft, woran auf Grund seines gegenwärtigen Zustands nicht zu denken war. Ich konnte schon froh sein, dass er sich, wenn auch schwankend, auf den Beinen hielt. Immer wieder fielen ihm die Augen zu und seine Glieder zitterten im Kampf gegen den fast übermächtigen Drang zu schlafen.

Der kürzeste Weg nach draußen führte durch die Schmiedewerkstatt, die von der trockenen Hitze der Tagesarbeit erfüllt war. In der Esse schwelte noch die Glut und tauchte den sonst dunklen Raum in ein schwaches rötliches Schimmern. Mit der einen Hand Murad festhaltend und mit der anderen das Bussaadi, ging ich zwischen Esse, Amboss und Werkzeugtischen hindurch, gefolgt von dem wankenden Yussuf.

Der stieß plötzlich ein überraschtes Keuchen aus. Gleichzeitig vernahm ich ein metallisches Klicken, das vom Spannen eines Revolverhahns herrührte. Aus einer dunklen Ecke war ein großer, schlanker Mann getreten, der mit seiner Waffe auf Yussuf zielte. Ich erkannte die scharfen Züge des Franzosen, der im Hôtel de l’Europe unter dem Namen Mathieu Gallord abgestiegen war.

„Da bin ich wohl gerade noch rechtzeitig gekommen“, sagte er in einem Arabisch, das zwar verständlich war, aber durch den starken Akzent sofort den Europäer verriet. „Wie gut, dass ich nicht auf deine Versicherung vertraut habe, du würdest mit dem Nassâb fertig werden, Murad Abbasi. Wäre ich nicht gekommen, um nach dem Stand der Dinge zu sehen, hätte der Skorpion sich wohl nach einem anderen Bussaadi-Lieferanten umsehen müssen.“

Der Schmied hatte ihn also eingeweiht. Ein für Yussuf und mich höchst unerquicklicher Zustand. Das Schicksal schien an diesem Abend nicht auf meiner Seite zu sein.

„Lass dein Messer fallen, Kara Ben Nemsi oder wie immer du heißen magst!“, verlangte der Franzose. „Wenn du nicht gehorchst, jage ich deinem müden Freund eine Kugel in...“

Ein dumpfes Poltern unterbrach seine Rede. Gleich darauf krachte ein Schuss aus seinem Revolver. Der Mündungsblitz stach durch das Dreiviertelduknel. Ein kurzes helles Klirren zeigte an, dass die Yussuf zugedachte Kugel irgendwo gegen ein Stück Metall geprallt war. Was war geschehen?

Yussuf, trotz der Todesgefahr von Müdigkeit übermannt, war einfach zu Boden gesackt. Wohl mehr aus Schreck als aus Berechnung hatte Gallord daraufhin geschossen. Aber da Yussuf nicht mehr vor ihm stand, war die Kugel fehlgegangen.

Murad Abbasi bemerkte, dass ich durch Yussuf und den Franzosen abgelenkt war. Er versetzte mir einen Stoß und sprang gleichzeitig von mir weg. Ich taumelte und stieß gegen Gallord. Der verlor das Gleichgewicht und stürzte zwischen zwei Werkbänke, wobei er einige Hämmer, Zangen und Feilen mit sich zu Boden riss.

Hinten im Haus wurden fragende Stimmen laut, dann Rufe. Der Schuss hatte Murads Söhne alarmiert. Sie würden wohl binnen weniger Sekunden in die Werkstatt stürmen.

Ich steckte das Bussaadi weg, zog Yussuf hoch und schleppte ihn mit mir nach draußen. Dabei hörte ich, wie der Franzose unter leisem Fluchen nach dem Revolver suchte, den er beim Sturz verloren hatte.

Vor der Schmiede wehte mir kühle Nachtluft entgegen, die vom Schott el Hodna herüberkam. Ich schüttelte Yussuf kräftig durch und im Verein mit der frischen Luft kehrten seine Lebensgeister zurück.

„Wir müssen fort von hier, rasch!“, ermahnte ich ihn und zog ihn auch schon mit mir.

Er musste sich beim Laufen auf mich stützen, wodurch unser Vorankommen verzögert wurde. Schon erklangen hinter uns die Schritte der Verfolger. Wir würden es nicht schaffen, unbehelligt in den sicheren Schutz der französischen Garnison zu gelangen. Mond und Sterne tauchten die nächtliche Oase in ein fahlgelbes Licht, sodass wir auf der Straße weithin zu erkennen gewesen wären. Deshalb lief ich mit Yussuf zum nächsten Dattelhain, dessen Bäume uns zumindest für den Augenblick vor den Häschern verbargen.

„Ya salâm – o Himmel, sie sind nirgends zu entdecken!“, hörte ich einen von Murads Söhnen rufen.

„Dann haben sie sich im Dattelwald versteckt“, erwiderte der Franzose in seinem schleppenden Arabisch. „Dort werden wir sie finden!“

Zwischen zwei Palmen und hohem Halfagras verborgen, spähte ich zur Schmiede hinüber. Fünf Männer kamen von dort, der Franzose, der Schmied und seine Söhne. Gallord hatte offenbar seinen Revolver wieder gefunden. Auch einer der jungen Berber hielt einen Revolver in der Hand, während Murad und seine beiden anderen Söhne mit jenen großen Schießprügeln bewaffnet waren, die im Morgenland noch weit verbreitet sind. Altertümliche Waffen zwar, aber dennoch tödlich.

Ich hatte meine Revolver bei mir und die fünf Männer, deren Umrisse sich im Licht der Gestirne deutlich abzeichneten, boten ein gutes Ziel. Aus zwei Gründen verzichtete ich auf den Gebrauch meiner Waffen. Erstens hätte das Mündungsfeuer unser Versteck verraten und bei einer Erwiderung des Feuers hätte eine der feindlichen Kugeln Yussuf oder mich treffen können. Zweitens widerstrebt es mir, ein Menschenleben auszulöschen, wenn es auch einen anderen Weg gibt. Aber gab es den in dieser Lage?

Kaum hatte ich das gedacht, hörte ich hinter mir ein Rascheln im Gebüsch und eine helle Stimme flüsterte:

„Ta'al, ya sihdi - komm mit mir, o Herr!" Der kleine Ali sprach mich mit denselben Worten an wie am Nachmittag beim Ksar. Ich war nicht wenig erstaunt, als er sein schmales Gesicht zwischen zwei Grasbüscheln hindurchschob. „Ich weiß ein gutes Versteck, das sonst keiner kennt."

Zu irgendwelchen Fragen blieb keine Zeit. Ich musste ihm vertrauen, rüttelte den eingenickten Yussuf wach und sagte zu Ali:

„Führ mich zu deinem Versteck, b-sur'a - schnell!"

Ali lief auf flinken Füßen voran. Ich hatte Mühe, ihn nicht aus den Augen zu verlieren, weil ich Yussuf halb ziehen und halb tragen musste. Tiefer und tiefer ging es in den Dattelhain. Irgendwann lichtete sich das Gehölz vor uns und ich prallte förmlich zurück, als sich unter mir ein Abgrund auftat. Eine steile, enge Schlucht, deren Boden matt im Mondlicht schimmerte. Das war der Bu-Saada-Fluss, zurzeit nur ein gemächlich gluckerndes Rinnsal, das in den südwestlichen Höhenzügen des Sahara-Atlas entsprang und sich in nordöstlicher Richtung bis zum Schott el Hodna schlängelte.

Mit Schrecken sah ich, wie Ali, sich an einem Grasbüschel festhaltend, langsam den Abhang hinunterkletterte. Er hielt inne, schaute zu mir herauf und winkte mit der flachen Hand, damit ich ihm folgte. Vorsichtig, mit der einen Hand mich selbst und mit der anderen Yussuf festhaltend, wagte auch ich den Abstieg. Geröll löste sich unter meinen Stiefeln und kullerte mit leisem Klackern in die Tiefe. Ein falscher Schritt oder ein loses Büschel Gras, an dem ich vergeblich Halt suchte, und ich würde zusammen mit dem halb besinnungslosen Yussuf in die Tiefe stürzen. Wenn wir uns dabei nicht den Hals brachen, dann doch einen Gutteil unserer Knochen.

Zum Glück hatte die Kletterpartie bald ein Ende, als Ali mir sein Versteck zeigte. Es war eine Höhle, die wohl ursprünglich ein Fennek oder ein Hase in das steile Ufer gegraben hatte und die von Ali vorsichtig erweitert worden war. Über dem Eingang wuchs das Halfagras so üppig, dass man die Höhle von oben nicht erkennen konnte.

„Hier verstecke ich mich manchmal, wenn es nötig ist“, erklärte Ali, als ich und Yussuf ihm in die enge Erdröhre folgten.

Weshalb er sich hier zuweilen versteckte, konnte ich mir denken. Wenn seine Bettelei ihm nicht genug einbrachte, nahm er sich von den Ständen der Straßenhändler wohl einfach das, wofür ihm das Geld fehlte.

„Wie bist du in den Dattelhain gekommen, Ali?“, stellte ich die Frage, die mir schon seit geraumer Zeit auf der Zunge lag.

„Ich war schon länger in deiner Nähe, Sihdi. Ich folgte dir und deinem Begleiter vom Funduq zur Schmiede, weil ich glaubte, du könntest meine Hilfe gebrauchen.“

„Das war ein guter Gedanke, Ali. Allah hat dich erleuchtet“, lobte ich.

Zwar vermutete ich, dass Ali sich auch in der Hoffnung auf ein weiteres üppiges Bakschisch in meiner Nähe aufgehalten hatte, doch war dies nicht verwerflich. Zudem hatte der Kleine mir und meinem schlaftrunkenen Begleiter einen Weg aus höchster Not gezeigt.

Wir hörten Stimmen, die allmählich lauter wurden. Sie unterhielten sich auf Arabisch. Hier in dem Erdloch klang alles sehr gedämpft und ich verstand nur ein paar Satzfetzen:

„...nirgends im Dattelhain zu finden...wohl doch in die Stadt geflohen...weiß nur Allah...“

Die Stimmen entfernten sich wieder, offenbar hatten unsere Feinde die Suche aufgegeben. Doch um ganz sicherzugehen, blieben wir noch einige Stunden in dem Versteck. Ali und ich hockten in der Dunkelheit und lauschten der einlullenden Melodie, zu der sich das leise Plätschern des Flüssleins und Yussufs seliges Schnarchen vereinten.

*

„O Mademoiselle...Nadine...nimm die Hand nicht weg...men fadlek - bitte..."

Diese abgehackten Worte ausstoßend, die immer wieder von leisem Stöhnen unterbrochen wurden, wälzte sich Yussuf auf dem zerwühlten Bett in seinem Hotelzimmer hin und her. Linderung verschafften ihm nur die Hände des Mädchens, das an seinem Lager kniete und seine Stirn und sein Gesicht mit einem feuchten Tuch betupfte. Das schwere Fieber, das von ihm Besitz ergriffen hatte, war gewiss eine Folge des Giftes. Ich konnte mich glücklich schätzen, dass ich mich beim Genuss des Busa zurückgehalten hatte.

Erst lange nach Mitternacht hatten wir das Versteck am Bu-Saada-Fluss verlassen. Schon da quälte starkes Fieber den armen Yussuf. Mit Mühe - und glücklicherweise, ohne auf die Männer des Schwarzen Skorpions zu treffen - schafften Ali und ich den Kranken zum Hotel. Weder Murad Abbasi noch Monsieur Gallord wussten, dass jener Kara Ben Nemsi, der sich als Gesandter ihres Herrn vorgestellt hatte, ein Europäer und im Hôtel de l'Europe abgestiegen war. Wir konnten uns also einstweilen sicher fühlen, mussten aber umso fester mit einer Entdeckung rechnen, je mehr Zeit verstrich.

Ich blieb bei Yussuf und schickte Ali los, um einen Arzt und die Militärkommandantur von Bu Saada zu verständigen. Erst kam der Arzt, der Yussuf ein fiebersenkendes Pulver gab, dann ein Leutnant Rochefort mit einer Abteilung Spahis. Mein Hinweis, zwei Stockwerke über uns wohnten drei Verbündete des berüchtigten Schwarzen Skorpions, bewirkte eine sofortige

Durchsuchung der Räumlichkeiten. Leider hatte Gallord mit seinen Gefährten bereits das Weite gesucht – ohne sich die Mühe zu machen, die Hotelrechnung zu begleichen. Offenbar hatten die Männer nach dem Vorfall in der Schmiede ihren Plan, erst am Morgen abzureisen, geändert. Der Leutnant wollte sich daraufhin sogleich zu Murad Abbasis Haus begeben, doch hegte ich wenig Hoffnung, dass die Soldaten dort etwas Belastendes oder gar die drei Europäer finden würden.

Längst war die Sonne über der Oasenstadt aufgegangen. Der Straßenlärm drang bis in unsere rückwärtigen Zimmer. Draußen auf dem Hof zwitscherten Heckensänger und Blassspötter um die Wette. Die nächtliche Jagd, die Yussuf und mich fast das Leben gekostet hätte, schien nicht mehr als ein böser Traum gewesen zu sein. Aber der Anblick des schweißüberströmten jungen Berbers belehrte mich eines Besseren. Wie ein waidwundes Tier warf er sich auf dem Bett umher, gequält von Geistern, die dem Gift im Verein mit dem Busa entsprangen und deren schreckliche Gestalt nur er kannte. Immer wieder stieß er den Namen ‚Nadine' aus und flehte das Mädchen an, ihre Hände mit dem kühlenden Tuch nicht von seinem Gesicht zu nehmen. Dass er die Behandlung überhaupt wahrnahm, erleichterte mich. Also war sein Verstand nicht gänzlich in Fieberfantasien versunken.

Doch wachen Geistes war er ganz sicher nicht, sonst hätte er die kleine Berberin nicht für Nadine Dufour gehalten. Seine Pflegerin war einen Kopf kleiner als ihr Bruder Ali und hieß Malika. Ich hatte Ali ausgesandt, um sie zu holen. Wenn gestern jemand Ali bei mir gesehen hatte und das dem Messerschmied verriet, mochte es den Waisenjungen und auch seine Schwester in große Gefahr bringen. Hier im Hotel waren beide sicherer als in der verfallenen Hütte am Rand der Oase, die ihr kärgliches Heim war.

Laute Stiefeltritte näherten sich dem Zimmer, ein knappes militärisches Kommando erscholl auf dem Gang und dann wurde energisch gegen die Tür geklopft.

„Qui est là - wer ist da?", fragte ich und legte die rechte Hand um den Griff eines meiner Revolver.

„Sergent Sardar", erfolgte die Antwort im ungelenken Tonfall eines französisch sprechenden Afrikaners. „Hauptmann Larousse schickt mich, um Sie zur Anhörung zu begleiten, Monsieur."

Hauptmann Larousse war der Militärkommandant von Bu Saada. Der Leutnant, der in der Nacht zu mir gekommen war, hatte mir den Namen genannt.

Ich ging zur Tür und öffnete sie vorsichtig, jederzeit bereit, den Revolver unter dem Haik hervorzuziehen. Auf dem Gang standen vier Spahis in ihren malerischen Uniformen: schwarzbetresste Jacken und Westen aus krapprotem[1] Tuch, rote Schärpen und blaue Pluderhosen, die in Themaggs steckten, Stiefeln aus rotem Leder. Jeder Spahi hatte einen roten Mantel an, um den ein weißer Haik geschlungen war. Der Haik war bis über den Kopf gezogen und wurde dort von einem Kamelhaarstrick zusammengehalten. Der weiße Überwurf bot einen starken Kontrast zur dunklen Hautfarbe der Männer, doch durfte die malerische Aufmachung nicht darüber hinwegtäuschen, dass mir kampferprobte Soldaten gegenüberstanden. Ihre Karabiner trugen sie gewiss nicht zur Schau.

[1] Krapp = ein Färbemittel

Sergent Sardar war ein hoch gewachsener, grobknochiger Mann, dessen Haut noch brauner und dessen Bart noch schwärzer schimmerte als bei seinen Kameraden. Er entbot mir den Gruß des Kommandanten und bat mich, ihn in die Garnison zu begleiten.

„Sind die Männer des Schwarzen Skorpions denn gefasst?“, erkundigte ich mich.

„Davon weiß ich nichts, Monsieur.“

„Falls sie noch frei herumlaufen, muss ich um das Leben meiner Freunde fürchten.“

Ich wies ins Zimmer hinein, zu Yussuf, Ali und Malika.

„Der Junge und der Kranke sind die, die in der Nacht bei Ihnen waren, Monsieur?“

„Oui“, bestätigte ich.

„Dann sollen auch sie mich begleiten.“

„Yussuf kann nicht mitkommen. Das Fieber hält ihn in seinen Klauen.“

„Dann kommt der Junge mit“, sagte Sergent Sardar. „Ich lasse zwei Mann zum Schutz des Kranken und des Mädchens hier. Einverstanden, Monsieur?“

„Oui, trés bien - ja, sehr gut.“

Bei den Spahis wusste ich Yussuf und Malika in guten Händen. Beruhigt ließ ich die beiden zurück und ging mit Ali, Sergent Sardar und dem vierten Spahi hinauf zur Kaserne, wo ich im Dienstzimmer des Kommandanten auf den Messerschmied und seine Söhne stieß. Sie saßen auf einer hölzernen Bank wie die Hühner auf der Stange, bewacht von zwei Spahis. Hauptmann Larousse, ein kantiger Mann mit hochgezwirbeltem Bart, saß hinter einem mit Landkarten und Papieren übersäten Schreibtisch, flankiert von zwei weiteren Offizieren. Einer war jener Leutnant Rochefort, den ich bereits kannte, der andere stellte sich als Oberleutnant Boisset vor.

„Wir sind hier zusammengekommen, um über die gegen den Schmied Murad Abbasi erhobenen Anschuldigungen zu beraten“, erklärte Larousse im schnarrenden Tonfall des langjährigen Militärs. „Insbesondere geht es um den Verdacht, er und seine Söhne gehörten zur berüchtigten Bande des Mannes, den man gemeinhin El Agreb el Aswad nennt, den Schwarzen Skorpion. Außerdem sollen die vier Genannten in der letzten Nacht versucht haben, diesen Reisenden aus Deutschland und seinen Begleiter zu ermorden. Was sagt der Schmied zu den Vorwürfen?“

Sergent Sardar übersetzte die Worte seines Kommandanten und Murad Abbasi rollte bei jedem Satz mit den Augen wie ein zu Unrecht geprügelter Hund. Schließlich sprang er auf und erklärte, zu Larousse gewandt:

„Nichts davon ist wahr, ya scheik el frandsch – o Gebieter der Franzosen. Weder meine Söhne noch ich haben je etwas von einem Schwarzen Skorpion gehört, wallahi – bei Gott! Wir wussten nichts von dieser gefährlichen Bande, bis die Soldaten kamen, um unser Haus zu durchsuchen. Aber sag selbst, o Scheik, haben deine tapferen Männer etwas gefunden, das gegen uns spricht?“

„Das haben sie nicht“, musste der Hauptmann zugeben, nachdem Sergent Sardar die Rede des Messerschmieds übersetzt hatte. „Was sagst du zu dem Mordvorwurf, Murad Abbasi? Es gibt Zeugen, die dich und deine Söhne in der Nacht nah beim Dattelhain gesehen haben. Ihr wart bewaffnet und habt den Wald durchkämmt! Leugnest du, nach diesem Deutschen und seinem Begleiter gesucht zu haben?“

„Lâ, ya scheik - nein, o Gebieter, das leugne ich nicht. Die beiden waren meine Gäste und sprachen reichlich dem Busa zu. Sie haben das ungewohnte Getränk nicht gut vertragen. Als sie sich verabschiedet hatten, sorgten meine Söhne und ich uns darum, ob sie heil zurück ins Funduq gekommen seien. Mein Sohn Azmi meinte, er habe sie die falsche Richtung einschlagen sehen, zum Dattelwald. Wir befürchteten, sie könnten sich dort verirren und in die Schlucht des Wadi Bu Saada stürzen. Deshalb suchten wir sie die halbe Nacht lang, ohne sie zu finden. Doch es freut mich, dass Allah seine schützende Hand über sie gehalten hat. Ich hoffe, auch dem Diener von Kara Ben Nemsi geht es gut!"

Der Schmied trug seine frechen Lügen so ungerührt vor, dass selbst ich ihm geglaubt hätte, hätte ich es nicht besser gewusst. Als Larousse erklärte, dass mein Begleiter mit schwerem Fieber darniederliege, schlug Murad bedauernd die Hände zusammen und rief:

„Allah möge mir verzeihen! Es ist alles meine Schuld. Ich hätte den Busa nicht so reichlich ausschenken sollen. Vielleicht haben diejenigen unter den Gelehrten doch Recht, die sagen, der Prophet habe nicht nur den Wein, sondern jedes berauschende Getränk verboten."

„Du und deine Söhne wollten also euren Gästen nur helfen?", vergewisserte sich Larousse mit einem lauernden Unterton.

„Na'am, u-b-el-haqq - ja, wahrhaftig!"

„Warum hattet ihr dann Schusswaffen bei euch?"

„Nur zu unserem Schutz und dem unserer Gäste", beteuerte der Schmied. „Es heißt, in der Nacht durchstreifen el Deba[1] und Ibn Awâ[2] die Wälder. Und auch Räuber und Mörder sollen nachts ihr Unwesen treiben. Sag selbst, o Scheik, ist es da nicht besser, bewaffnet zu sein?"

Ohne darauf einzugehen, fuhr der Hauptmann fort:

„Was ist mit dem Franzosen, der dir und deinen Söhnen bei der so genannten Suche geholfen hat? Wer ist er? Und warum haben er und seine Gefährten Bu Saada klammheimlich in der Nacht verlassen?"

„Wir trafen einen Frandschi auf der Straße, der uns bei der Suche half. Ich kenne ihn nicht weiter und weiß nichts über ihn."

„Das ist eine Lüge!", rief ich. „Derselbe Mann war schon am Nachmittag in der Schmiede und hat mit Murad Abbasi gesprochen. Dieser Junge hier, Ali, kann das bezeugen."

„Er braucht es nicht zu bezeugen, denn ich leugne es nicht", sagte der Schmied lächelnd. „Der Frandschi war gestern Nachmittag bei mir, um meine Messer zu begutachten. Ich hatte auch ihn für den Abend eingeladen, aber er kam zu spät. Mehr kann ich über ihn nicht sagen."

Der Kommandant beriet sich kurz mit den beiden anderen Offizieren und sagte dann:

„Murad Abbasi, da diese Untersuchung keine Beweise gegen dich und deine Söhne erbracht hat, ist der Fall abgeschlossen."

„Heißt das, wir sind frei und können gehen?"

Larousse nickte nur knapp.

„Schukran, ya scheik - danke, o Gebieter! Deine Weisheit ist grenzenlos wie die Wüste Sahara, dein Verstand schärfer als die beste Bussaadiklinge, dein

[1] Hyäne [2] Schakal

Weitblick größer als der von en Nisr[1]. Allahs Segen sei mit dir und deinen Söhnen und den Söhnen deiner Söhne!"

Hätten Sergent Sardar und die anderen Spahis den Schmied und seine Sprösslinge nicht mit sanfter Gewalt aus dem Raum gedrängt, wäre die Litanei wohl noch eine Weile so weitergegangen.

Ich hatte mich nur mühsam zurückgehalten. Jetzt sprang ich auf und stürzte wütend zum Tisch der Offiziere.

Aber bevor ich noch etwas sagen konnte, erhob sich der Kommandant und sagte:

„Je suis très desolé - es tut mir sehr leid, Monsieur. Ich hätte den verlogenen Kerl am liebsten in den tiefsten Kerker geworfen, den wir haben. Aber die Durchsuchung seines Hauses und seiner Werkstatt hat keine Beweise ans Tageslicht gebracht. Wir haben kein einziges Messer mit diesem verflixten Skorpion darauf gefunden. Je le regrette beaucoup - ich bedaure das sehr."

„Murad und seine Söhne hatten Zeit genug, alle Messer mit dem Erkennungszeichen der Bande verschwinden zu lassen", sagte ich. „Aber schenken Sie seiner Aussage mehr Gewicht als meiner, Monsieur le Capitaine - Herr Hauptmann?"

„In diesem Fall musste ich es leider. Der Messerschmied genießt großes Ansehen unter den einheimischen Handwerkern und Händlern. Wie Sie wissen, gärt es zurzeit überall in den Bergen. Die Berber rebellieren, überfallen unsere Siedlungen, brandschatzen, plündern und morden. Unsere Truppen haben alle Hände voll damit zu tun, den Aufstand einzudämmen.

[1] Adler

Bu Saada wurde bislang von den Unruhen verschont. Aber auch hier gibt es heimliche Stimmen, die nach Rebellion schreien. Hätte ich Murad Abbasi ohne einen handfesten Beweis eingesperrt, hätte das laue Lüftchen des Aufruhrs schnell zum wütenden Sturm werden können."

Ich verstand die Beweggründe des Hauptmanns, auch wenn mir das Ergebnis nicht gefiel, und fragte:

„Gibt es wenigstens eine Spur von den drei Männern, die Monsieur Cremer um die Hotelrechnung geprellt haben?"

„Bedaure, nein."

„Wenn sie die Oase noch in der Nacht verließen, müssen sie sich Pferde oder Kamele besorgt haben."

„Es wurden keine Tiere als gestohlen gemeldet", entgegnete Larousse. „Falls sie sich Reittiere kauften, haben sie dem Verkäufer sein Stillschweigen wohl gleich mitbezahlt."

„Es scheint sich um ehemalige Soldaten zu handeln", sagte ich und berichtete von der belauschten Unterhaltung.

„Dieser angebliche Oberleutnant Gallord ist mir nicht bekannt", erklärte Larousse und die beiden anderen Offiziere schlossen sich dem an.

„Dann kennen Sie vermutlich auch keinen Ort namens Fort Danjou", seufzte ich entmutigt. „Dorthin wollten sich die drei nämlich wenden."

Larousse beugte sich vor und stieß ein pfeifendes Geräusch aus, ein Zeichen plötzlicher Erregung.

„Fort Danjou, sind Sie da sicher, Monsieur?"

„Oui, certainement - ja, vollkommen sicher."

Larousse wechselte kurze Blicke mit den beiden Leutnants. Dann wandte er sich zu der Landkarte um, die einen Großteil der Wand in seinem Rücken einnahm, und zeigte auf einen Punkt zwischen Bu Saada und der großen Oase Biskra im Westen.

„Hier liegt Fort Danjou, neunzig Kilometer von Bu Saada, auf dem halben Weg nach Biskra!"

Ich trat näher und beäugte die Karte.

„Aber da ist kein Fort eingezeichnet, auf meiner Karte übrigens auch nicht."

„Sie haben Recht, Monsieur." Larousse nahm einen Bleistift von seinem Schreibtisch und markierte die bewusste Stelle mit einem kleinen Kreis. „So, jetzt ist Fort Danjou auf der Karte! Wundern Sie sich nicht, Monsieur, aber der Stützpunkt besteht erst seit wenigen Monaten. Mehrmals wurden Karawanen und Kutschen auf dieser Strecke überfallen. Um das Gebiet besser zu schützen, hat das Oberkommando ein altes Berber-Ksar, das sich an dieser Stelle erhebt, zum Fort Danjou ernannt und mit einer Kompanie des Fremdenregiments[1] belegt. Hauptmann Curtelin, der Kommandant, ist ein Freund von mir. Wir kennen uns seit der Zeit auf der Militärakademie. Wenn man ihn benachrichtigen könnte, würde er die drei seltsamen Vögel festnehmen. Leider geht die nächste bewachte Postkutsche nach Biskra erst in vier Tagen von hier ab. Ein einzelner Bote ist derzeit zu gefährdet und ich kann es mir nicht leisten, für diese Sache eine größere Abteilung abzustellen. Der Geleitschutz, den meine Spahis für die Post reiten müssen, reduziert die Anzahl der mir zur Verfügung stehenden Männer nicht unerheblich."

[1] Gemeint ist die Fremdenlegion (‚Legion Etrangère'), die diesen auch vorher schon benutzten Namen offiziell erst ab 1875 führte und bis dahin als Fremdenregiment (‚Régiment Etranger') bezeichnet wurde.

„Dann geben Sie mir doch ein Schreiben an Hauptmann Curtelin mit", bat ich.

Larousse sah mich an wie einen Wahnsinnigen.

„Wollen Sie sich etwa allein nach Biskra wagen?"

„Ich habe noch einen Begleiter, der sich hoffentlich bald vom Fieber erholt. Außerdem denke ich, dass zwei Reisende vielleicht sogar besser durchkommen als ein Trupp Ihrer Spahis. Es sind gewiss tapfere Männer, aber reitende Soldaten verursachen meist großen Lärm und die hübschen roten Uniformen sind weithin zu erkennen."

Der Hauptmann bedachte mich mit einem knappen Lächeln.

„Ich hoffe, Ihr Mut überwiegt Ihren Leichtsinn, Monsieur. Aber warum haben Sie solch einen Narren an diesen drei Gaunern gefressen, wenn Sie mir die Frage gestatten?"

Ich gab ihm eine Kurzfassung der ganzen Geschichte, die bei allen drei Offizieren verwundertes Kopfschütteln auslöste.

Nach einem Griff in meine Börse legte ich ein paar goldene Zwanzig-Franc-Münzen auf den Schreibtisch. Ich zeigte zu dem Berberjungen und sagte:

„Eine Bitte habe ich noch, die Ali und seine Schwester betrifft. Die beiden sind hier in Bu Saada nicht länger sicher, nachdem sie sich gegen den Schwarzen Skorpion gestellt haben. Ich bezweifle, dass seine Rachsucht vor Kindern Halt macht. Außerdem haben sie hier keine Zukunft. Ich habe gehört, dass Ihre Regierung Schulen für Berberkinder eingerichtet hat. Würden Sie mit dem Geld dafür sorgen, dass die beiden auf so einer Schule unterkommen, Herr Hauptmann?"

„Non, Monsieur", sagte er zu meiner Verwunderung und schob die Münzen zu mir zurück. „Indem diese Kinder sich gegen den Skorpion gewandt haben, erwiesen sie unserer Regierung einen großen Dienst. Also wird auch die Regierung für Ihre Erziehung aufkommen!"

Als ich das Geld wieder einsteckte, wünschte ich mir, dass die Franzosen für die Einheimischen in Nordafrika immer ein so großes Verständnis aufgebracht hätten wie Hauptmann Larousse in diesem speziellen Fall. Dann wäre es kaum zu den Berberaufständen gekommen, die das Hochland mit Furcht und Schrecken erfüllten.

6. Das Geisterfort

„Haida ma bisir, ma bisir abadan - das geht nicht, das geht so auf keinen Fall! O Allah, warum strafst du mich? Womit hat dein Diener deinen Unmut erregt? Amahn, amahn - Gnade, Gnade!"

So ging es schon den ganzen Morgen und die klagenden Rufe meines Begleiters ließen mich zwischen Mitleid und Erheiterung schwanken. Gewiss war der Ritt auf einem Hedschîn[1] für den Ungeübten alles anderes als einfach und angenehm. Kann man sich an den wiegenden Passgang noch gewöhnen, so ist die Widerspenstigkeit, die das Kamel gemeinhin auszeichnet, oft im wahrsten Wortsinn halsbrecherisch. Auch das schlanke Tier, auf dem der wehklagende Yussuf saß, zeigte sich von den Wünschen seines Reiters

[1] Reitkamel

weitgehend unbeeindruckt. Oft blieb das Hedschîn unvermittelt stehen, um an einem Grasbüschel zu zupfen, sodass der junge Berber sich nur mit Mühe im Sattel halten konnte. Trieb er das Tier dann durch leichte Stockschläge zwischen die Ohren an, wie ich es ihm beigebracht hatte, rannte es aus dem Stand mit solcher Eile los, als gelte es, ganz Nordafrika binnen Tagesfrist zu durchqueren.

Je länger ich Yussufs Leiden beobachtete, desto mehr verfestigte sich in mir die Erkenntnis, dass der Kauf der beiden Hudschûn[1] ein Fehler gewesen war. Yussuf hatte aus Gründen, die mir jetzt sehr verständlich wurden, zu Pferd nach Fort Danjou reiten wollen. Ich hatte mich für die Hudschûn ausgesprochen, weil uns der weitere Weg in die Wüste führen würde, wo die Kamele von größerem Wert waren. Und da Fort Danjou ein reiner Militärposten war, konnten wir dort keine Kamele bekommen. Nun aber bedauerte ich meinen Entschluss, denn Yussufs große Schwierigkeiten mit dem Hedschîn verzögerten unser Vorankommen und vergrößerten den Vorsprung der drei Europäer, die im Sold von El Agreb el Aswad standen.

Falls sie, wie ich vermutete, noch in der Nacht, als sie heimlich aus dem Hôtel de l'Europe verschwanden, nach Fort Danjou aufgebrochen waren, betrug ihr Vorsprung mehr als zwei Tage. Denn am Tag meiner Unterredung mit Hauptmann Larousse und noch am folgenden Tag hatte Yussuf so schwer mit dem Fieber zu kämpfen, dass er sein Bett kaum verlassen, geschweige denn einen Ritt durchs Hochland unternehmen konnte. Natürlich hätte ich ohne ihn losreiten

[1] Reitkamele (Mehrzahl von Hedschîn)

können, doch fühlte ich mich für meinen Reisegefährten verantwortlich. Obwohl Larousse mir versprochen hatte, ein wachsames Auge auf Murad Abbasi zu haben, fürchtete ich, mein geschwächter Begleiter könnte der Rache des Messerschmieds zum Opfer fallen, wenn ich nicht über ihn wachte.

Heute Morgen hatte Yussuf sich so weit erholt, dass der Arzt ihm die Weiterreise gestattete. Die Verabschiedung von Ali und Malika verlief knapp, aber sehr herzlich. Ich ließ sie in Larousses Obhut zurück, der sie bald auf eine Schule im Norden bringen wollte.

Zwar waren Yussuf und ich kurz nach Sonnenaufgang aufgebrochen, aber meine ursprüngliche Annahme, dass wir Fort Danjou noch bei Tag erreichen würden, hatte sich verflüchtigt. Und das, obwohl das Fort keine hundert Kilometer von Bu Saada entfernt lag und ein flinkes Hedschîn diese Strecke an einem Tag leicht zurücklegen konnte. Doch traf das nicht auf ein so störrisches Tier wie das meines Begleiters zu.

Die Sonne stand schon hoch am Himmel. Obwohl hier im Hochland nicht jene Hitze herrschte, die in der Wüste das Reisen während der Mittagsstunden verbot, stießen die Sonnenstrahlen doch mit ungeheurer Kraft in die lang gezogene Schlucht, durch die wir ritten. Ich hätte es noch eine Weile ausgehalten, aber aus Sorge um den gerade erst genesenen Yussuf brachte ich mein Tier mit einem einem kehligen „Rrree!“[1] zum Stehen und zeigte nach rechts, wo ein schmaler Felseinschnitt klaffte.

„Da drin dürfte es genügend Schatten geben, um die Mittagszeit zu verbringen, ohne dass wir uns einen

[1] Halt!

Sonnenstich einfangen. Oder hast du etwas gegen eine Rast einzuwenden, Yussuf?"

Das Hedschîn meines Begleiters hatte diesmal beschlossen, seinem Zuruf zu gehorchen und sich zu meinem Tier zu gesellen. Yussuf sah mich dankbar an.

„Eine Rast, Effendi? Hasa neßîb - das hat Gott geschickt!"

Der Felsspalt erweiterte sich zu einem Oval, das uns und den Kamelen genügend Platz bot und tatsächlich weitgehend im Schatten lag. Auf einen breiten Stein, dessen Oberseite eine schüsselartige Einbuchtung aufwies, goss ich Wasser aus meiner Kirbe[1], damit die Kamele zu trinken hatten. Anschließend stärkten Yussuf und ich uns mit Wasser, Datteln und etwas Trockenfleisch.

Mit dem Rücken an einen kühlen Fels gelehnt, sah Yussuf zu den friedlich grasenden Hudschûn hinüber und stieß einen tiefen Seufzer aus.

„Effendi, ist die Welt nicht verkehrt? Du stammst aus dem fernen Almaniya, wo ein Hedschîn so selten ist wie ein Rosengarten in der Wüste. Aber du reitest auf dem Tier, als hättest du dein Lebtag nichts anderes getan. Ich dagegen, ein Sohn dieses Landes, fühle mich nach ein paar Stunden des Reitens so elend und erschöpft, als sei ich nicht zweiundzwanzig, sondern zweihundert Jahre alt."

„Du hast gestern noch mit Fieber im Bett gelegen und bist deshalb anfällig, Yussuf."

Er bedachte mich mit einem säuerlichen Lächeln.

„In deinen Worten liegt mehr Freundlichkeit als Wahrheit, o Kara Ben Nemsi. Ich saß heute zum ersten

[1] Wasserschlauch

Mal auf einem Hedschîn und das ist dir gewiss nicht entgangen."

„Dann brauchst du dich für deine Erschöpfung nicht zu schämen."

„Aber dafür, dass mir ein Hedschîn so fremd ist wie...wie...wie die Gedanken einer Mademoiselle aus dem Land der Frandsch.".

„Die Gedanken und die Gefühle einer Französin sind nicht viel anders als die eines Berbermädchens. Die Menschen mögen sich in Abstammung, Sprache und Hautfarbe unterscheiden, aber in allen fließt dasselbe Blut und in allen atmet der Geist desselben Schöpfers, mag er nun Allah oder sonst wie genannt werden."

„Wenn das so ist, dann brauche ich mich nicht zu schämen, dass ein Almani besser auf dem Hedschîn reitet als ich?"

„Nein, Yussuf, das brauchst du nicht."

„Und wenn die Menschen sich im Innern so sehr gleichen, dann könnte ein Mann meines Volkes auch eine Mademoiselle lieben, oder?"

„Ma'aka el haqq - du hast Recht", antwortete ich, innerlich lächelnd, da ich ahnte, wohin die Reise ging.

„Und wenn ein Mann meines Volkes eine Mademoiselle lieben kann, dann könnte doch auch sie einen Berber lieben, nicht wahr?"

„Anâ ma'ak - ich bin deiner Meinung, Yussuf. Nimm nur Monsieur Saint-Criant als Beispiel, auch er entstammt einer solchen Liebe."

„Maschallah, das ist wahr! Daran habe ich gar nicht gedacht. Und der Monsieur ist ein sehr bedeutender Mann in El Dschesair."

„Das ist er", bestätigte ich, während ich, amüsiert

und besorgt zugleich, sein auf einmal beglücktes Mienenspiel beobachtete. Offenbar war durch unser Gespräch eine mögliche Verbindung mit Nadine Dufour ein ganzes Stück nähergerückt. Ich hoffte nur, er vergaß nicht, dass zu einem solchen Spiel immer zwei gehören. Und außerdem war da noch Gilbert Arnaud.

„Effendi, jetzt bin ich gar nicht mehr so betrübt darüber, dass du viel besser auf dem Hedschîn reitest als ich", fuhr er unvermittelt fort. „Wenn Allah allen Menschen dasselbe Blut und denselben Atem gab, hat er bestimmt nicht gewollt, dass einige Menschen nur das eine und andere nur etwas anderes können."

„Hätte er das gewollt, so hätte er eine langweilige Welt erschaffen."

Yussufs Betrübnis über seine mangelnde Erfahrung auf einem Hedschîn wuchs allerdings wieder, als wir unseren Weg in den kühleren Nachmittagsstunden fortsetzten. Diesmal flehte er zur Besänftigung des Hedschîns nicht Allah an, sondern das Tier selbst, wobei er es mit einer Unzahl von Namen bedachte und es mal sanft ‚Sohn der Geduld' und dann wieder beschwörend ‚Funkelndes Schwert' nannte. Bedenkt man, dass der Orientale für das Kamel mehr als einhunderfünfzig Namen kennt, bestand an einer Auswahl kein Mangel.

Unseren Hudschûn war es wohl gleichgültig, wie wir sie nannten. Sie wollten nur richtig behandelt werden. Mit jeder verstreichenden Stunde lernte Yussuf besser, mit seinem Tier umzugehen. Als die Sonne in unserem Rücken tiefer und tiefer sank, beherrschte er das „Hhein, hhein", mit dem man sein Tier zum Laufen bringt. Er begriff, wie man durch einen sanften Fußdruck am Hals die Richtung korrigiert und wie man das Tier gar zum Wenden veranlasst, in dem man leicht am Zügel zieht und gleichzeitig den Treiberstock auf der Höhe des Kamelkopfes hin und her wedelt, und zwar auf der Seite, die der zu beschreibenden Kurve abgewandt ist.

Die Schatten der zerklüfteten Berge links und rechts von uns wuchsen und vereinigten sich zum finsteren Mantel der Nacht. Sobald die Sonne untergangen war, spürten wir eine empfindliche Kälte und zogen die Umhänge fest um unsere Leiber, ohne allerdings anzuhalten. Ein wärmendes Feuer hätten wir nicht entzünden können, da sein Schein geeignet gewesen wäre, die aufständischen Berber anzulocken. Wir beschlossen, die Nacht lieber in den Mauern von Fort Danjou zu verbringen. Nach meiner Berechnung mussten wir den Stützpunkt in den nächsten zwei Stunden erreichen. Der Himmel war weitgehend wolkenlos und die Gestirne beleuchteten unseren Weg.

Seit fast einer halben Stunde ritten wir, begleitet vom gelegentlichen Ruf eines unsichtbaren Uhus, durch ein gewundenes, mit Aleppokiefern bestandenes Tal, als sich uns ein fantastischer Anblick eröffnete. Auf dem sanft ansteigenden Gelände vor uns wichen die Bäume zurück und gaben die Sicht frei auf ein Bauwerk, das im milchigen Mondlicht auf mich wie die Schilderung eines Märchenerzählers wirkte. Auf einem fünfzig Meter hohen Bergvorsprung erhoben sich zinnenbewehrte Mauern und Türme wie ein versteinerter Riese, der von hier aus den Weg zwischen Bu Saada und Biskra bewachte. Das Unheimliche dieses nächtlichen Anblicks wurde noch verstärkt durch ein vielfältiges Krächzen und Heulen, als hausten tausend Klageweiber in dem Jahrhunderte alten

Gemäuer. Wir hielten unsere Tiere an und lauschten dem unheimlichen Konzert.

„Effendi, mâ hâthâ - was ist das?“, fragte Yussuf.

„Lâ a'rifuhu - ich weiß es nicht.“

„Machen die Soldaten der Frandsch diese Geräusche?“

„Kein Mensch verursacht solche Laute.“

„Kein Mensch? Aber...glaubst du etwa, das es die Dschinnûn el dschebel sind?“

„Berggeister? Nein, ich fürchte, etwas viel Schlimmeres verursacht die seltsamen Stimmen.“

„Was kann es Schlimmeres geben als Geister?“

„Sehen wir nach“, sagte ich und setzte mein Hedschîn wieder in Bewegung.

Yussuf folgte mir mit einer Miene, die starke Zweifel an meiner Entscheidung verriet.

Ein gewundener Weg schlängelte sich zur Kuppe des Bergvorsprungs hinauf, wo einst ein Kaid[1] sein Ksar errichtet hatte, um die Straße von Bu Saada nach Biskra von hier aus zu beherrschen. Je näher wir der Festung kamen, desto lauter wurden die seltsamen Geräusche. Noch mehr als das, was ich hörte, beunruhigte mich jedoch das, was ich nicht hörte. Kein Stiefeltritt eines Wachsoldaten, kein Klappern, wie es beim Schultern oder Absetzen eines Gewehrs entsteht, drang an meine Ohren. Ich konnte auf den Mauern keinen Menschen entdecken und doch musste der schauerliche Ort Fort Danjou sein. Über dem turmartigen Hauptgebäude, das sich hoch über die Mauern und anderen Türme erhob, flatterte im Nachtwind die blauweißrote Trikolore, im Mondlicht deutlich zu erkennen. Hatte mein

[1] Berberfürst

Begleiter doch Recht, ritten wir geradewegs in ein Geisterfort?

Der Eindruck eines von Menschen verlassenen Gemäuers verstärkte sich, als wir nach der letzten Wegbiegung auf das große Tor zuhielten. Unbewacht stand es sperrangelweit offen!

Unwillkürlich griff ich nach einem meiner Revolver, als wir durch den gemauerten Torbogen ritten. Ein ungefähr zehn Meter langer Tunnelgang führte ins Innere der Festung, deren Grundriss man sich als unregelmäßiges Rechteck vorstellen muss. Die Erbauer hatten sich bei ihrer Arbeit einfach den Gegebenheiten des Bergvorsprungs angepasst. Der Innenhof hatte eine Länge von hundert Metern und maß an seiner breitesten Stelle an die dreißig Meter. Es gibt viele Ksour[1], die weitaus größer sind und ganze Siedlungen beherbergen. Fort Danjou dagegen hatte einstmals wohl nur dem Kaid dieser Gegend, seiner Familie und seinen Kriegern Schutz geboten. Gewohnt hatten sie in dem vier Stockwerke hohen Turm, der sich innerhalb der Festungsmauern erhob und einen Gutteil des Bergvorsprungs für sich beanspruchte. Solch eine Burg in der Burg, Tighremt genannt, ist Wohn- und Speicherhaus in einem, das selbst dann noch sicheren Schutz bietet, falls der Rest des Ksars vom Feind erobert ist. Niedrigere Gebäude, vermutlich Stallungen, schlossen sich an den Tighremt an und reichten bis zu den Außenmauern.

Das alles erfasste mein schweifender Blick innerhalb von Sekunden, um dann auf jener schrecklichen Szene haften zu bleiben, die ich bis ans Ende meiner Tage nicht vergessen werde. Mitten auf dem Hof ent-

[1] Mehrzahl von Ksar = Festung

deckte ich die Verursacher der unheimlichen Geräusche. Dort fand ein Schlachtfest statt, dessen blutige Einzelheiten zu beschreiben ich mir erspare. Ein Haufen Menschen - Leichen? - lag dort auf engstem Raum, fünfzehn oder zwanzig Männer in den Uniformen der Fremdenlegion, reglos und mit verrenkten Gliedern. Die blauen Jacken und die roten Hosen hingen in Fetzen, zerrissen von scharfen Zähnen und Schnäbeln. Ich sah Schakale, gestreifte Hyänen, Geier und Raben, die sich an den Legionären zu schaffen machten. Ein nächtliches Festmahl für die Tiere - das grausigste, dem ich je beigewohnt habe.

Meine Rechte mit dem Revolver zuckte vor. Immer wieder spannte mein Daumen den Hahn und zog mein Zeigefinger den Abzug durch, bis die Trommel geleert war. Ich wusste, dass die Aasfresser nur ihrer Natur folgten, und doch erfüllte mich eine ungeheure Wut. Eine entsetzliche Tragödie musste sich hier ereignet haben. Und da die eigentlich Schuldigen nicht vor Ort waren, ließ ich meine Wut an den Tieren aus.

Die Revolverkugeln spritzten ins Erdreich. Schakale und Hyänen sprangen knurrend zurück. Die Raben flatterten empor. Die voll gefressenen Geier mussten erst einen Teil ihrer Beute hervorwürgen, bevor es ihnen gelang, sich in die Luft zu erheben. Aber die großen Vögel mit den hässlichen nackten Köpfen und Hälsen flogen nur ein kurzes Stück durch die Luft und ließen sich abwartend auf den flachen Dächern der Stallungen nieder. Auch die Schakale und Hyänen wollten ihr üppiges Nachtmahl nicht so ohne weiteres aufgeben. Von meinen Schüssen aufgescheucht, rannten sie hin und her, um sich dann wieder mit vorsichtigen Bewegungen den reglosen Legionären zu nähern.

Ich vertauschte den leergeschossenen Revolver mit dem Stutzen, der in seiner Lederumhüllung am Sattel hing. Kaum hatte ich angelegt, verließen in schneller Reihenfolge vier Geschosse den gezogenen Lauf. Zwei Schakale und zwei gestreifte Hyänen fielen aufjaulend zu Boden. Ich zielte etwas höher und ließ zwei weitere Schüsse folgen. Federn flogen, zwei der krummschnabeligen Geier stürzten von einem Dach in den Staub und die übrigen Vögel ergriffen unter wütendem Kreischen die Flucht. Auch die vierbeinigen Aasfresser nahmen endlich Reißaus, drängten sich zähnefletschend an uns vorbei und verschwanden in dem Tunneldurchgang.

Die Schüsse und die Nähe der Aasfresser erregten die Kamele. Mühsam hielt ich mein Tier ruhig, aber Yussuf bewies nicht so viel Geschick. Sein Hedschîn rannte unter schrillem Geschrei über den Hof und hielt vor einer Mauer so abrupt an, dass der wüst hin und her schaukelnde Reiter den Halt verlor. Er fiel ungelenk auf den Boden und stieß einen lang gezogenen Laut aus, eine Mischung aus Schreckensschrei und schmerzhaftem Stöhnen.

„Khe, khe!“, rief ich und mein Hedschîn kniete nieder. Ich rutschte aus dem Sattel und lief, den Stutzen noch in der Hand, zu meinem Gefährten.

„Yussuf, bist du verletzt?“

Er lag in verkrümmter Haltung auf der linken Seite und richtete sich unter erneutem Stöhnen so weit auf, dass er vor mir kniete. Vorsichtig tastete er seine linke Schulter ab.

„Jedenfalls nicht ganz unverletzt, Effendi. Aber ich glaube, es ist nicht weiter schlimm, nur eine Prellung. So ein Hedschîn ist doch ein recht eigenwilliges Tier, maschallah!“

Ich freute mich, dass er es mit Humor nahm, und half ihm beim Aufstehen. Ohne große Hoffnung näherten wir uns dem Haufen der Legionäre, die aus der Nähe betrachtet ein erschreckendes Bild boten. Die Aasfresser hatten große Wunden gerissen. Fast konnte man es ein Glück für die Männer nennen, dass sie schon vorher tot gewesen waren. Wir fanden keinen unter den insgesamt vierzehn Soldaten, der nicht mehrere Schusswunden aufwies.

„Die Leichen sind ganz starr", stellte ich fest. „Sie liegen vermutlich schon seit gestern Abend oder heute Morgen hier."

„Woher weißt du das?", fragte Yussuf erstaunt.

„Unmittelbar nach dem Tod ist der Körper sehr schlaff und beweglich. Drei bis fünf Stunden später erstarrt er für zwölf bis vierundzwanzig Stunden."

„Allahu akbar!"[1] rief Yussuf aus. „Bist du ein Hekim[2]?"

„Nein, aber ich habe auf meinen Reisen leider schon viele Tote gesehen."

„Was hat diese Dschunûd[3] umgebracht?"

„Die Kugeln, die man auf sie abgeschossen hat. Um das festzustellen, muss man kein Hekim sein."

„Doch wer hat die Kugeln abgefeuert?"

„Das genau ist die Frage, Yussuf. Wer? Und vor allen Dingen: Warum? Ich glaube, die drei Frandsch, die für El Agreb el Aswad arbeiten, haben etwas mit der Sache zu tun. Bu Saada war für sie nur eine Zwischenstation. Vermutlich haben sie dem Schmied eine Botschaft des Anführers übermittelt. Als ich kurz darauf bei ihm auftauchte und mich als Bote des Skorpions ausgab,

[1] Wörtlich ‚Gott ist am größten', im übertragenen Sinn ‚unglaublich'
[2] Arzt
[2] Soldaten (Mehrzahl von Dschundî)

wurde er natürlich misstrauisch. Doch ich denke, eigentlich wollten die drei Frandsch hierher kommen."

„Um die Dschunûd zu töten?"

„Vielleicht war das nur ein Mittel zum Zweck. Das können wir erst genauer sagen, wenn wir ihre Absichten kennen."

Yussuf schwankte plötzlich so stark, dass ich zu ihm sprang und ihn stützte.

„War der Sturz doch schlimmer, als du glaubtest?", fragte ich.

„Nein. Ich dachte eben daran, dass der Tod der Dschunûd meine Schuld ist."

„Li-mâthâ - warum?"

„Ohne mich wärst du eher aufgebrochen und hättest den Mord verhindern können, o Kara Ben Nemsi."

„Oder ich läge jetzt auch auf diesem Haufen, kalt und starr", sagte ich bitter. „Du musst dir keine Vorwürfe machen, Yussuf. Wenn überhaupt jemanden eine Schuld trifft, dann den hinterhältigen Schmied, der dir das Gift verabreicht hat."

Wir banden die Kamele vor dem Tighremt an und betraten das finstere Gebäude auf der Suche nach näheren Hinweisen auf das, was sich in Fort Danjou ereignet hatte. Ich fand eine Laterne, die ich entzündete. Im Erdgeschoss und im ersten Obergeschoss befanden sich die Schlaf- und Aufenthaltsräume der Legionäre, sämtlich menschenleer. Alles wirkte, als hätte die Kompanie ihren Stützpunkt erst kürzlich und in großer Hast verlassen. Wir entdeckten umgeworfene Schemel, auf dem Boden verstreute Kleider und offen stehende Türen.

An der Treppe zum zweiten Obergeschoss prangte

ein Hinweisschild auf die Kommandantur. Dort erwartete uns eine neue böse Überraschung in Gestalt von vier weiteren Leichen. Drei von ihnen, die Offiziersuniformen trugen, waren erschossen worden. Zwei der Männer wiesen am unteren Ärmel einen goldenen Ring auf, hatten also den Leutnantsrang innegehabt, der dritte war durch zwei Goldringe als Oberleutnant zu erkennen.

Den seltsamsten Anblick bot der vierte Tote. Nur mit seiner Leibwäsche bekleidet, lag er vor dem großen Schreibtisch, die Augen hervorgequollen und rote Würgemale um den Hals.

„Effendi, was hat das zu bedeuten?“, brachte Yussuf, noch ganz unter dem Eindruck der grässlichen Szene, nur stockend hervor.

„Die Mörder wollten seine Uniform haben. Um sie nicht zu beschädigen, hat man auf den Einsatz von Schusswaffen verzichtet. Ich nehme an, dieser Tote war der Kommandant des Forts, Hauptmann Curtelin.“

Die Kommandantur zeigte die Spuren einer blutigen Auseinandersetzung, gab uns aber keine Hinweise auf die näheren Umstände. Nachdem wir auch das Dachgeschoss mit den Offizierswohnungen abgesucht hatten, stiegen wir auf das Flachdach. Hier war kein Mensch zu finden, aber wir stolperten über einen Haufen Gewehre, die ungeordnet am Boden lagen. So als hätten ihre Besitzer das Dach fluchtartig verlassen. Ratlos gingen wir die steinernen Treppen wieder hinab und verließen den Tighremt.

Vor uns lag der nächtliche Innenhof mit den vierzehn Leichen. Hyänen und Schakale waren nicht zurückgekehrt. Einige Geier und Raben saßen auf den

Zinnen der nördlichen Außenmauer. Ein Geier erhob sich mit schwerem Flügelschlag und landete in der Nähe der Toten. Mein Zorn hatte sich etwas gelegt, weshalb ich nicht mit dem Stutzen schoss. Ich bückte mich, stellte die Öllaterne auf den Boden und wollte einen Stein aufheben, um den gefräßigen Vogel mit einem gezielten Wurf zu vertreiben. Diese Bewegung rettete mir das Leben.

Ein pfeifendes Geräusch, ein Luftzug dicht über meinem Kopf, und hinter mir prallte ein Geschoss gegen die Mauer des Wohnturms. Das Aufklatschen der Kugel vermischte sich mit dem trockenen Krachen des Schusses.

Der Schuss war irgendwo von links gekommen. Ich handelte instinktiv. Mit der freien Hand packte ich Yussufs Arm und zerrte ihn nach rechts, wo wir uns hinter einen Mauervorsprung an der Ecke des Turms drückten.

„Maschallah, das war knapp!“, keuchte mein Gefährte. „Wer schießt auf uns?“

„Der Geist des Geisterforts ist es bestimmt nicht“, knurrte ich und spähte um die Ecke zur gegenüberliegenden Außenmauer mit ihren Treppen und Wehrgängen. Ich vermutete, dass der Schütze sich irgendwo dort versteckt hielt.

Von der Stelle, wo die Mauer an einen Wachturm grenzte, stieß ein Mündungsblitz in die Nacht, dann erst ertönte das Schussgeräusch. Das Geschoss schrammte die Mauer dicht neben meinem Gesicht und riss kleine Steinsplitter heraus. Ich spürte einen scharfen Schmerz an meiner linken Wange und zog meinen Kopf zurück. Wer immer dafür verantwortlich war, er verstand es, mit seiner Waffe umzugehen.

„Effendi, du bist verletzt!"

Meine Hand tastete über die Wange.

„Gott sei Dank nur eine Schramme. Etwas weiter höher und es wäre wahrhaftig ins Auge gegangen."

Ich öffnete meinen Kugelbeutel und lud den leergeschossenen Revolver nach, den ich Yussuf zusammen mit dem zweiten Revolver reichte. Dann ergänzte ich die sechs Kugeln, die ich mit dem Stutzen verschossen hatte. Jetzt war ich froh, die Waffe nicht aus der Hand gelegt zu haben. Die Kamele mit unserer übrigen Ausrüstung waren knapp zwanzig Schritt entfernt angebunden, unter den gegebenen Umständen eine möglicherweise tödliche Distanz.

Yussuf beobachtete das alles mit skeptischem Blick.

„Effendi, sollen wir etwa zurückschießen?"

„Falls wir hinter dieser Mauer nicht verhungern und verdursten wollen, wird uns nichts anderes übrig bleiben." Wie zur Bestätigung meiner Worte riss eine weitere Kugel neben Yussuf den Boden auf. „Kannst du mit den Warahwir umgehen?"

Yussuf starrte auf die Revolver in seinen Händen.

„Ich kann damit schießen, aber ich treffe nicht besonders gut."

„Das brauchst du auch nicht. Es reicht, wenn du unseren Gegner ablenkst, während ich versuche, an ihn heranzukommen. Hast du die Stelle gesehen, von wo er schießt?"

„Ja, Kara Ben Nemsi."

„Ziel einfach in diese Richtung und schieß, damit er beschäftigt ist. Ich laufe los, sobald er die nächste Kugel abgefeuert hat. Wenn meine Vermutung stimmt und er nur ein einschüssiges Gewehr hat, verschafft mir die Zeit, die er zum Nachladen benötigt, etwas Luft."

„Aber was ist, wenn deine Vermutung nicht stimmt?"

„Beten wir besser zu Allah, dass sie stimmt, Yussuf!"

Ich legte Schesch und Haik ab. Die helle Färbung der beiden Kleidungsstücke bot ein zu gutes Ziel. Außerdem schränkte der Haik meine Beweglichkeit ein. Ich warf das Tuch des Schesch ein kurzes Stück vor die Mauer und keine drei Sekunden später bohrte sich eine Kugel in den Stoff.

„Jetzt!", zischte ich und sprang auf.

Yussufs Revolver bellte, während ich in geduckter Haltung an der Vorderseite des Tighremt entlangrannte. Aufmerksam beobachtete ich den Teil der Wehrmauer, wo der unsichtbare Schütze saß. Als ich dort ein Aufblitzen bemerkte, ließ ich mich augenblicklich zu Boden fallen. Die Kugel pfiff nur zwei Handbreit über mich hinweg. Während Yussuf erneut zu feuern begann, sprang ich auf und lief weiter. Unbehelligt gelangte ich zu den Stallungen, wo ich mich hinter eine halb offene Tür warf. Kurz darauf schlug eine Kugel ins Holz der Türfüllung.

Der Fremde war ein so geübter Schütze, dass ich mich ihm nur heimlich nähern konnte. Ich tastete mich durch die Dunkelheit des Stalls, in dem starker Viehgeruch hing. Meine Augen gewöhnten sich schnell an das schwache Licht, das durch den Türspalt und ein paar kleine Fensteröffnungen hereinfiel. Ich entdeckte eine wacklige Leiter, die auf den Heuboden führte. Der war so niedrig, dass ich mich hier oben nur gebückt bewegen konnte. Endlich fand ich, was ich suchte: eine Luke, die aufs flache Dach hinausführte. Als ich im Freien war, duckte ich mich auf den Boden, damit der Feind mich nicht bemerkte.

Es wäre aussichtslos gewesen, sich ihm über die Mauer zu nähern, auf der er selbst saß. Er würde den Wehrgängen dort besonderes Augenmerk widmen und mich unweigerlich entdecken. Kurz erwog ich, aufs Dach des Tighremt zu klettern. Von dort, der höchsten Stelle des ganzen Forts, konnte ich den Unbekannten vielleicht ausmachen und auf ihn schießen. Ich war es gewohnt, auch im Nachtlicht zu schießen und zu treffen, und mein Stutzen überbrückte die Entfernung mühelos. Aber ich verwarf den Plan wieder, da die Gefahr bestand, dass meine Kugel den Unbekannten tötete. Wer immer er war, er konnte uns höchstwahrscheinlich mehr über das erzählen, was hier vorgefallen war. Und deshalb wollte ich ihn lebend in die Hand bekommen!

Also stieg und lief ich über Dächer und Wehrgänge, immer in geduckter Haltung, um mich nicht zu verraten. Ich hatte beschlossen, das Fort einmal zu umrunden und mich dem Gegner von der Seite zu nähern, von der er mich nicht erwartete. Viermal hörte ich das Krachen eines Schusses, als Yussuf und der Unbekannte sich wechselseitig beharkten. Vermutlich schoss er auf Yussuf, um ihn am Verlassen der Deckung zu hindern. Währenddessen suchten die Augen des unbekannten Schützen wohl auf der Suche nach mir die Wehrgänge ab.

Ost- und Nordmauer lagen hinter mir. Ich lief jetzt über dem Haupttor entlang und musste den Gegner fast erreicht haben. Da stieß mein Fuß gegen einen faustgroßen Stein, den ich übersehen hatte. Der Stein rollte über die Wölbung des Tunneldurchgangs. Das polternde Geräusch musste mich verraten und ich kauerte mich schnell in den Schatten zwischen Mauer und Laufgang. Gerade noch rechtzeitig, schon sah ich den Blitz, hörte ich den Schuss, schlug die Kugel einen Meter hinter mir fauchend in den Stein.

Ich sprang auf, rannte los und schoss. Geschoss um Geschoss jagte ich aus dem Stutzen und das einzigartige Kugelmagazin, das der alte Meister Henry drüben in der Neuen Welt für diese Waffe konstruiert hatte, kam aus seinen exzentrischen Drehungen nicht heraus. Mit jedem abgefeuerten Schuss drehte sich die klobige Eisenkugel weiter und schob eine neue Patrone in den Lauf. Das Magazin fasste fünfundzwanzig Patronen und der Lauf war vor Erhitzung geschützt. Auf der ganzen Welt gab es nur elf oder zwölf Exemplare des Henrystutzens, und hätte ich nicht zu den glücklichen Besitzern einer solchen Waffe gezählt, wäre ich schon längst nicht mehr am Leben gewesen.

Meine Schüsse waren hoch genug gezielt, um den Unbekannten nicht zu verletzen, sofern der nicht in einer unbedachten Reaktion aufsprang. Ich wollte ihn nur darniederhalten und verhindern, dass er auf mich schoss. Noch immer feuernd, erreichte ich den Wachturm, den ich mit raschen Schritten umrundete. Ein Sprung auf den Wehrgang, den Stutzen im Anschlag, und da sah ich ihn mit dem Rücken gegen die Mauer gelehnt vor mir kauern, den Mann, der mich zu töten versucht hatte, mein höchst gefährlicher Gegner – eine bemitleidenswerte Kreatur.

Ein barhäuptiger Mann in der Uniform eines Fremdenlegionärs blickte aus wirren Augen zu mir hoch. Haar und Bart waren verfilzt, das angstverzerrte Gesicht pulvergeschwärzt, eine blutige Schramme zog sich fast über die ganze Stirn. Auf den Knien lag sein

Chassepot-Zündnadelgewehr. Der Verschlusshahn war über die kleine Walze zurückgezogen und der Legionär hatte mittels des Hebels das Schloss geöffnet. Doch seine heftig zitternden Finger brachten es nicht fertig, die Metallpatrone, die er aus der offenen Ledertasche an seiner rechten Seite genommen hatte, einzulegen.

„Ein Geist", stammelte er. „Du bist der Geist des Todes, der gekommen ist, um mich zu holen!"

„Ich bin kein Geist, sondern ein Mensch, und ich will Ihnen nichts Böses", sagte ich sanft. Ich spürte, dass mein Gegenüber geistig verwirrt war, nicht verantwortlich für das, was er getan hatte.

„Du bist doch ein Geist! Du hast dich unsichtbar gemacht, um von einer Seite des Forts zur anderen zu gelangen. Und du schießt, ohne nachzuladen."

„Ich habe ein gutes Gewehr mit großem Magazin. Und in den *dark and bloody grounds* des amerikanischen Westens habe ich das lautlose Anschleichen gelernt."

Der Legionär gab den fruchtlosen Versuch auf, seine Waffe nachzuladen. Seine rechte Hand rutschte zur Seite und ließ die Patrone los. Ich senkte den Stutzen, damit er sich nicht länger bedroht fühlte.

Der Blick des Soldaten veränderte sich, war von einem plötzlich aufflackernden Feuer erfüllt. Er stieß das Gewehr von sich und zog sich mit einer ruckartigen Bewegung an der Mauer hoch. Mit vorgeneigtem, schwankendem Oberkörper stand er mir gegenüber.

„Du brauchst mich nicht zu holen, Geist des Todes, ich folge meinen Kameraden freiwillig. A moi la Légion – die Legion zu mir!"

Mit diesem Hilferuf, den bedrängte Fremdenlegionäre auszustoßen pflegen, wollte er sich vom Wehrgang in die Tiefe stürzen, auf den Hof, wo seine hingeschlachteten Kameraden lagen.

Ich hatte nicht viel Zeit und musste schnell handeln, wenn es für den Bedauernswerten auch schmerzhaft war. Mit einem raschen Satz war ich bei ihm und hieb meine Faust gegen seine Schläfe. Das betäubte ihn auf der Stelle, sein Körper erschlaffte und sank in meine Arme.

Jetzt erst wurde mir bewusst, dass er nur den letzten Ausruf auf Französisch getätigt hatte. Vorher hatte er im besten Deutsch zu mir gesprochen!

*

Schweißgebadet stand ich vor dem frisch aufgeschütteten Erdhaufen neben den Stallungen und sprach ein stilles Gebet. Ein trostloses Grab, aber es musste einstweilen genügen. Die Sonne blinzelte bereits über die Gipfel der Zab-Berge. Ein Loch in den harten Boden zu graben, das groß genug für die achtzehn Toten war, hatte mehrere Stunden gedauert. Yussufs Hilfe hatte ich abgelehnt. Er sollte seine geprellte Schulter und seinen noch vom Fieber geschwächten Körper schonen und auf den schlafenden Legionär aufpassen. Wir hatten ihn ausgezogen und gewaschen und dabei auch seinen Kopf verbunden. Die Stirnwunde schien von einem Streifschuss zu stammen.

Meine Gedanken beschäftigten sich viel mit dem einzigen lebenden Legionär in diesem Fort, der vermutlich ein Landsmann von mir war. Vergangene Nacht war ich im ersten Moment überrascht gewesen, als er mit deutscher Zunge zu mir sprach, jetzt war ich es nicht länger. In der Fremdenlegion war die deutsche Sprache kaum weniger verbreitet als die französische. Französischer Herkunft waren in dieser Einheit nur die meisten Offiziere. Unteroffiziere und Mannschaften kamen aus aller Herren Länder und nicht zuletzt aus den deutschsprachigen.

Im Jahr 1831 hatte der französische König Louis Philippe per Erlass die Fremdenlegion gegründet, um zwei Fliegen mit einer Klappe zu schlagen. Paris war zu jener Zeit ein Sammelbecken politischer Flüchtlinge aus ganz Europa. Diese Fremden, ein ständiger Unruheherd in den Augen der französischen Obrigkeit, sollten durch ihren Eintritt in die Legion nicht nur außerhalb von Frankreichs Grenzen gebracht werden, sondern dem Land als Soldaten auch noch große Dienste leisten. Die Rechnung ging auf und besonders in Nordafrika erwarb sich die neue Truppe blutigen Ruhm. Sie half bei der Eroberung des Landes und bei der Niederringung des berühmten Berberfürsten Abd el Kader. Später kämpfte die Legion überall dort, wo Frankreich lieber fremde Söhne als die eigenen sterben sah, auf der Krim gegen Russland, in Oberitalien gegen die Österreicher und in Mexiko gegen Benito Juarez.

So verwerflich die Idee dieser Einheit war, ihren Angehörigen, besonders den einfachen Soldaten, konnte man daraus keinen Vorwurf machen. Sie waren Entwurzelte - politische Flüchtlinge, brotlose Tagelöhner oder auch polizeilich Gesuchte –, denen die Legion eine neue Heimat und oft genug auch einen neuen Namen bot. Auch der Mann, der letzte Nacht in seinem Wahn auf Yussuf und mich geschossen hatte, mochte durch widrige Umstände zum Söldner Frankreichs geworden sein.

„Effendi, er ist bei Sinnen! Oder von Sinnen! Ich fürchte, der Dschundî zersprengt das ganze Bett, wenn du nicht schnell herkommst. Arwah, arwah – komm, komm!“

Das war Yussufs Stimme. Er stand in der Tür zum Tighremt, wo wir dem Legionär im Erdgeschoss ein Lager bereitet hatten, und winkte mir aufgeregt. Ich ließ die Schaufel achtlos fallen und folgte Yussuf in den Schlafraum, wo der Legionär in der unteren Abteilung eines zweistöckigen Bettes lag – besser gesagt, wo er herumwütete. Wie ein Berserker zerrte er an den Stricken, mit denen wir ihn zu seinem eigenen Schutz ans Bett gebunden hatten. Als ich mit gezücktem Bowiemesser zu ihm trat, weiteten sich seine Augen. Ein paar schnelle Schnitte und er war frei. Ich steckte das Messer zurück in die Lederscheide an meiner Seite.

„Wir wollen Ihnen nichts Böses, mein Herr“, sagte ich in deutscher Sprache. „Aber Sie waren in der Nacht nicht recht bei Sinnen und hätten sich fast vom Wehrgang in die Tiefe gestürzt. Deshalb hielt ich es für richtig, Sie anzubinden. Ich hoffe, es geht Ihnen jetzt besser.“

Sein stoßweiser Atem beruhigte sich allmählich und sein eben noch zwischen Zorn und Furcht schwankender Blick betrachtete mich ruhig, während der Mann sich im Bett aufsetzte.

„Sie...Sie sind Deutscher?“

„Seit meiner Geburt“, antwortete ich. „Und Ihnen scheint auch nicht an der Wiege gesungen zu sein, dass Sie eines Tages den französischen Waffenrock tragen würden.“

„Nein, gewiss nicht.“ Ein schwaches Lächeln

umspielte seine rissigen Lippen. „Als Kind in Belecke denkt man, die Welt ist hinter dem nächsten Hügel zu Ende."

„In Belecke? Dann kommen Sie aus dem Sauerland."

„Wenn's beliebt." Er stand auf und streckte mir seine nervige Hand entgegen. „Johann Friedrich Wilhelm Pape ist mein Name. Fritze Pape, wenn's nicht den ganzen Tag lang dauern soll. Und hier in der Legion meist Korporal Pape."

Ich nahm die Hand, schüttelte sie und stellte mich vor.

Pape betrachtete mich von oben bis unten.

„Ein Sachse sind Sie also, da schau her. Was macht ein Sachse in Afrika, wenn er nicht für Frankreichs Ruhm kämpft?"

„Er sieht sich Land und Leute an, was oft nicht weniger gefährlich ist. Zum Beispiel heute Nacht. Sie sind ein verteufelt guter Schütze." Ich strich über die Schramme an meiner Wange. „Um ein Haar hätte meine Afrikareise, die noch gar nicht recht begonnen hat, hier ihre Endstation gefunden!"

„Das...war ich?" Ungläubig sah Pape mich an. „Was ist geschehen?"

Er schwankte und ich führte ihn zu einem kleinen Tisch, wo wir uns auf die beiden einzigen Schemel setzten. Dann erzählte ich ihm, wie er Yussuf und mich empfangen hatte.

„Daran erinnere ich mich nicht, auch wenn es wahr sein muss", sagte er kopfschüttelnd. „Ich muss Sie und Ihren Begleiter tatsächlich für Geister gehalten haben. Oder für die zurückgekehrten Verbrecher, die meine Kameraden verführt und ermordet haben."

„Verbrecher?", wiederholte ich. „Drei Männer, einer

davon ein Franzose?“ Ich beschrieb die Europäer, denen wir folgten, und berichtete von den unliebsamen Begegnungen in Algier und Bu Saada.

„Das sind die verfluchten Kerle, die vor drei Tagen hier angekommen sind. Dieser Franzose, Gallord, gab sich als Hauptmann in geheimer Mission aus und wies ein Schreiben vor, das vom Militärkommando in Algier stammt und anordnet, dass jeder seiner Befehle auch von höherrangigen Offizieren zu befolgen sei.“

„Gallord macht schnell Karriere“, sagte ich. „In Bu Saada ließ er sich noch als Oberleutnant anreden. War er in Uniform?“

„Nein, alle drei trugen Zivil.“

„Jetzt trägt er wohl die Uniform eines Hauptmanns.“ Ich berichtete von der entkleideten Leiche, die wir in der Kommandantur gesehen hatten.

Als ich den Toten etwas näher beschrieb, erklärte Pape:

„Ja, das war unser Hauptmann Curtelin. Wir müssen die Leichen begraben.“

„Das ist längst geschehen.“

„Würden Sie mir das Grab zeigen?“

Ich erfüllte seine Bitte. Vorher hatte Pape seine vollständige Uniform angelegt, um den gefallenen Kameraden den letzten Gruß zu entbieten. Wir sprachen kein lautes Wort. Angesichts achtzehn Ermordeter kann der Mensch nur schweigen und beten, dass den Toten himmlische Gerechtigkeit widerfährt.

Yussuf hatte sich derweil in der Garnisonsküche zu schaffen gemacht und tischte uns eine stärkende Mahlzeit aus Kuskus und Bufawar auf, einem in jener Gegend weit verbreiteten Bohnengericht. Dazu gab es einen starken Kaffee, der die Müdigkeit, die nach der schlaflosen Nacht mit bleiernden Klauen nach mir griff, auf einen Schlag vertrieb.

Auch Fritze Pape erholte sich ein wenig und erzählte, was ihn in die Legion verschlagen hatte:

„Mein Vater war, wie auch schon sein Vater und dessen Vater, ein Heuerling, ein besitzloser Pächter, der weder Haus noch Garten sein Eigen nennen durfte. Zwei Morgen kargen Hügellandes hatte der Verpächter ihm zum Bewirtschaften überlassen. Im Gegenzug musste mein Vater ihm auf dessen großen Hof zu Diensten sein, wann immer es dem Herrn gefiel, und es gefiel ihm häufig. Auch mein Bruder und ich lernten das Arbeiten früh. Aber es war abzusehen, dass unser Pachtstück uns beide nie und nimmer würde durchbringen können. Schon früh ging ich des Sommers mit anderen Heuerlingen nach Holland hinüber, um dort als Torfstecher, Grasmäher, Ziegler oder Kanalarbeiter etwas Geld zu verdienen. Jedes Jahr kehrten ein paar Hollandgänger nicht ins Sauerland zurück, und als ich fünfzehn war, blieb auch ich der Heimat fern. Mein Bruder hatte sich in ein Mädel verliebt und wandelte auf Freiersfüßen. Unsere kleine Pachtscholle war zu klein für uns alle. Ich fuhr eine Weile zur See und strandete irgendwann im Hafen von Algier. Nach einer durchzechten Nacht wachte ich eines Morgens in einem Kasernenbau auf. Im Suff hatte ich mich zur Legion verpflichtet, übrigens nicht die schlechteste Entscheidung meines Lebens. Seitdem hatte ich immer genug zu essen auf dem Teller.“ So sprach er und schob sich einen Löffel Bohnen in den Mund.

Ich erkundigte mich nach den jüngsten Ereignissen hier im Fort.

Kauend sagte der Korporal:

„Dieser Gallord und seine beiden Begleiter haben die Männer gegen Hauptmann Curtelin aufgewiegelt. Curtelin hat Gallord nicht geglaubt und wollte sich dessen Auftrag erst bestätigen lassen. Gallord begann, gegen den Hauptmann zu intrigieren, und zog einen der Offiziere auf seine Seite, Oberleutnant Grisot. Dieser Grisot ist ein ganz übler Kerl, korrupt bis ins Mark. Hat mich gar nicht gewundert, dass er Gallord auf den Leim gegangen ist. Die beiden haben den Männern mit ihren Reden den Kopf verdreht. Irgendetwas von einer Oase und einem Schatz, der alle reich machen würde. Nur wenige Männer hielten noch zu Curtelin und den drei anderen Offizieren, ich und vierzehn weitere. Alle außer mir liegen jetzt da draußen in der Erde."

Pape hatte den Löffel sinken lassen und blickte zu der kahlen Wand, hinter der das Gelände mit dem Massengrab lag.

„Wie ist das geschehen?", fragte ich.

„Grisot, dieser elende Henkersknecht! Er trägt die Schuld. Wir hatten uns auf dem Dach des Tighremt verschanzt. Er versprach uns freien Abzug, wenn wir unbewaffnet herunterkommen würden. Als wir uns darauf einließen, erwartete uns auf dem Hof die Mitrailleuse und metzelte uns nieder. Noch im Sterben haben mir die Kameraden das Leben gerettet. Der Streifschuss hatte mir früh das Bewusstsein geraubt und ihre Leiber schirmten mich vor weiteren Geschossen ab. Viel mehr weiß ich nicht. Nach dem Massaker haben sich die Verräter wohl Curtelin und seine Offiziere vorgeknöpft. Als ich erwachte, war es Nacht. Kann mich nur dunkel daran erinnern. Ich lag unter einem Berg von Toten, musste mich regelrecht freischaufeln. Dann packte mich der Irrsinn, aus dem Sie mich errettet haben."

„Was ist das, eine Mitrai...", fragte Yussuf und seine Zunge stolperte über den fremdartigen Ausdruck.

„Eine Mitrailleuse ist eine neue Erfindung der Frandsch, die fünfundzwanzig Gewehre zu einem einzigen Rohrblock vereinigt", versuchte ich ihm die schreckliche Waffe verständlich zu machen. „Wenn man an einer Kurbel dreht, kann man fündundzwanzig Schüsse in einem Zeitraum von zwei bis drei Sekunden abgeben."

„Maschallah!", rief Yussuf erschrocken aus. „So etwas gibt es wirklich?"

„Ja."

„Die Frandsch machen große Erfindungen, mit denen sie die Menschen immer schneller töten können. Warum machen sie keine Erfindungen, um den Menschen zu helfen?"

„Auch solche Erfindungen gibt es", antwortete ich. „Nur leider nicht genug."

Ich erzählte Pape, was wir von der Oase des Scheitans wussten, und sagte:

„Wenn man das, was Sie eben berichtet haben, hinzufügt, ergibt sich allmählich ein geschlosseneres Bild. Offenbar will sich El Agreb el Aswad in den Besitz dieser legendären Oase setzen und glaubt, dazu militärische Unterstützung zu benötigen."

„So muss es sein", bestätigte der Legionär. „Und es sieht ganz so aus, als würde er sein Ziel erreichen."

„Nicht, wenn wir den Deserteuren zuvorkommen", sagte ich. „Ihre Marschkolonne kommt nicht so schnell voran wie unsere Hudschûn."

„Worauf warten Sie dann noch?“, fragte Pape.

„Wir haben nur zwei Kamele und müssten Sie ganz allein hier zurücklassen“, äußerte ich meine Bedenken.

„Keine Sorge, ich werde mein bisschen Verstand ab jetzt zusammenhalten“, versicherte mein Gegenüber. „Der alte Fritze Pape hat nicht auf der ganzen Welt gekämpft, um sich hier vom Cafard das Gehirn zerfressen zu lassen!“

„Cafard?“, wiederholte ich. „Was meinen Sie?“

„Vom Cafard spricht man in der Legion, wenn einer der Männer durchdreht. Angeblich ist es ein schwarzer Käfer, der in den Körper eines Mannes kriecht und sein Gehirn anfrisst, bis der arme Kerl wahnsinnig wird. In Wahrheit ist es wohl eher eine Folge von zu viel Sonne oder Schnaps.“

„Morgen kommt die Postkutsche aus Bu Saada“, sagte ich. „Glauben Sie, dem Cafard bis dahin widerstehen zu können?“

„Unbedingt. Ich werde mit der Kutsche nach Biskra fahren und dem dortigen Kommandanten berichten, was hier geschehen ist. Wird das Militärkommando nicht gerade erfreuen zu hören, dass fast eine ganze Kompanie desertiert ist. Brechen Sie also ruhig auf! Ich nehme an, Gallord und Grisot sind in südwestlicher Richtung marschiert, auf Ain Rich zu. Dort ist das beste Durchkommen für eine Marschkolonne von dieser Größe.“

Papes Bemerkung traf das Richtige, wie ich keine Stunde später feststellte. Yussuf und ich hatten uns von ihm verabschiedet, um die Verfolgung in der angegebenen Richtung aufzunehmen. Schon bald ließ ich mein Hedschîn niederknien, weil ich auf dem Boden tiefe Spuren bemerkt hatte. Es waren von Wagen- oder

Lafettenrädern eingegrabene Rillen, ungefähr drei Tage alt. Auch fand ich die Hinterlassenschaften von Maultieren und Pferden, deren nähere Untersuchung meine zeitliche Schätzung untermauerte.

„Sind es die Dschunûd, die wir suchen?", fragte Yussuf von seinem Kamel herab.

„Ja", sagte ich und warf einen Blick zurück zum Fort Danjou, das nur noch ein kleiner Fleck vor den Erhebungen der Bergketten war. „Das sind die Soldaten, die ihre Kameraden und ihren Kommandanten ermordet haben. Gebe Gott, dass wir weiteres Unheil verhindern können!"

7. *Die Legion der Verdammten*

„Sag mir, o Kara Ben Nemsi, warum ist bei den Frandsch die Treue der Dschunûd so gering, dass sie ihre eigenen Kameraden ermorden?"

Diese Frage stellte mir Yussuf, während wir durch die felsige Einöde des Berglands ritten. Obwohl die Sonne hoch am Himmel stand, hatten wir nur eine kurze Mittagsrast eingelegt. Der kühle Wind, der von den Bergen herabstrich, verhinderte, dass die Mittagssonne unsere Lebensgeister austrocknete. Indem wir eine mehrstündige Rast vermieden, stellten wir sicher, dass wir Ain Rich heute noch erreichten. Die Bewohner der kleinen Siedlung am Westrand der Zab-Berge konnten uns hoffentlich Näheres über die desertierten Fremdenlegionäre mitteilen.

„Die Männer der Legion sind keine gewöhnlichen Dschunûd, sind keine Soldaten, die für ihr Vaterland kämpfen“, versuchte ich die Frage zu beantworten. „Sie kommen aus vielen Ländern zusammen und dienen in der Legion, weil sie jede Bindung zur Heimat verloren haben. Nicht aus Treue und Überzeugung ziehen sie die Uniform an, sondern für Unterkunft, Verpflegung und etwas Geld. Oft auch, um vor der Verfolgung in ihrer Heimat geschützt zu sein.“

„Ist ihre Bezahlung so schlecht, dass die Männer lieber auf Schatzsuche gehen?“

„Offenbar. Der Dienst ist hart, besonders jetzt, wo die Berge vor Aufständischen wimmeln. Viele Dschunûd sind schon aus der Legion geflohen und bezeichnen sie als Hölle auf Erden, als Zuflucht der Verdammten. Da ist die Aussicht auf schnellen Reichtum doppelt verlockend.“

Nach einigem Überlegen fuhr Yussuf fort:

„Wenn die Frandsch ihre Dschunûd so schlecht bezahlen, dass die bei der ersten Gelegenheit weglaufen, werden die Aufständischen den Kampf vielleicht gewinnen.“

„Nicht zu diesem Zeitpunkt“, sagte ich aus ehrlicher Überzeugung. „Die Frandsch betrachten dieses Land als ihr Eigentum, obwohl sie Eroberer und Fremde sind. Sie werden es mit aller Macht verteidigen, auch wenn dabei auf beiden Seiten viel Blut vergossen wird. Aber niemand kann ein ganzes Volk für immer unterdrücken. Eines Tages werden Berber, Kabylen und Wüstennomaden wieder die Herren dieses Landes sein.“

Yussuf warf mir einen erstaunten Blick zu.

„Maschallah, Kara Ben Nemsi, du sprichst fast so, als würdest du das wünschen! Stehst du nicht auf der Seite der Frandsch?“

„Ich stehe auf der Seite des Rechts. Und das ist niemals bei jenen, die ein fremdes Land durch Soldaten unterjochen. Aber es ist auch nicht bei denen, die um ihrer Freiheit willen Frauen und Kinder ermorden. Ich hoffe, dass beide Seiten eines Tages zur Einsicht gelangen und einen Weg finden, um friedlich miteinander auszukommen."

„Inn schâ'a allah - wenn Gott es so will!", sagte Yussuf und fügte leise hinzu: „Aber ich glaube es nicht."

Insgeheim teilte ich seine Zweifel. Die Worte, die mein Reisegefährte im Fort gesprochen hatte, gingen mir nicht aus dem Kopf. Ich dachte an das Maschinengewehr, die Mitrailleuse, und daran, dass die Menschen wohl tatsächlich im und für den Krieg ihre größten Erfindungen machten - und auch ihre schrecklichsten. Solange sich das nicht änderte, solange würden Worte der Freundschaft und des Vertrauens kaum die blutige Sprache von Gewehren und Kanonen ersetzen.

In solch düstere Gedanken versunken, ritt ich neben Yussuf nach Süden. Stunde um Stunde verging eintönig wie die karge Landschaft, bis ein meckerndes Geräusch unsere Aufmerksamkeit erregte. Um einen in vielen Jahrtausenden von Wind und Sand glattgeschliffenen Hügel bogen ein paar kleine schwarze Ziegen auf der Suche nach dem nächsten Grün. Wir näherten uns dem Hügel und erblickten eine ganze Ziegenherde und dann auch ihren Hirten, einen elf- oder zwölfjährigen Jungen in einem löchrigen Haik. Er starrte uns ängstlich entgegen und blickte sich dann wie auf der Suche nach einem Versteck um. Ich trieb mein Hedschîn an und war bei ihm, ehe er sich zur Flucht entschließen konnte.

Meinen höflichen arabischen Gruß beantwortete er mit einem verständnislosen Gesichtsausdruck. Mein zweiter Versuch in dem einzigen Berberdialekt, den ich beherrschte, brachte mich auch nicht weiter. Jetzt war es an Yussuf, sich als Dolmetscher zu bewähren. Tatsächlich kannte er die Mundart der hiesigen Bergbewohner und erfuhr von dem Jungen, dass Ain Rich keine halbe Kamelstunde entfernt lag. Ich bat Yussuf, sich nach den Legionären zu erkundigen. Sollten sie sich noch in Ain Rich aufhalten, konnte das verhängnisvoll für uns werden.

„Die Legionäre sind in Ain Rich gewesen, aber nur für eine Nacht", übersetzte Yussuf mir die Antwort des Hirten. „Sie haben den Ort vorgestern verlassen, noch bevor die Sonne aufging."

Ich bedankte mich mit einer Zehn-Centimes-Münze für die Auskunft und wir ritten weiter. Bald stießen wir auf ein tief liegendes Wadi, auf dessen Grund sich ein kleines Rinnsal dahinquälte. Am Ufer entlang kamen wir nach Ain Rich, wo mein Arabisch nur mühsam, Yussufs Berberlaute dagegen umso besser verstanden wurden. Er erfragte den Weg zur Hütte des Dorfvorstehers, die kaum weniger ärmlich wirkte als die übrigen Gebäude, aber fast um die Hälfte größer war und im Schatten einiger Tamarisken lag.

Der Vorsteher, ein spitzbärtiger Alter namens Tumart, bat uns in sein Heim und ließ uns als Zeichen der Gastfreundschaft von einem halbwüchsigen Mädchen Kaffee servieren. Ich bedankte mich mit einem Gastgeschenk, das zu den Habseligkeiten gehörte, die ich in Algier am Tag vor unserer Abreise zu solchen Zwecken erworben hatte: ein hornbeschaltes Taschenmesser, das zusätzlich zu der Stahlklinge über

Schere, Feile und Ohrenlöffel verfügte. Augenblicklich probierte Tumart die kleinen Werkzeuge aus und zeigte sich über die Gabe sehr erfreut.

Da sein Arabisch nur unwesentlich besser war als das der meisten Bewohner von Ain Rich, überließ ich wieder Yussuf die Unterhaltung. Tumart bestätigte die Aussage des Ziegenhirten und konnte uns darüber hinaus wenig Neues mitteilen. Die Legionäre hatten am Südrand des Ortes kampiert und waren unter sich geblieben. Ein paar bewaffnete Wachen hielten nicht nur die Berber vom Lager der Soldaten zurück, sie verhinderten auch, dass sich nachts heimlich ein paar Legionäre zu den Mädchen des Dorfes schlichen. Vermutlich hatten Gallord und Grisot befürchtet, einer ihrer Männer könne in der Hitze des Liebesgeflüsters etwas über das wahre Ziel der Deserteure ausplaudern.

„Am nächsten Morgen brachen sie noch vor Sonnenaufgang auf“, fuhr der Alte fort und machte ein trauriges Gesicht. „Leider überredeten sie Thami, sie zu begleiten. Sie versprachen ihm einen Lohn, der zu verlockend war.“

Er atmete schwer und die Spitze seines Barts zitterte. Offenbar sorgte er sich sehr um diesen Thami, nach dem ich mich näher erkundigte.

„Thami ist mein einziger Sohn, die Freude meines Alters, der Vater von Muna.“ Tumart zeigte auf das Mädchen, das uns bediente. Das Aufleuchten seiner Augen, als er von Thami sprach, zeigte mir noch mehr als seine von Yussuf übersetzten Worte, wie viel ihm an dem Sohn gelegen war. „Thami ist ein berühmter Chabir, dessen Name achtungsvoll in allen Oasen zwischen Laguat und El Golea, zwischen Timimun und Sauia el Kahla erklingt. Er kennt jeden Weg, der durch die Sahara führt. Er spricht jede in diesen Gebieten vorkommende Zunge des Berberischen und des Arabischen."

Das aus dem Arabischen stammende Wort ‚Chabir' bezeichnet einen Karawanenführer, den wichtigsten Mann bei einem Zug durch die Sahara. Er kennt die versteckten Wasserstellen, neben denen ein Unwissender verdursten kann, weil sie erst freigegraben werden müssen. Der Chabir kennt aber auch die Gefahren: das bröckelnde Geröll der Hammada, auf dem Mensch und Tier sich leicht den Hals brechen können; Treibsandflächen, die eine ganze Karawane verschlucken können; Gebiete, in denen die giftige Hornviper sich mit Vorliebe tummelt. ‚Ein guter Chabir wiegt zehn Kamele und zwanzig Krieger auf', pflegt man in den Oasen zu sagen, und entsprechend wird er bezahlt.

„Warum sorgst du dich um deinen Sohn?", fragte ich. „Wie du selbst gesagt hast, Tumart, wurde ihm ein verlockender Lohn in Aussicht gestellt."

„Ein Lohn, so ungewiss wie das Ziel", erwiderte der Dorfvorsteher gramerfüllt. „Was nützen Gold und Edelsteine, wenn man nicht weiß, ob unbekannte Gefahren einem überhaupt das Leben lassen?"

Gold und Edelsteine, unbekannte Gefahren - das wurde ja immer toller! Ich erkundigte mich, wohin Thami die Legionäre führen sollte.

„Die Anführer der Soldaten haben es nicht genau gesagt, was meine Sorge entfacht hat, o Kara Ben Nemsi. Sie fragten meinen Sohn, ob er das Gebiet zwischen El Golea und Timimun kenne, was er bejahte. Darauf fragten sie, ob er nur den Karawanenweg zwischen beiden Orten kenne. Thami sagte ihnen, dass er sich auch nördlich in den Sanddünnen des großen Erg[1] und südlich in der Steinwüste der Hochebene von Tademait zurechtfinde. Das schien die Offiziere sehr zu freuen, aber sie wollten nicht mehr über ihr eigentliches Ziel verraten. Effendi, klingt das alles nicht sehr gefährlich? Sind Gold und Edelsteine nicht verderblich für einen Mann? Was soll er damit, wenn er genügend Wasser, Kuskus und Fleisch hat?"

„Du sprichst weise, o Tumart", antwortete ich. „Die Weisheit des Alters hilft dir, der Verlockung ferner Schätze zu widerstehen. Die Jugend hat diese Kraft nicht. Möge Allah seine schützende Hand über deinen Sohn halten!"

Während ich das sagte, wechselte ich einen bedeutungsvollen Blick mit Yussuf. Auf der Hochebene von Tademait musste sich der Dschebel esch Scheitan erheben, im Gebiet der Beni Hammada. Und lag dort auch die Oase des Scheitans?

„Deine Worte sind tröstlich, Effendi", sprach Tumart, nachdem er Yussufs Übersetzung gehört hatte. „Ich vertraue Allah. Und doch wäre mir wohler, ich wäre jung genug gewesen, um Thami zu begleiten."

Ich konnte seine Sorgen gut verstehen und sagte, um ihn ein wenig zu beruhigen:

„Unser Weg führt uns in dieselbe Richtung. Sollten wir auf die Soldaten stoßen, werde ich ein Auge auf deinen Sohn werfen, Tumart."

Er bedankte sich überschwänglich und bot uns an, sein Haus als das unsere zu betrachten. Draußen wur-

[1] Als Erg bezeichnet man ausgedehnte Sandgebiete mit Dünenfeldern, die man auch Sandmeere nennt, die klassische Sandwüste. Hier ist der sogenannte Große Westliche Erg gemeint.

den die Schatten länger. Wir konnten das freundliche Angebot des Dorfvorstehers, in seinem Haus zu übernachten, nicht abschlagen, ohne ihn zu beleidigen. Sein Heim glänzte nicht gerade vor Sauberkeit, aber wir waren schließlich doch froh über unsere Unterkunft. Die festen Wände boten Schutz vor dem kalten Nachtwind, der heute mit besonderer Kraft über den nahen Dschebel Bu Kahil pfiff.

Die nächste Nacht verbrachten wir jenseits der Berge unter freiem Himmel, allein mit unseren Kamelen und jener Vielzahl an kleinem Getier, die das Wort von der leblosen Wüste als Trugbild entlarvt. Schweigend lagen wir, wegen der empfindlichen Kälte in mehrere Decken eingerollt, unter dem funkelnden Sternenzelt. Hinter uns ragten die dunklen Riesen der Berge drohend empor, als wollten sie uns eine Rückkehr in die Welt der Menschen auf ewig verwehren. Vor uns erstreckte sich die endlose Sahara, die zwei einsame Reisende ebenso mühelos verschlucken konnte wie ganze Karawanen. Diese Wüste, zu großen Teilen noch wenig bis gar nicht erforscht, breitet ihren trockenen Leib über den ganzen Norden des afrikanischen Kontinents aus, vom Atlantischen Ozean bis zum Roten Meer, und setzt sich östlich davon bis ins Zweistromland fort. Wandernde Sanddünen, endlose Schuttfelder und nackte Felsengebirge erwarten den Reisenden ebenso wie giftige Schlangen und räuberische - oft genug auch mörderische - Nomaden.

Und doch schreckte mich der Gedanke an die Fortsetzung unserer Reise kein bisschen. Ich war nicht zum ersten Mal in Afrika, hatte schon die Wüsten anderer Erdteile durchquert und mich auch auf die große Sahara gewissenhaft vorbereitet. Nur wer ihr nicht feindselig und ängstlich entgegentritt, sondern mit neugierigen, wachen Blicken, kann in ihr überleben. Wenn mich etwas mit Unruhe erfüllte, so waren es die Deserteure aus Fort Danjou. Das Gemetzel im Fort ließ mich alles Mögliche erwarten, nur nichts Gutes. Es bewies, dass der Mensch ein viel größerer Mörder ist, als es die Sahara jemals sein kann. Von ihr wurde nur getötet, wer unvorsichtig war oder sich gegen die Natur stellte. Sie kannte keine Gier und keine Gemeinheit, nur ihre unerbittlichen Gesetze.

Ganz in der Nähe erklang das abgehackte Gekläff eines Fenneks, als wollte der Wüstenfuchs mir zustimmen. Mit diesem Schlaflied in den Ohren sank ich in Morpheus' Arme.

*

„Kein Zweifel, das ist die Spur der Dschunûd. Die tiefen Rillen sind die Eindrücke ihrer Wagen und diese zahlreichen Fußabdrücke stammen von den Stiefeln der Frandsch." Ich befühlte die natürlichen Hinterlassenschaften der Pferde und Maultiere. „Kalt, aber noch sehr lose. Der Vorsprung beträgt nur noch einige Stunden."

Das sagte ich am Nachmittag des folgenden Tages zu Yussuf. Wir hatten die Spur der Legionäre am Morgen in dem felsigen, noch sehr von den Ausläufern der Berge bestimmten Gelände verloren. Jetzt hielten wir in einer weitläufigen Senke, in der sich gelber Saharasand angesammelt hatte. Hier waren alle Spuren deutlich zu erkennen.

Auch Yussuf, der sein Hedschîn mit jedem Tag besser zu beherrschen lernte, veranlasste das Tier zum Niederknien. Er stieg ab und kniete sich neben mir in den Sand, um die Spur ganz aus der Nähe zu betrachten.

„Das sind die Durûb[1] von Stiefeln und Wagen, du hast Recht, Effendi. Und doch verstehe ich es nicht. Die große Oase von Laguat, von wo der Weg über Ghardai und El Golea hinaus in die Wüste führt, liegt westlich von uns. Die Dschunûd aber marschieren nach Südwesten, sodass sie Laguat unweigerlich verfehlen werden. Haben sie sich verirrt?“

„Nein, das glaube ich nicht. Sie werden Laguat aus gutem Grund meiden. Die Frandsch haben dort einen großen Militärposten. Gallord und Grisot würden mit ihrer Kompanie von Deserteuren beim örtlichen Kommandanten Verdacht erregen.“ Ich holte meine Nordafrika-Karte aus der ledernen Satteltasche und breitete sie auf dem Boden aus. Mein Zeigefinger tippte auf zwei kleine Ortschaften südöstlich von Laguat. „Hier, Yussuf, sieh, die Siedlungen Ksar el Hiran am Wadi Dschedi und Berzeg am Wadi el Atar. Wenn die Dschunûd ihre Marschrichtung beibehalten, gehen sie genau zwischen den beiden Ortschaften hindurch. In dem abgelegenen Ain Rich, dessen nächster Militärposten Fort Danjou ist, haben die Verräter sich noch sicher gefühlt. Hier aber, wo sie damit rechnen müssen, in jedem Dorf auf eine Streife der Spahis oder der Afrikanischen Jäger zu treffen, meiden sie jede Ansiedlung. Sie marschieren auf die Karawanenstraße nach Ghardai zu, die sie in ungefähr zwei bis drei Tagesmärschen erreichen werden. Die Deserteure wollen ihr vielleicht ein Stück folgen, sie aber vielleicht auch nur kreuzen. Denn auch auf dem Weg nach Ghardaia müssen sie verstärkt mit Militär rechnen. Und da sie mit

[1] Spuren

Thami einen guten Chabir haben, sind sie nicht auf die ausgetretenen Wege angewiesen."

„Dann sollten wir nach Laguat reiten, um den Scheik der dortigen Dschunûd zu verständigen", schlug Yussuf vor. „Er wird seine Männer in Marsch setzen, um die Verräter zu fangen und zu bestrafen."

Ich setzte eine zweifelnde Miene auf.

„Wenn mir das so einfach erschiene, würde ich deinem Vorschlag sofort zustimmen. Aber ich weiß nicht, ob der Kommandant in Laguat eine ausreichend große Truppe entbehren kann. Die Aufstände in den nahen Bergen werden seine Kräfte zum großen Teil binden. Wie in Bu Saada werden auch hier die Soldaten verstärkt Streife und Geleitschutz reiten müssen. Der Kommandant müsste wohl erst Verstärkung anfordern und wir würden einige Tage in Laguat festsitzen. Ich hätte ein sehr ungutes Gefühl dabei, gerade jetzt, wo wir die Legionäre fast eingeholt haben. Wohler wäre mir, wenn wir ihnen auf den Fersen blieben."

„Wenn du sie verfolgst, Kara Ben Nemsi, dann könnte ich doch allein nach Laguat reiten."

„Ich vertraue dir, Yussuf, aber ich bezweifle, ob der Kommandant deinen Worten glauben würde."

„Alâsch - warum? Weil ich ein Barbari[1] bin?"

„Ja. Und weil die Berber in den Bergen gegen die Frandsch kämpfen. Würde der Kommandant nicht denken, du wolltest seine Dschunûd von Laguat fortlocken, damit die Aufständischen die Oase überfallen können?"

„So könnte es sein. Aber kannst du mir nicht einen Briyya[2] mitgeben, in dem du schreibst, dass mein Mund die Wahrheit sagt?"

[1] Berber [2] Brief

„Das ist eine gute Idee, Yussuf", lobte ich.

Er musste mir meine geheimen Zweifel wohl ansehen, denn er sagte sofort:

„Der Scheik der Dschunûd würde mir nicht glauben, auch wenn ich einen Briyya von dir bei mir trüge, nicht wahr? Er würde denken, ich hätte den Briyya gefälscht oder gestohlen."

„Das befürchte ich, Yussuf. Und ich möchte nicht, dass man dich in Laguat aus einem falschen Verdacht heraus einsperrt. Mir wäre wohler, du würdest bei mir bleiben. Wir müssen darauf vertrauen, dass Korporal Pape in Biskra das Militär alarmiert."

„Es wird gelingen", meinte Yussuf. „Der Almani mit dem seltsamen Namen ist ein guter Dschundî, jetzt, wo sein Kopf wieder klar ist. Und wir werden die Verräter weiterhin jagen. Wann, glaubst du, werden wir sie erreichen?"

„Da wir mit unseren Hudschûn doppelt so schnell vorankommen, dürften wir morgen Nachmittag oder Abend auf sie stoßen."

*

Ich schien mich nicht verrechnet zu haben. Am nächsten Tag, als die Sonne schon tief am Himmel stand und ihre rötlichen Strahlen blendend in unsere Augen stachen, sah ich aus einer Senke vor uns eine verdächtige Staubwolke aufsteigen. Längst hatten wir das trockene Tal des Wadi Dschedi durchquert und befanden uns jetzt südlich von Laguat. Der Karawanenweg, der von dort nach Ghardaia führt, konnte nicht mehr weit von uns entfernt sein. Wir waren schon ein paar Stunden vor Sonnenaufgang aufgebrochen und mehrmals auf Spuren der Legionäre gestoßen, die ihre Marschrichtung beibehielten.

Wir durchquerten jetzt das Steppengebiet der Dayas. So nennt man jene wannenförmigen, meist flachen Senken und Mulden, die der Regen vergangener Jahrtausende in den Boden gewaschen hat. Vom Regenwasser angespülter Humus sammelt sich in den Dayas und so ragen aus der Einöde zahlreiche mit Gräsern, Ginster, Dornenbüschen und Pistazienbäumen bewachsene Inseln auf.

„Khe, khe!“, befahl ich meinem Hedschîn und es kniete sich hin. Ich nahm mein Fernrohr an mich und kletterte auf den nächsten Pistazienbaum. Eine sehr wacklige Geschichte, aber sie lohnte sich. Durch mein Rohr sah ich die Rücken marschierender Männer und einige Wagen am Ende der Kolonne. Hastig schob ich das Rohr zusammen und kletterte hinab.

„Sie sind es!“, teilte ich Yussuf mit, der in der Zwischenzeit ebenfalls abgestiegen war und sein Abendgebet verrichtet hatte. Zwar lag der Maghreb, die Zeit für das Abendgebet, eigentlich erst nach Sonnenuntergang, aber mein Gefährte hatte es sich unterwegs angewöhnt, jede sich bietende Rast zu nutzen, um die fünf vom Koran vorgeschriebenen Gebete des Tages zu sprechen.

Yussuf erhob sich von den Knien und schüttelte den Sand von seinem Haik.

„Was tun wir jetzt, Kara Ben Nemsi?“

„Wir werden sie überholen und ihnen vorauseilen, wie wir es vorhatten. Aber ich möchte die Gelegenheit nutzen, mir die feine Gesellschaft mal aus der Nähe anzusehen.“

„Ist das nicht zu gefährlich?“

„Nicht für jemanden, der sich geschickt anstellt. Siehst du die schmale Hügelkette nördlich des lang gezogenen Dayas, durch das die Kolonne marschiert? Sie wird uns vor den Blicken der Dschunûd schützen. Zwischen den Hügeln verborgen und mit Hilfe meines Fernrohrs kann ich die Legionäre unbemerkt beobachten."

Wir trieben die Hudschûn zu großer Eile an, weil ich die geplante Erkundung unbedingt noch bei Tageslicht vornehmen wollte. Mir war vor dem Unternehmen wirklich nicht bange. Drüben in Nordamerika hatte ich das Beschleichen von den Apatschen gelernt, die darin wahre Meister sind.[1]

Schon nach fünfzehn Minuten erreichten wir die niedrige Felskette, und nach weiteren fünfzehn Minuten mussten wir die Marschkolonne, falls meine Einschätzung stimmte, eingeholt haben. Ich ließ mein Reitkamel bei Yussuf zurück und erstieg den von Wind und Regen glatt geschliffenen Fels. Mein Ziel war eine Einkerbung zwischen zwei kegelartigen Erhebungen, die mir gute Deckung versprach. Ich erreichte sie, als der glühend rote Sonnenball die westlichen Hügelketten berührte und das Land in jenes eigentümliche Licht tauchte, das man nur während der kurzen Dämmerung in der Sahara beobachten kann. Obwohl gestochen scharf, wirken Felsen, Sträucher und Bäume dann wie aus einer fremden Welt, als habe die Sonne zum Abschied alles in eine märchenhafte Aura gehüllt.

Die Spitze der Kolonne marschierte geradewegs unter mir durch das trockene, nur von vereinzeltem

[1] Siehe Karl Mays Reiseerzählung ‚Winnetou I', Gesammelte Werke Band 7

Ginster bewachsene Daya. Mein Fernrohr holte die beiden Reiter an der Spitze so nah heran, dass ich ihre Gesichtszüge wie zum Greifen vor mir sah. Beide trugen die Uniform französischer Offiziere.

Der Mann auf dem kräftigen Falben war der hoch gewachsene Franzose, der sich Mathieu Gallord nannte und von einem seiner Kumpane in Bu Saada als Oberleutnant angesprochen worden war. Jetzt trug er jedoch die Uniform eines Hauptmanns, wohl die des ermordeten Kommandanten von Fort Danjou.

An seiner Seite ritt auf einem schlanken Braunen ein Mann mit den Rangabzeichen eines Oberleutnants, unzweifelhaft jener Grisot, der Fritze Pape und dessen unglückliche Kameraden in die Todesfalle gelockt hatte. Er war von eher gedrungenem Körperbau und hatte ein fleischiges Gesicht mit unablässig mahlenden Kiefern, was ich als Zeichen großer Nervosität deutete.

Etwas abseits der Offiziere ritt Thami auf einem kleinen, starkknochigen Berberpferd, dessen Fell in den unterschiedlichsten Braunschattierungen schimmerte. Der Leib des Chabirs wurde von einem Haik umhüllt, auf seinem Kopf saß ein breiter Schesch. Sein längliches Gesicht ähnelte dem seines Vaters bis hin zu dem spitz zulaufenden Bart, der bei Thami jedoch dunkel statt grau war.

Hinter den drei Reitern trotteten in losen Reihen die schwer bepackten Legionäre, umweht von ihren blauen Mänteln, auf den Köpfen zum Schutz gegen die Sonne weiße Feldmützen, die mit weißen Tüchern bis in den Nacken verlängert waren. Das blecherne Klappern der geschulterten Gewehre und des auf dem Marschgepäck festgezurrten Feldgeschirrs drang bis zu mir herauf.

Rechts und links wurde die Kolonne von zwei weiteren Reitern begleitet. Es waren die Männer, die Gallord seit Algier begleiteten. Auch sie trugen jetzt Uniformen, versehen mit den Rangabzeichen von Unteroffizieren.

Den Abschluss bildeten vier von Maultiergespannen gezogene Wagen. Drei davon waren mit Planen überzogen und enthielten vermutlich Lebensmittel und Munition. Der vierte Wagen war eine von sechs Tieren gezogene Protze[1], an der die Lafette[2] mit der Mitrailleuse befestigt war. Das schwere Maschinengeschütz konnte ich nur in groben Umrissen sehen, weil Rohr und Verschlussstück zum Schutz gegen Sand und Dreck mit einem hellen Tuch umhüllt waren. Der Huftritt der Tiere und das Knarren der Wagenräder ergänzten das Klappern von Gewehren und Geschirr zu einer monotonen Marschmusik.

Der flüchtige Beobachter mochte glauben, eine Kompanie der Fremdenlegion auf dienstmäßigem Marsch vor sich zu haben. Aber wer genauer hinsah, bemerkte die lose Zucht der Kolonne. Immer wieder tanzten Männer aus der Reihe, um sich zu Kameraden weiter vorn oder hinten zu gesellen. Scherzhafte Worte erklangen, gepaart mit rauem Gelächter. Auch waren Mäntel und Hosen verdreckt und einigen Männern hing das Gepäck recht schief auf dem Rücken. Disziplinlosigkeiten, die von pflichtergebenen Offizieren längst unterbunden und streng geahndet worden wären.

Aber Gallord und Grisot waren mehr Komplizen der Legionäre als ihre Offiziere. Nein, unter mir mar-

[1] Vorderwagen von Geschützen

[2] Untergestell für Geschütze

schierte ganz gewiss kein ordentliches Militär zum Einsatz. Ein Haufen von Glücksrittern und Deserteuren, von Verbrechern und Mördern war unterwegs, um sich an fremden Schätzen zu bereichern. Eine Legion der Verdammten!

Die Sonne versank schnell, wie in diesen Breiten üblich, und Dämmerschatten verschluckten die Gesichter der Männer, die wohl noch einige Stunden weitermarschieren würden. Ich hatte genug gesehen und rutschte vorsichtig ein Stück zurück, bis der zufällige Blick eines Legionärs nach oben mich nicht mehr erspähen konnte. Dann richtete ich mich auf und ging zu Yussuf zurück, um ihm Bericht zu erstatten.

„Wie viele Dschunûd sind es?“, fragte er.

„An die hundert.“

„Wir allein können sie nicht aufhalten.“

„Nicht, ohne dass wir möglicherweise von ihnen getötet werden.“

„Und wenn das geschieht, kann niemand die Verräter von weiteren Untaten abhalten“, schlussfolgerte Yussuf.

„Dein Verstand ist so klar wie das Wasser im tiefen Meer“, versuchte ich mich in morgenländischer Poesie.

„Dann müssen wir eilen und zusehen, dass wir einen großen Vorsprung von den Dschunûd gewinnen, o Kara Ben Nemsi. Nur so können wir den Monsieur, dem die Mademoiselle ihr Herz geschenkt hat, warnen.“

„Genau das ist mein Plan. Wenn wir uns zur Nachtruhe begeben, werden unsere Hudschûn ein gutes Stück Weg zwischen uns und die Legionäre gebracht haben.“ Schon wollte ich auf mein Kamel steigen, aber ich wandte mich noch einmal zu meinem Begleiter um und ergriff in freundschaftlicher Geste seinen rechten Arm. „Du bist mir bis hierher ein treuer Gefährte gewesen, Yussuf. Doch die eigentlichen Gefahren beginnen jetzt erst. Der Tod kann uns in mannigfacher Gestalt erwarten. Niemand würde dir übel nehmen, wenn du jetzt nach Algier zurückkehrst, auch ich nicht."

Sein Blick verfinsterte sich.

„Willst du mich fortschicken, Kara Ben Nemsi?"

„Ganz gewiss nicht. Du bist kein Krieger, trägst keine Schusswaffe bei dir, nur ein Messer. Und doch habe ich im Augenblick der Gefahr lieber dich an meiner Seite als zehn bis an die Zähne Bewaffnete. Dein Verstand ist scharf, dein Herz ist gut. Aber all das ist nichts gegen die tausend Gefahren in den Weiten der Sahara."

Er sah mich durchdringend an.

„Wenn ein Mann für die Frau, die er liebt, nicht tausendmal sein Leben zu wagen bereit ist, o Effendi, was ist seine Liebe dann wert?"

„Du sprichst wahr. Aber hast du auch bedacht, dass dich, sollten wir glücklich heimkehren, bestenfalls Dank erwarten wird, doch kaum eine Erwiderung deiner Liebe?"

„Darüber war ich mir schon im Klaren, bevor wir El Dschesair verließen."

„Allah möge viele Herzen nach deinem Vorbild formen, Yussuf!", sagte ich aus tiefster Überzeugung und bestieg mein Hedschîn, das sich auf meinen Zuruf „E-o-ah!" erhob.

Yussuf tat es mir nach und wir trieben die Tiere wieder zu einer schnellen Gangart an. Die Abendluft kühlte ab, was unsere Lebensgeister und die der Kamele erfrischte. Schweigend ritten wir unter dem unendlichen Dach der funkelnden Sterne nebeneinander her, gewiss nicht leichten Herzens. Weder Yussuf noch ich kannten die Gefahren, die uns erwarteten, aber wir beide ahnten, dass uns am Dschebel esch Scheitan nicht nur der ‚Atem des Teufels', sondern auch der des Todes umwehen würde.

8. Am ‚Maul des Krokodils'

„Wir sind des Todes, nicht wahr, Effendi? Gib es ruhig zu, dass du dich verirrt hast, ich erhebe keinen Vorwurf gegen dich. Hier, wo es nichts gibt außer Steinen, Steinen und nochmals Steinen, wo kein Grashalm wächst und kein Wassertropfen glitzert, hier endet unsere Reise, inn schâ'a allah!"

Heiser schleppend erklangen die Worte, als müsse Yussuf jede Silbe über seine ausgedörrten Lippen quälen. Er hing mehr auf dem Hedschîn als dass er saß, und auch unsere Kamele ließen ermattet die Köpfe hängen. Wenn diese Wüstentiere auch höchst genügsam sind und lange von dem Fett zehren können, das sie in ihren Höckern gespeichert haben, so ließen die kargen Rationen an Wasser und getrockneten Datteln, die sie in den vergangenen Tagen von uns erhalten hatten, ihre Kräfte doch erlahmen. Auch ich spürte, wie jedweder Antrieb von mir weichen wollte.

Das Plateau von Tademait ist ein Ort, der den Menschen schutzlos den Kräften der Natur ausliefert, den ausdörrenden Strahlen der links von uns höher und höher steigenden Sonne, dem mal schwächer, mal stärker über die Felsen pfeifenden Wind. Felsen und Steine, mehr schien es nicht zu geben in diesem endlosen schwarzen Land, das wir schon seit drei Tagen in südlicher Richtung durchquerten, ohne ein Tier oder eine Pflanze erspäht zu haben, geschweige denn einen anderen Menschen. Irgendwo habe ich gelesen, Tademait sei eine Wüste in der Wüste. Treffender kann auch ich es nicht beschreiben.

Zehn Tage waren vergangen, seit wir den Deserteuren im Gebiet der Dayas begegnet waren. Jenseits der üblichen Pisten waren wir auf geradem Weg nach Tademait geritten, hatten die ausgetrockneten Wadis Nili, Gerg, Dora, Zergun und Seggur und dann die Dünenketten des Großen Westlichen Ergs durchquert. Angesichts der Tatsache, dass weder Yussuf noch ich uns in dieser abgeschiedenen Gegend der Welt auskannten, waren wir erstaunlich gut vorangekommen. Am Tag ermöglichten mir Kompass, Uhr, Landkarte, Fernrohr und der Stand der Sonne die Orientierung, bei Nacht die leuchtenden Sterne. Hier aber, inmitten des wüsten Einerleis von schwarzem Gestein, begann auch ich, an der Richtigkeit meiner Navigation zu zweifeln.

„Keine Sorge, Yussuf, wir sind auf dem rechten Weg“, sagte ich, nicht so sehr aus Überzeugung, sondern um den Gefährten zu beruhigen.

„Aber hier gibt es keinen Weg, nur Steine. Hinter uns, vor uns, links und rechts von uns Steine. Warum, meinst du, sollten wir gerade im Süden auf die Oase des Scheitans stoßen?“

„Ich halte es für keinen Zufall, dass die Weideplätze der Beni Hammada in dem Gebiet liegen, zu dem die

Dschunûd aus Fort Danjou marschieren. Auch die Expedition von Professor Pioche wollte in die Richtung ziehen. Dein Vater hat von einer geheimnisvollen Aufgabe erzählt, die dem Stamm der Entehrten aufgetragen wurde. Liegt es nicht nahe anzunehmen, dass die Beni Hammada die Oase des Scheitans bewachen sollen? Dann führt der Weg zu ihnen auch zu der Oase. Wo aber sollen wir sie suchen? Dein Vater berichtete vom Dschebel esch Scheitan, dem Berg des Teufels. So einen Berg werden wir kaum in der Sandwüste finden, viel eher hier. Da er auf der Karte nicht eingezeichnet ist, vermute ich ihn inmitten des unerforschten Plateaus von Tademait. Das ist der Grund, weshalb wir tiefer in dieses Gebiet hineinreiten, Yussuf."

„O Effendi, deine Worte klingen gut. Was aber ist, wenn du dich in nur einer deiner Annahmen täuschst? Kann es dann nicht sein, dass vor uns nichts anderes liegt als noch mehr Gestein? Und dass wir weder eine Oase finden noch ein Hassi[1]?"

Nach kurzem Schweigen antwortete ich:

„Es gibt irgendwo in der Nähe Wasser, sonst könnten hier keine Menschen leben."

„Menschen?", seufzte Yussuf. „O Allah, wenn er uns doch welche schicken würde! Welche Wonne wäre es nach all den Tagen in der Einsamkeit, einmal ein anderes Gesicht zu sehen, eine andere Stimme zu hören!"

„Gleich wirst du die Gelegenheit haben und ich hoffe, du brauchst deinen Wunsch nicht zu bereuen." Während ich das sagte, zeigte ich nach Südosten, um Yussuf auf die kleinen Punkte aufmerksam zu machen, die ich dort erspäht hatte. Ich holte das Fernrohr her-

[1] Wasserloch, Quelle

vor und fand meine Vermutung bestätigt: Zehn oder zwölf Berittene, Männer in Beduinenkleidung, lenkten ihre Pferde in unsere Richtung. „Sie tragen rote Haiks, Yussuf. Wir haben die Beni Hammada gefunden."

„Allah ist groß, Allah ist mächtig!" Mit zusammengekniffenen Augen starrte Yussuf den Reitern entgegen. „Eben noch habe ich mir die Begegnung mit Menschen gewünscht und jetzt frage ich mich, ob sie uns friedlich gegenübertreten werden. Die Beni Hammada mögen die Fremden nicht. Vielleicht solltest du besser dein Gewehr mit den vielen Kugeln zur Hand nehmen, o Kara Ben Nemsi!"

„Nein." Ich steckte das Fernrohr wieder weg und blieb ruhig neben Yussuf auf meinem Hedschîn sitzen. „Wir haben keinen Grund, ihnen feindselig gegenüberzutreten. Wie sollen sie sich freundlich gegen uns zeigen, wenn ich sie mit der Waffe in der Hand erwarte?"

Die Reiter kamen schnell näher. Ich zählte insgesamt elf Männer, die allesamt den roten Haik der Beni Hammada trugen. Sie saßen auf kleinen hellen Beduinenpferden. Nur ihr Anführer ritt ein größeres und schlankeres Tier von tiefschwarzer Farbe. Da Rappen im Morgenland selten sind, musste das Pferd für den Besitzer sehr wertvoll sein. Zumal schon der Prophet Mohammed schwarze Pferde als die besten bezeichnet hat. Vielleicht konnten sich bei den Beni Hammada nur der Scheik und sein Sohn ein solches Tier leisten. Ja, wirklich, der Anführer, der den Seinen fünf Pferdelängen vorausritt, war niemand anderer als Kamal Ben Baschar Rustem!

Sobald ich sein Gesicht erkannte, zog ich den Haik bis über die Nase hoch und bat Yussuf, es mir gleichzutun. Der Sohn des Scheiks sollte uns nicht gleich erkennen. Zwar hatte ich schon einiges über die mangelnde Gastfreundlichkeit der Beni Hammada gehört, doch wollte ich selbst herausfinden, wie die Söhne der Steinwüste sich gegenüber Fremden verhielten.

Als Kamal seinen Rapphengst dicht vor uns zügelte, fiel mir der kostbare Ledersattel mit den roten Verzierungen auf. Der Ben Hammada hatte einen Waffengurt umgelegt, in dem ein breites Schwert und ein Dolch steckten, beide mit aufwendig verzierten Griffen und Scheiden. Feuerwaffen suchte ich bei ihm ebenso vergeblich wie bei seinen Begleitern, die ihre Tiere in einem Kreis um uns anhielten. Stattdessen waren sie mit gefiederten Lanzen, kürzeren Wurfspießen, Keulen, Streitäxten und lederbespannten ovalen Schilden bewaffnet. Einige trugen Bogen und hatten mit Pfeilen gefüllte Lederköcher auf den Rücken gebunden. Die Krieger mit den finsteren bartlosen Gesichtern schienen geradewegs aus dem Mittelalter zu kommen, wirkten auf mich wie Versprengte aus einem alten Eroberungsfeldzug gegen die Berber. Und noch etwas wunderte mich: Wo nahmen die Männer in dieser Steinwüste all das Holz für ihre Waffen her?

„Man antum - wer seid ihr?", fragte Kamal. „Min aina antum - woher kommt ihr? Ilâ aina antum - wohin wollt ihr?"

Das war keine Begrüßung, sondern eine Frechheit. Mit dem Unterlassen eines höflichen Grußes bezeugte der Ben Hammada seine Geringschätzung für uns. Ein Verhalten, wie es unter Wanderern, die sich in der Abgeschiedenheit der Wüste begegnen, alles andere als üblich ist. Normalerweise ist man hier froh über jede Menschenseele, die man trifft. Erfährt man doch nur im Gespräch, ob vor einem unbekannte Gefahren liegen, ob vielleicht das Hassi, zu dem man will, versiegt oder vergiftet ist.

„Wir sind zwei Reisende“, erwiderte ich in gleichgültigem Tonfall. „Wir kommen von Schamâl[1] und reiten nach Dschunûb[2].“

Kamals Züge verhärteten sich bei meiner Antwort und seine Begleiter stießen überraschte Laute aus.

„Bist du von Sinnen?“, zischte der Sohn des Scheiks mich an. „Wie kannst du so zu mir sprechen?“

„Wâsch tebghi - was willst du?“, entgegnete ich ebenso ruhig, wie ich auch eben gesprochen hatte. „Ich habe dich mit derselben Höflichkeit behandelt wie du mich.“

„Das nennst du höflich? Du hast auf meine Fragen Antworten gegeben, die nichts besagen! Jeder halb blinde Ichtijahr[3] kann auf den ersten Blick erkennen, dass ihr zwei Reisende seid, die aus dem Norden kommen und nach Süden reiten.“

„Es ist nicht weniger höflich, als einem Fremden in der Wüste grußlos gegenüberzutreten. Hat nach dem Kalifen Ali der Prophet Mohammed den Gruß etwa nicht als Pflicht bezeichnet?“

Kamal starrte mich empört an.

„Ich soll euch grüßen, ohne euch zu kennen? Vielleicht ist euer Rang so niedrig, dass ihr weder Gruß noch Beachtung verdient!“

„Wenn das deine Meinung über uns ist, hättest du uns erst recht grüßen müssen. Du scheinst die Weisung Mohammeds nicht zu kennen: Der Berittene hat den Gehenden zu grüßen und der Gehende den Sitzenden. Der Kleinere hat den Größeren zu grüßen, jedoch der Höherrangige den Niedrigeren.“

[1] Norden [2] Süden [3] Greis

„Willst du mich über den rechten Glauben belehren? Du scheinst nicht zu wissen, wen du vor dir hast!"

„Das weiß ich sehr wohl, o Kamal Ben Baschar Rustem, aber gilt das Wort des Propheten nicht für alle?"

Verwunderung trat auf das Gesicht des Beduinen. „Maschallah, du kennst meinen Namen! Min aina – woher?"

„Aus El Dschesair", antwortete ich und zog den Stoff meines Haiks aus dem Gesicht.

„Du?" Kamal erkannte mich augenblicklich und sein Ausdruck änderte sich von Erstaunen zu Zorn. „Kara Ben Nemsi!"

„So nennt man mich, seit ich dich und deinen kleinen Diener traf."

„Du wagst es, mich über die Worte des Propheten zu belehren, Kara Ben Nemsi? Du, ein Rumi, ein Ungläubiger?"

„Du magst mich für einen Ungläubigen halten, ich sehe das anders. Auch wenn ich kein Moslem bin, ändert das nichts am Wort des Propheten Mohammed."

„Deine Zunge ist ebenso geschickt wie frech", sagte Kamal mit einem verächtlichen Unterton. „Doch die Pflicht des Grußes gilt nur gegenüber wahren Gläubigen, nicht aber gegenüber einem Rumi."

„Das ist deine Auslegung der Worte des Propheten, nicht die meine. Selbst wenn du Recht hast, so müsstest du zumindest meinen Begleiter grüßen, der ein gläubiger Moslem ist." Ich wies zu Yussuf, der jetzt ebenfalls sein Gesicht entblößte.

„Der Sohn von Abu l'Alf Dschellabah!"

„Ich sehe, du erkennst ihn", sagte ich lächelnd.

„Na und, was ändert das?", fragte Kamal und fuhr fort: „Ein Moslem, der einen Ungläubigen begleitet, muss ebenso wenig gegrüßt werden wie der Ungläubige selbst."

Ich setzte eine erstaunte Miene auf.

„Diese Regel ist mir neu, o Kamal Ben Baschar Rustem. Bist du sicher, dass Mohammed das gesagt hat?"

„Ich habe es gesagt und damit ist es genauso gültig!" Während der Ben Hammada sprach, trieb er seinen Rappen dicht an mein Hedschîn heran. In seinen Augen glühte ein Feuer, als wollte er mich versengen.

Ich aber, der ich höher saß als er, blickte gleichgültig auf ihn hinab.

„In meiner Heimat sagt ein Sprichwort, Hochmut komme vor dem Fall. Ich hoffe für dich, Kamal, dass es nicht auf dich zutrifft."

„Ich bedarf deiner Sorge nicht, Kara Ben Nemsi. Und ich habe Wichtigeres zu tun, als mir deine Belehrungen anzuhören. Verlasse mit deinem Begleiter das Bilad el Aswad[1]! Fremde sind nicht gut für die Beni Hammada. Sie bringen nichts als Ärger."

„Wir sind schon drei Tage durch dieses Land geritten und unser Wasservorrat neigt sich dem Ende zu."

„Du hast nicht genug Wasser bei dir?" Belustigung, ja Spott schwang in Kamals Worten mit. „Bist du am Ende gar nicht so klug, wie du meinst, Ungläubiger?"

„Ich war mir sicher, bei den Beni Hammada freundliche Aufnahme und ausreichend Wasser zu finden."

„Wasser sollst du haben." Auf seinen Wink löste ein Krieger die Kirbe von seinem Sattel und ließ sie achtlos vor uns zu Boden fallen. „Du hast meinem Diener und mir in El Dschesair beigestanden. Die Schuld ist

[1] Schwarzes Land

jetzt beglichen. Mehr hast du von uns nicht zu erwarten. Kehre mit deinem Gefährten um, dann reicht das Wasser bis zum Rand des Bilad el Aswad!"

Grußlos, wie er gekommen war, ritt er davon, gefolgt von seinen Kriegern. Sie galoppierten nach Westen.

Ich ließ mein Hedschîn niederknien und hob den prall gefüllten Schlauch aus Ziegenleder auf, um den Kamelen zu trinken zu geben.

„Sei sparsam mit dem Wasser, Effendi", sagte Yussuf. „Sonst reicht es nicht für den Rückweg."

„Wir reiten nicht zurück."

„Nicht? Wohin reiten wir dann?"

Ich zeigte nach Südosten.

„Dorthin. Da werden wir bald auf genügend Wasser stoßen. Außerdem sind wir nicht den ganzen Weg geritten, um unverrichteter Dinge umzukehren. Auch wenn diese Beni Hammada so hochmütig sind wie tausend Studierte, müssen wir sie vor den Fremdenlegionären warnen."

„Wasser? Dort?" Yussuf starrte nach Südosten, wo sich schwarze Steine und Felsen erstreckten, so weit das Auge reichte. „Wie willst du das wissen, Effendi? Kannst du so weit blicken wie en Nisr, der am Himmel kreist?"

„Nein, ich habe nur nachgedacht. Waren die Männer und ihre Pferde nicht ausgeruht?"

„Ja, das waren sie."

„Und waren ihren Schläuche nicht alle so prall gefüllt wie diese Kirbe?"

„Du hast Recht."

„Daraus können wir schließen, dass diese Beni Hammada ganz in der Nähe ein Lager oder zumindest ein Hassi haben."

„Du sprichst wahr, o Kara Ben Nemsi. Aber die Beni Hammada werden es nicht gern sehen, wenn wir weiter in das Gebiet eindringen, das sie Bilad el Aswad nennen.“

Der Name war mir ebenso neu wie Yussuf, aber er war mehr als passend. Die schwarze Färbung der Steine rührt von der Witterung her. Zerschlägt man einen von ihnen, wird man feststellen, dass er nur an der Oberfläche von einer schwarzen Schicht überzogen ist. Wenn einmal seltener Regen fällt, dringt er in die Steine ein und löst die dort enthaltenen Eisensalze, die sich beim Verdunsten außen ablagern und die Steine dunkel färben.

„Ich glaube, wenn wir weiterreiten, wird das Land nicht mehr länger nur schwarz sein, Yussuf. Wo Wasser zu finden ist, gibt es auch Pflanzen. Und wo Pflanzen wachsen, leben Tiere, vielleicht auch Menschen. Das vor uns zu verbergen, dürfte der wahre Grund für Kamal gewesen sein, uns zur Umkehr aufzufordern. Fieberst du nicht der Lösung dieses Rätsels entgegen?“

„Doch, Effendi.“

Yussufs zweifelnder Gesichtsausdruck wirkte nicht so überzeugt wie seine Antwort. Aber klaglos folgte er mir nach Südosten. Ich hielt ihn nicht für feige, konnte seine Zweifel gut verstehen. Für jemanden, der sein ganzes Leben in der Stadt verbracht hatte, war unser Ritt durch das tote Bilad el Aswad wie eine Reise durch eine fremde Welt.

Nach einer halben Stunde erhoben sich vor uns zerklüftete Hügel, die sich in der Ferne zu einem kegelförmigen Berg vereinigten. Ich hegte kaum Zweifel, dass wir den Dschebel esch Scheitan vor uns sahen. Ein paar Vögel durchzogen als winzige Punkte den

Himmel und bestätigten meine Vermutung, auf Wasser und Leben zu stoßen.

Ich veranlasste unsere Kamele zum Halten, weil ich Yussuf auf die fernen Gefiederten aufmerksam machen wollte. Doch etwas anderes fesselte unsere Aufmerksamkeit, ein seltsames Bild. Es erschien am Hang eines Hügels, wo eben nichts anderes gewesen war als nackter Fels. Jetzt aber sahen wir Wasser und Palmen und auch Menschen. Sie sprangen aufgeregt hin und her. Obwohl alles verzerrt wirkte und einem ständigen Zittern unterworfen war, erkannte ich deutlich genug, wie eine Gestalt einen Stock vor sich hielt – nein, ein Gewehr. Und jetzt ertönte ein dumpfer Laut, wie ihn alte Vorderladerflinten verursachen.

„Allah sei mit uns!", brachte Yussuf keuchend hervor. „Das ist der Scheitan, der sein böses Spiel mit uns treibt!"

„Nein, es ist bloß eine Luftspiegelung, eine Fata Morgana. Sie entsteht, wenn unterschiedlich starke Luftschichten aufeinander treffen. Dann werden Bilder durch die Brechung der Lichtstrahlen aus der Ferne in die Nähe gerückt, zuweilen auch auf den Kopf gestellt oder vergrößert."

„Aber Effendi, ich habe einen Schuss gehört!"

„Ich auch, Yussuf."

„Kann denn solch eine Spiegelung in der Luft auch Geräusche übertragen?"

„Nein. Ich vermute, wir sehen etwas, das sich direkt hinter dem nächsten Hügel ereignet. Jemand scheint sich dort in Gefahr zu befinden. Reiten wir schnell hin!"

Sobald wir die Kamele wieder in Bewegung gesetzt hatten, löste sich das wabernde Trugbild so plötzlich auf, wie es erschienen war. Viele Wüstenreisende, die einer Fata Morgana begegnet sind, haben ähnliche Erfahrungen gemacht. Mal sieht man ein Bild für viele Stunden, dann nur für einen Augenblick. Oder eine ganze Reihe verschiedener Bilder rollt in schneller Folge vor einem ab. Es kann auch geschehen, dass eine Karawane eine andere sieht, die in weiter Ferne vorüberzieht. Für die zweite Karawane aber bleibt die erste unsichtbar.

Ein zweiter Schuss ertönte, als wir den Hügel fast erreicht hatten. Sobald wir ihn umrundeten, änderte sich die bisher karge Landschaft. Nicht mehr nur Fels und Stein gab es hier, sondern auch Humus, auf dem Gräser und Sträucher gediehen, erst nur auf vereinzelten Flecken, dann auch in größeren Ansammlungen. Und das Plätschern eines Gewässers erklang in unseren Ohren wie die lieblichste Melodie. Die Hudschûn hatten das Wasser längst gewittert und legten aus eigenem Entschluss eine wahre Renngeschwindigkeit vor, sodass sich jedes weitere Antreiben von unserer Seite erübrigte.

Sträucher und Bäume flogen an uns vorüber. Was uns vor kurzem, als wir durch die Steinwüste ritten, wie ein Wunder erschienen wäre, wurde jetzt kaum von uns beachtet. Unsere Blicke hingen an jenem Fluss, der aus den ferneren Hügeln herunterrauschte und in dem palmenbewachsenen Gelände vor uns eine weite Schleife beschrieb. Ein großes rotes Zelt stand an der Außenseite der Flussschleife und am Ufer hatte sich eine kleine Gruppe von Menschen versammelt.

Wir sahen zwei wehklagende Frauen und einen kleinen Mann, der bis zum Bauch im Wasser stand und sein Gewehr ins vorbeirauschende Nass streckte. An dem Lauf hielt sich ein vielleicht achtjähriges Mädchen fest, das der Kleine aus dem Fluss zog. Jetzt erkannte ich in ihm meinen seltsamen ‚Taufpaten' aus dem Laden von Yussufs Vater. Ja, wahrlich, es war der Hadschi, der mir die österreichische Staatsbürgerschaft verliehen hatte.

Die jüngere der beiden Frauen umschlang das Kind und fiel, es an ihre Brust drückend, schluchzend auf die Knie. Doch das Drama war noch nicht vorüber. Aufgeregt deuteten die ältere Frau und der Hadschi auf ein abgebrochenes Tamariskengeäst, das vom Fluss davongespült wurde. Ein Knabe, etwa so alt wie das Mädchen, hielt sich in den Zweigen fest und blickte angstvoll um sich. Weniger das Wasser schien ihn zu schrecken als die großen Tiere, die ihm das Geleit gaben.

Auf den ersten Blick glaubte ich an borkige Baumstämme, die im Fluss trieben. Bei näherem Hinsehen erkannte ich aber die spitz zulaufenden Mäuler und die muskulösen, seitlich zusammengedrückten Ruderschwänze, die ihre Besitzer mit wuchtigen Schlägen vorantrieben.

Und dann hörte ich auch schon den schrillen Schrei der älteren Frau:

„Meded – zu Hilfe! Die ‚Herren des Wassers' werden Hassim verschlingen! Meded, meded!"

Die ‚Herren des Wassers' – Krokodile!

Ohne zu überlegen setzte ich mein Hedschîn in Marsch, dem davontreibenden Geäst mit dem Jungen nach. Dabei kam ich an dem kleinen Hadschi vorbei, der wohl vorhin die beiden Schüsse auf die Krokodile abgefeuert hatte. Nach der Rettung des Mädchens untersuchte er seine Waffe, die im Wasser gelitten hatte und für den Augenblick nicht mehr zu gebrauchen war.

„Nass, vollkommen nass!“, rief er wütend aus und schleuderte die lange Flinte ins Ufergras. Da erst schien er mich zu bemerken. Unsere Blicke trafen sich für den Bruchteil einer Sekunde und ich sah in seinen Augen neue Hoffnung aufleuchten.

„Kara Ben Nemsi, kann das wahr sein? Du musst Hassim retten! Wenn er ins ‚Maul des Krokodils‘ gerät, ist er verloren!“

Ich hatte keine Zeit zur Antwort. Schon war mein Hedschîn an ihm vorüber. Seine Worte erschienen mir seltsam. Natürlich war der Junge verloren, wenn ein Krokodil ihn zerfleischte. Und warum hatte der kleine Hadschi vom ‚Maul *des* Krokodils‘ gesprochen, wo doch *drei* beutegierige Tiere das treibende Geäst umschwammen?

Das Geschehen auf dem Fluss beanspruchte meine Aufmerksamkeit. Ein etwa vier Meter langes Krokodil hatte sich vor das Geäst geschnellt und peitschte mit seinem Schwanz gegen das Holz. Die Absicht der gepanzerten Echse war wohl, den sich krampfhaft festhaltenden Jungen aus dem Gleichgewicht zu bringen und ins Wasser zu werfen. Das Geäst schwankte bedenklich, doch Hassim blieb obenauf.

Das Manöver des Krokodils hatte das Geäst aufgehalten. Die beiden anderen Echsen bremsten sich jetzt erst, etwa zwanzig Meter voraus, und wandten sich mit geschickten Drehungen flussaufwärts. Derweil erreichte ich die Höhe des Geästs und wartete erst gar nicht ab, bis mein Kamel anhielt und sich niederkniete. Mitten in seinem Lauf rutschte ich, die bereits während des Rittes geladene Doppelbüchse in den Händen, aus dem Sattel und kam federnd im Ufergras auf. Sofort legte ich das schwere Jagdgewehr, das ebenfalls aus Mister Henrys Werkstatt stammt, an und zog den Hahn des ersten Laufs zurück.

So ein Krokodil zu erlegen, noch dazu, wenn es im Wasser schwimmt, ist keine leichte Sache. Die aus starken Hornschilden bestehende Panzerung des Reptils macht es gegen Wunden weitgehend unempfindlich. Zudem liegen, besonders auf dem Rücken, dicke Knochenplatten unter den bronzegrünen Hornschildern. Zwar ist mein alter Bärentöter, der Name sagt es schon, eine beachtliche Waffe, die auch ein großes Krokodil heftig zu ärgern vermag, doch war mir damit allein nicht gedient. Ein nur verwundetes Tier hätte in seiner Wut dem Beduinenjungen erst recht Schaden zufügen können. Nein, wenn ich schoss, dann musste ich dem Tier augenblicklich den Tod bringen.

Erneut schlug das Krokodil, das die Fahrt des Geästs aufgehalten hatte, seinen Schwanz gegen das Astwerk. Der Schlag musste wohl auch den Jungen gestreift haben. War es vor Schmerz oder vor Schreck, er stieß einen erstickten Schrei aus und tauchte halb ins Wasser. Dann aber schwang das Geäst in seine Ausgangslage zurück und Hassim war wieder obenauf.

Ein Auge des Krokodils im Visier, drückte ich ab. Das Reptil drehte sich zur Seite und riss das fürchterliche Maul auf, zeigte die beiden Reihen langer, kegelförmiger Zähne. Der Schwanz flog im Wasser hin und her. Schon befürchtete ich, das Ungeheuer tatsächlich nur verletzt zu haben, da lag es plötzlich still und trieb mit der Strömung davon. Also war es doch gelungen: Meine Kugel war der Bestie durchs Auge ins Gehirn gefahren!

Das Gestrüpp mit dem Jungen blieb seltsamerweise an seinem Platz, obwohl die Strömung daran zerrte. Es musste sich in einer Untiefe oder an einem im Wasser verborgenen Hindernis verfangen haben. Umso leichter würde es sein, Hassim zu retten. Was dabei allerdings störte, waren die beiden anderen Krokodile, die nebeneinander auf die Beute zuhielten und sie fast erreicht hatten.

Ich feuerte den zweiten Lauf des Bärentöters ab und erlegte das mir nähere, knapp drei Meter lange Tier auf dieselbe Weise wie das erste.

Die letzte Echse, ein mächtiges Tier von fünf bis sechs Metern, schnappte nach einem Bein des Jungen. Der war geistesgegenwärtig und riss das Bein zurück. Krachend schlugen die Kiefer der Bestie zusammen und ein Aststück zersplitterte wie ein zerbrochenes Zündholz. Die Attacke versetzte dem gesamten Geäst einen heftigen Stoß. Es löste sich aus der unsichtbaren Verankerung und trieb wieder mit der Strömung, um eine buschbewachsene Landzunge zu umrunden. Das Krokodil wendete und schwamm ihm nach.

Ich ließ die leergeschossene Büchse fallen, zum Nachladen blieb keine Zeit. Eiligst streifte ich Schesch und Haik ab und riss die beiden Revolver, die mir nur hinderlich gewesen wären, aus ihren Holstern. Mit einem Kopfsprung tauchte ich in den Fluss und schwamm mit der Strömung, so schnell ich nur konnte. Das Wasser erschien mir ungewöhnlich warm, doch hatte ich keine Muße, länger darüber nachzudenken.

Da ich ein geübter Schwimmer bin, kam ich dem Jungen rasch näher. Das Geäst und das ihm folgende Krokodil verschwanden für einige Sekunden aus meinem Blickfeld, da sie sich jenseits der Landzunge befanden. Als auch ich die Halbinsel umschwommen hatte, bot sich mir ein seltsamer Anblick. Das Wasser raste geradewegs auf einen felsigen Hügel zu, der den Fluss gurgelnd verschluckte. Es war eine Höhle, die ihn aufnahm und unter Tage durch das Felsengewirr leitete. Der Felsen selbst hatte eine lang gestreckte Form und verengte sich zur Höhle hin. Ein paar spitze Felsnadeln, die oben und unten aus dem Gestein beim Höhleneingang wuchsen, gaben dem Ganzen das Aussehen eines – ja, eines weit aufgerissenen Krokodilrachens!

Jetzt verstand ich, was der Hadschi eben mit dem ‚Maul des Krokodils' gemeint hatte. Unklar blieb mir, weshalb der Beduinenjunge nicht in die Höhle geraten sollte. Sie erschien mir weit weniger gefährlich als das große Krokodil, das jetzt zum Angriff ansetzte.

Ich war zu weit entfernt und musste hilflos mit ansehen, wie das Reptil aus dem Wasser in die Höhe schoss, wie um das Geäst und den Jungen unter sich zu erdrücken. Wieder erwies sich Hassim als ausgesprochen geistesgegenwärtig. Rechtzeitig ließ er das Tamariskengeäst los, das unter dem Aufprall der schweren Echse zerbarst. Das Wasser wurde durcheinander gewirbelt. Holzsplitter flogen nach allen Seiten durch die Luft. Das Krokodil drehte sich mit der Gewandtheit eines Zirkusartisten in dem schäumenden Nass.

Und Hassim? Hatte er sich rechtzeitig in Sicherheit bringen können? Konnte er überhaupt gut genug schwimmen, um sich in der brodelnden Gischt vor dem Höhleneingang zu bewähren?

Die Fragen schossen durch meinen Kopf, während ich weiter auf das ‚Maul des Krokodils' zuhielt. Ich musste nach dem Knaben suchen, auch auf die Gefahr hin, mit dem wütenden Reptil aneinander zu geraten. Da, ganz nah vor der Höhle, schoss ein Körper aus dem Wasser!

Es war Hassim. Er lebte, ruderte wild mit den Armen im Wasser und konnte sich doch nicht aus dem Sog befreien, der ihn ins Innere der Höhle ziehen wollte. War das die Gefahr, die der Hadschi gemeint hatte? War die Strömung dort so stark, dass sie einen Menschen dem Tageslicht auf ewig entriss?

„Die Felsnadeln, Hassim!", rief ich in der Hoffnung, das Rauschen des Wassers zu übertönen. „Halt dich fest!"

Hatte er meinen Ruf gehört? Oder handelte er rein instinktiv? Jedenfalls griff er nach einem Stalagmiten und umklammerte ihn mit Armen und Beinen.

Vor mir spritzte Wasser auf und nahm mir die Sicht. Das Krokodil hatte sich zu mir herumgeworfen, sah in mir wohl die größere und darum lohnenswertere Beute. Wieder peitschte der Ruderschwanz das Wasser, die Echse kam, obwohl sie gegen die Strömung schwamm, erschreckend schnell auf mich zu. Ich sah das hässliche Maul, weit aufgerissen, um mich zu packen.

Rasch tauchte ich, die Luft anhaltend, nach unten weg und riss das Bowieknife aus der Scheide. Auf dem zwei Pfund schweren Messer mit der unterarmlangen Klinge, die beliebteste Blankwaffe des amerikanischen Grenzers, ruhte meine ganze Hoffnung, mit heiler Haut davonzukommen. Benannt war das beachtliche Messer nach dem berühmten Texaner James Bowie, der es im Kampf mit dieser Waffe zur Meisterschaft gebracht hatte.

Mein schnelles Abtauchen hatte das Ungeheuer verwirrt. Ich sah seinen lang gestreckten Leib über mir, die Hinterfüße mit den Schwimmhäuten, die jetzt das Tier zum Stillstand brachten. Es versuchte wohl herauszufinden, wo ich mich befand. Das war der Augenblick, auf den ich gewartet hatte. Zwei, drei kräftige Schwimmstöße brachten mich rasch nach oben, direkt auf das Krokodil zu.

Mit aller Kraft rammte ich die Klinge mit der gebogenen Spitze der Echse in den Bauch, wo das Tier nicht so gut gepanzert war wie auf dem Rücken. Fast bis zum Heft drang das Bowiemesser in das Untier ein. Sofort zog ich die Klinge wieder heraus und schwamm ein paar Meter zur Seite. Gerade im rechten Moment, denn das Krokodil wälzte sich im Wasser um die eigenen Achse und hätte mich dadurch verwundet, wäre ich noch in seiner Nähe gewesen.

Sobald es wieder still lag, war ich bei ihm und schwang mich auf seinen Rücken, als wollte ich auf ihm reiten. Die Echse warf den klobigen Kopf nach hinten, um nach mir zu schnappen. Ich drückte mich flach gegen das Tier und umschlang den Hals mit beiden Armen. Als das Krokodil mich mit den Zähnen nicht erreichte, schlug es mit dem Schwanz nach mir - ebenfalls vergebens. Erneut wälzte es sich einmal um die eigene Achse, um mich auf diese Weise abzuschütteln. Das geschah so schnell, dass Wasser in meine Lungen drang. Doch ich hielt die Bestie fest umklammert und saß noch auf ihr, als sie wieder bäuchlings im Wasser lag.

Ich hustete das unfreiwillig geschluckte Wasser aus, während ich nach jenen beiden kleinen Flächen am Hinterkopf des Krokodils suchten, die nicht vom Panzer abgeschirmt und beim ‚Herrn des Wassers', neben den Augen, die verwundbarsten Stellen sind. Meine Rechte mit dem Messer stieß zu und traf eine dieser Stellen. Mühelos durchdrang die Klinge die hier weiche Haut und fuhr dem Reptil ins verlängerte Rückenmark.

Fast augenblicklich bäumte sich das verwundete Tier auf und schnellte ein gutes Stück aus dem Wasser. Ich verlor den Halt und stürzte in den Fluss. Instinktiv begann ich, mit der Strömung zu schwimmen. Das sich in heftigen Zuckungen ergehende Krokodil wühlte das Wasser mit seinen um sich schlagenden Gliedern auf und hätte mich noch im Todeskampf schwer verletzen können.

Schnell gelangte ich zu der Höhle, wo ich es dem Beduinenjungen nachtat und mich an einer Felsnadel festhielt. Während das Krokodil wie von Sinnen durchs Wasser wirbelte, wandte ich mich Hassim zu. Er schien, ein kleines Wunder, gänzlich unverletzt zu sein.

„Kaif hâlak - wie geht es dir?", rief ich zu ihm hinüber.

„Ich bin gesund", lautete seine Antwort, während der er mich mit seltsamem Blick musterte, in dem sich Bewunderung und Furcht mischten. „Sag, bist du ein Madschusi[1], dass du den ‚Herrn des Wassers' mit der bloßen Hand tötest?"

„Nein. Ich kann nicht zaubern und habe das Krokodil auch nicht mit der bloßen Hand getötet, sondern mit einem Mûs[2]."

„Das bleibt sich gleich", meinte Hassim, schon weniger furchtsam. „Kein gewöhnlicher Mann kann

[1] Magier [2] Messer

den ‚Herrn des Wassers' ohne eine starke Lanze oder eine schwere Keule töten. Da, sieh doch, das Leben verlässt den ‚Herrn des Wassers'!"

Hassim war so aufgeregt, dass er seinen Halt lockerte und mit einem Arm zu dem Krokodil zeigte, dessen unkontrollierte Bewegungen schwächer und schwächer wurden. Schließlich lag es still im Wasser und wurde von der Strömung auf uns zu getrieben. Selbst jetzt, wo das Tier tot oder dem Tod doch sehr nah war, wirkte es erschreckend. Selten hatte ich ein Krokodil von dieser Größe gesehen und schon gar nicht hatte ich solch ein Tier hier mitten in der Sahara vermutet.

Zwar gibt es Berichte von Krokodilen, die man an Wasserstellen in der Sahara gefunden hat, doch handelt es sich dabei meist um kleinere Tiere. Was nicht verwundert, wenn man bedenkt, dass ein Krokodil seine Nahrung für gewöhnlich im Wasser sucht, von dem es in der Sahara bekanntlich nicht so viel gibt. In der Wissenschaft ist man der Ansicht, dass die Saharakrokodile Relikte einer vergangenen Zeit sind, als in diesem Landstrich ein feucht-tropisches Klima herrschte. Mit der zunehmenden Verwüstung wurde ihnen der Weg in andere Gebiete abgeschnitten und sie mussten sich in immer kleinere Gewässer zurückziehen. Die Existenz gleich dreier Krokodile inmitten des Schwarzen Landes war also nicht unerklärlich, die Größe der Tiere aber gleichwohl verwunderlich. An Nahrungsmangel durften sie nicht gelitten haben.

Der lange, schwere und jetzt reglose Krokodilsleib drehte sich im Strudel vor dem Höhleneingang. Der Anblick ließ mich bei dem Gedanken an den überstandenen Zweikampf noch im Nachhinein erschauern.

Wie leicht hätte ich anstelle des Krokodils dort treiben können, von der Urgewalt der Bestie zerstückelt!

Blut sickerte aus der Kopfwunde, in der noch immer mein Messer steckte. Mit dem Hinterteil voran wurde der ‚Herr des Wassers' in die Höhle gezogen und mit ihm verschwand mein Bowieknife im ‚Maul des Krokodils'.

„Der ‚Herr des Wassers' ist tot, Hassim und Kara Ben Nemsi aber leben!", scholl es da vom Ufer herüber, wo sich Yussuf, die jüngere Frau und der kleine Hadschi eingefunden hatten. Letzterer war es, der laut sprach und dabei die Hände erhob. „Gepriesen sei Allah, Er Rahman, El Muhaimin, El 'Aziz, El 'Azim, El Qawi, El Mumit - Der Allbarmherzige, Der Beschützer, Der Mächtige, Der Großartige, Der Starke, Der Tötende!"

Während der Hadschi seiner Erleichterung Luft machte, indem er einige von den neunundneunzig Namen Allahs aufzählte, gab sich der treue Yussuf einer praktischeren Betätigung hin. Er hatte das Seil, das zu seiner Ausrüstung gehörte, vom Kamelsattel gelöst und an den Stamm einer sich schräg über den Fluss neigenden Akazie gebunden. Jetzt warf er das andere Ende, das er zu einer Schlinge gebunden hatte, zu uns herüber, bis Hassim es beim siebten oder achten Versuch zu fassen bekam.

„Leg dir die Schlinge um die Schulter, Hassim, und dann halt dich mit beiden Händen am Seil fest!", rief ich dem Jungen zu.

So geschah es und Hassim stürzte sich in den Fluss. Yussuf und der Hadschi zogen ihn mit vereinten Kräften an Land, wo die Frau den Jungen ebenso herzte, wie sie es vorhin mit dem Mädchen getan hatte. Yussuf warf mir das Seil zu und ich benutzte die Hilfe gern. Die starke Strömung unmittelbar vor dem ‚Maul des Krokodils' konnte selbst einem geübten Schwimmer gefährlich werden. Halb schwamm ich, halb ließ ich mich ziehen und erreichte das Ufer ebenso glücklich wie zuvor Hassim.

Erschöpft setzte ich mich hin, lehnte den Rücken gegen den Stamm der Akazie und ließ meinen Blick über dieses trügerische Paradies schweifen. Das Grün rings um den Fluss wirkte nach dem langen Ritt durch Sand- und Schuttwüste kostbar und lieblich und doch war mir dieser Ort gefährlicher geworden als die so lebensfeindlich erscheinende Wüste. Ich dankte dem Schutzengel, der einmal mehr seine Hand über mich gehalten hatte.

Der Hadschi baute sich vor mir auf.

„Schuft b-'ayûni, wallahi - ich sah es mit meinen eigenen Augen, bei Gott! Und niemals zuvor und niemals wieder wird ein Mensch einen solchen Kampf sehen, wie du ihn dem ‚Herrn des Wassers' geliefert hast, o Kara Ben Nemsi. Nur ein Krieger vom Stamm der Nemsi, dessen Kinder und Greise tapferer sind als en Nimr[1] und ed Dîb[2], kann den ‚Herrn des Wassers' mit nichts als einem Mûs besiegen. Zu Recht hallt der Ruhm der Nemsi weithin über Berge und Meere und nach diesem Kampf wird er noch wachsen. Ich selbst werde verkünden, was meine Augen heute sahen, solange Allahs Atem meinen Leib durchweht. Und meine Stimme wird an allen Feuern vom Maghreb[3] bis nach Misr[4] mit großer Aufmerksamkeit vernommen werden, denn ich bin Hadschi..."

[1] Panther [2] Wolf

[3] Wörtlich ‚Sonnenuntergang'; das Wort bezeichnet auch die Länder Nordwestafrikas.

[4] Ägypten

„Halef!“, unterbrach ihn die junge Frau. „Hilf mir, Hassim zum Lager zu tragen! Wir müssen ihn rasch in trockene Decken hüllen.“

„Na'am, ya sihda, el ân – ja, Herrin, sofort“, antwortete der Hadschi, raffte seinen durchnässten Burnus und eilte zu der Beduinin.

Sie mochte sechs- oder siebenundzwanzig Jahre zählen, war von nicht zu schlanker Gestalt und mittlerer Größe. Sie trug ein rotes Gewand, das ihre rechte Schulter freiließ. Die bloße Schulter und das unverschleierte Gesicht setzten mich nicht in Erstaunen, denn im Allgemeinen nehmen es die Frauen der Beduinen mit dem Verhüllen ihrer Schönheit nicht so genau wie ihre Glaubensschwestern in den Städten. Tatsächlich ist den Worten des Propheten eine Pflicht zum Tragen des Schleiers nicht eindeutig zu entnehmen. Wo sich die Verschleierung durchgesetzt hat, sind wohl mehr soziale und abergläubische Gründe ausschlaggebend gewesen.

Wer das Gesicht der rotgewandeten Beduinin betrachtete, musste dankbar sein, dass sie es nicht verhüllte. Selten hatte ich so ausdrucksstarke Züge gesehen, stolz und selbstbewusst, zugleich aber von weiblicher Sanftmut, vom harten Leben im Schwarzen Land gezeichnet und doch fröhlich in die Zukunft blickend. Rabenschwarzes Haar, zu dicken Zöpfen geflochten, reichte bis auf ihre Schultern. Es umrahmte ein leicht längliches Antlitz mit schmalen Augen, ausgeprägten Wangenknochen und einer Nase, die ein Europäer wohl als ein wenig zu lang und zu breit empfunden hätte. Das Gesicht der Beduinin aber erhielt dadurch jene Ausdruckskraft, wie sie bloß einer Sihda, einer Herrin, zu Eigen sein konnte. Sie trug nur wenig Schmuck, kleine silberne Ohrringe und einen Halsring mit einem silbern schimmernden Anhänger, was ihre natürliche Schönheit noch unterstrich.

Als die Beduinin und der Hadschi den tropfnassen Jungen zurück zum Zelt brachten, blieben sie kurz bei mir stehen, und die Frau sagte:

„Folge uns, Mann aus der Fremde, auch für dich soll gesorgt werden. Du hast meinem Sohn das Leben gerettet. Hassims Mutter und auch sein Vater werden dir dafür auf ewig dankbar sein!"

„Bist du die Mutter Hassims?", fragte ich.

„Na'am, ismî Chudra - ja, ich heiße Chudra."

Sie ging mit dem Hadschi und ihrem Sohn weiter zu dem fast einen Kilometer entfernten Zelt.

Yussuf hatte unsere Kamele mit sich geführt. So konnte ich mich an Ort und Stelle trockenreiben und mir auch trockene Kleider anziehen, bevor wir zu dem kleinen Lager ritten. Unterwegs hielten wir an der Stelle, wo ich ins Wasser gesprungen war, um meinen Haik, meinen Schesch, die Revolver und den Bärentöter einzusammeln.

Die beiden Krokodile, die ich mit der Büchse erlegt hatte, waren verschwunden. Vermutlich mit der Strömung abgetrieben zu ihrem riesenhaften, versteinerten Vetter und verschluckt vom ‚Maul des Krokodils'.

9. Der Stamm der Entehrten

Am Himmel kreisten die schwarz-weiß gefiederten Schemen einiger Steinschmätzer und dicht neben meinem Hedschîn huschte ein spitznasiger Wüstenigel durchs üppige Grün des Ufergrases. Während die Kamele uns flussaufwärts trugen, wanderte mein Blick zum wiederholten Mal ungläubig über die wunderliche Landschaft, die einem Traumgebilde glich. Der von Dattelpalmen, Akazien, Tamarisken, Zypressen und Brustbeersträuchern gesäumte Fluss schien inmitten der unwirtlichen schwarzen Felsen zu entspringen und verschwand auch wieder im Felsgestein, als habe der Weltenschöpfer ihn nur zum Beweis seiner Allmacht über das Plateau von Tademait fließen lassen. Dazu die großen, für diese Gegend vollkommen ungewöhnlichen Krokodile. Hätte mir ein Reisender davon berichtet, hätte ich an seinem Verstand gezweifelt und seine Stirn nach Fieberhitze befühlt.

„Effendi, haben wir die Oase des Scheitans gefunden?“, übertönte Yussufs Stimme das Rauschen des Flusses und die hellen Rufe der Vögel.

„Zumindest sind wir nicht weit von ihr entfernt.“

„Allahu akbar! Vor einer Stunde noch riet ich dir zum Umkehren. Du aber, o Kara Ben Nemsi Effendi, wusstest, dass wir auf diesen Fluss stoßen würden. Gesegnet sei deine Klugheit, gepriesen deine Zuversicht!“

„Halt ein!“, lachte ich. „Es reicht, wenn der Hadschi mit den kurzen Beinen und der langen Flinte Lobpreisungen auf mich singt. Im Übrigen war ich mir gar nicht sicher, was wir finden würden. Mit Wasser hatte ich fest gerechnet, aber nicht mit solch einem reißenden Fluss. Du siehst also, dass meine Zuversicht größer war als meine Klugheit.“

„Zuversicht ist wichtiger als Klugheit, denn Allah ist mit denen, die ihm vertrauen. Vielleicht hat er dein

Vertrauen belohnt und uns nach El Dschanna[1] geführt."

„Der Prophet beschreibt das Paradies als einen Ort, wo Ströme von Wasser, von Milch, von Wein und von reinem Honig fließen, wo es eine Fülle an Früchten und Fleisch gibt. Aber dass der gefräßige ‚Herr des Wassers' durch die Gärten der Wonne schwimmt, muss er vergessen haben zu erwähnen."

Bestürzung trat auf Yussufs Gesicht.

„Effendi, du lästerst wider den Propheten!"

„Nein, Yussuf. Ich will dir nur begreiflich machen, dass dies hier nicht das Paradies ist, sondern ein höchst gefährlicher Ort. Nicht umsonst waren die Beni Hammada, die uns vorhin begegnet sind, bis an die Zähne bewaffnet. Und die ‚Herren des Wassers' sollten auch den letzten Leichtfertigen zur Vorsicht ermahnen!"

Vor uns tauchte das Zelt auf und jetzt erst bemerkte ich die dahinterliegende Koppel, der ein paar Dattelpalmen Schatten spendeten. Man hatte zur Einzäunung der träge grasenden Pferde und Esel ein paar Seile um die Baumstämme gezogen. Die rückwärtige Absperrung wurde von einer dunklen Felswand gebildet. Das Ganze machte auf mich den Eindruck eines vorläufigen Rastplatzes, nicht aber eines festen Lagers.

Das Zelt stand zum Fluss hin offen, die Stoffbahnen waren hochgeklappt und auf Stangen befestigt. Halb im Schatten des Zeltes verborgen, ruhte Chudra auf mehreren Kissen. Sie hielt in jedem Arm eins der in Decken gewickelten Kinder, wiegte sich mit den Kleinen sanft hin und her und summte ihnen eine leise Melodie vor. Das Mädchen musste ihre Tochter sein,

[1] Wörtlich ‚der Garten'; Bezeichnung für das Paradies

so ähnlich war das Gesicht der Kleinen dem Hassims.

Ein Stück weiter vorn, schon im Sonnenlicht, hockte der Hadschi mit übereinander geschlagenen Beinen und rieb mit einem Lappen an seiner feucht gewordenen Flinte herum. Da ich die ältere Frau nicht erblickte, vermutete ich sie im hinteren Zeltbereich.

Der Diener Halef sprang auf, lief uns entgegen und war uns beim Absitzen behilflich. Er führte die Tiere hinter das Zelt und versprach, sie mit Futter zu versorgen. Chudra winkte uns und wir betraten das Zelt. Mein Eindruck, dass dies nur ein vorübergehender Aufenthaltsort war, wurde bestätigt, als ich mich im Zeltinnern umsah. Ich entdeckte nur den notdürftigsten Hausrat, nichts, was über den Bedarf eines Tages hinausging.

Chudra entblößte ihre ebenmäßigen Zähne zu einem Lächeln.

„Ahlan wa sahlan bikum - fühlt euch herzlich willkommen!"

Ich führte die rechte Hand an Herz und Stirn.

„Ahlan bikum, ya sihda el chaima - ich fühle mich willkommen, o Herrin des Zeltes. Hab Dank für deine Gastfreundschaft. Wie geht es deinen Kindern?"

„Bi chair, el hamdullilah - gut, Allah sei Dank! Und natürlich auch dank dir, Effendi vom berühmten Stamm der Nemsi. Ohne deinen starken Arm, deine Donnerbüchse und dein schnelles Messer hätten die ‚Herren des Wassers' Hassim verschluckt." Offenbar hatte der umtriebige Hadschi fleißig die Werbetrommel für mich gerührt. Chudra stand auf und streckte mir ihre feingliedrigen Hände entgegen. „Die Beni Hammada lieben die Fremden nicht, aber wie sollte ich den Retter meines Sohns nicht lieben? Du sollst mir fortan wie ein Bruder sein, o Kara Ben Nemsi. Und wer immer im Land der Beni Hammada deinen Namen nennt, soll El Zagal[1] zu dir sagen!"

Ich ergriff ihre Hände.

„Dein Dank ist willkommen, aber nicht erforderlich, ya uchtî – o meine Schwester."

Sie wandte sich um und rief einen Namen:

„Lutel!"

Die ältere Frau, wohl eine Dienerin, kam mit zwei Messingbechern, die randvoll mit Lagbi gefüllt waren. Kurz dachte ich an die unangenehme Erfahrung mit Murad Abbasi, doch konnte ich keinen Grund erkennen, weshalb Chudra Yussuf und mich in eine Falle hätte locken sollen. Ihr Lächeln war ehrlich, ihre Dankbarkeit aufrichtig. Wir tranken den Dattelsaft und setzten uns auf Chudras Aufforderung zu ihr und den Kindern. Ich erkundigte mich, wie es zu dem Unglück gekommen war.

„Hassim und Hassiba kletterten im Spiel auf eine Tamariske, die nah am Fluss steht und ihr Astwerk bis über das Wasser ausbreitet. Das Geäst hielt dem Gewicht der beiden Kinder nicht stand. Der Teil, auf dem sie saßen, brach ab und fiel mit ihnen ins Wasser. Die ‚Herren des Wassers' erschienen wie aus dem Nichts, als hätten sie der Beute aufgelauert. Halef schoss mit seinem Tüfenk auf sie, aber die ‚Herren des Wassers' wurden durch ihre starken Panzer geschützt."

„Hat auf die Kinder niemand Acht gegeben, der sie am Erklettern des Baums hätte hindern können?"

Chudra zog ihre Stirn in Falten, als hätte sie meine Frage nicht richtig verstanden.

[1] Der Tapfere

„Halef, Lutel und ich haben sie auf dem Baum gesehen. Warum hätten wir sie nicht hinaufklettern lassen sollen? Man kann Kinder nicht festbinden. Und die Tamariske sah stark und fest aus."

„Selbst dann würde ich Kinder nicht in der Nähe eines Flusses spielen lassen, in dem die ‚Herren des Wassers' schwimmen", sagte ich, verwundert über Chudras Leichtfertigkeit.

„Aber wir wussten nicht, dass die ‚Herren des Wassers' hier schwimmen! Seit mehr als einem Menschenalter haben sie das ‚Maul des Krokodils' nicht mehr verlassen."

Was Chudra zu ihrer Entschuldigung vorbrachte, vergrößerte meine Verwirrung noch.

„Du hast also gewusst, dass es Krokodile in der Höhle gibt?"

„Ja, das weiß jeder im Bilad el Aswad." Sie zeigte zum Fluss, stromabwärts. „Die ‚Herren des Wassers' leben hinter jenen Felsen. Das ‚Maul des Krokodils' bildet die Grenze zu ihrem Reich. Seit wir ihnen regelmäßig Opfer darbringen, bleiben sie in ihrem Land. Wie sollte ich wissen, dass sie es ausgerechnet heute verlassen, ya achî – o mein Bruder?"

„Ich kenne das Bilad el Aswad und die hiesigen Gepflogenheiten nicht, Chudra. Erzähl mir bitte mehr über die Opfer, die ihr den ‚Herren des Wassers' bringt!"

Chudra lehnte sich in den Kissen zurück und streichelte über die Köpfe ihrer Kinder, die, da war ich mir inzwischen sicher, Zwillinge waren.

„Schon lange leben die Beni Hammada in diesem Land, doch schon vor ihnen waren die ‚Herren des Wassers' hier. Diese verübelten den Beni Hammada das

Eindringen und zur Strafe fraßen sie Männer und Frauen, Greise und Kinder. Wer immer in die Nähe eines Gewässers kam, musste damit rechnen, von den ‚Herren des Wassers' in die Tiefe gezerrt zu werden. So ging es über Jahre, Jahrzehnte und Jahrhunderte und die ‚Herren des Wassers' wurden immer gefräßiger. Bis unser Scheik Baschar Rustem – Allah preise seine Klugheit – in seiner Jugend beschloss, den ‚Herren des Wassers' regelmäßig Opfer zu bringen. Immer wenn der Mond sich rundet, führen die Beni Hammada zwanzig Tiere zum ‚Maul des Krokodils'. Die Strömung treibt die Opfer in den Felsen und die ‚Herren des Wassers' danken es uns, indem sie uns verschonen."

Der Bericht war für mich überaus aufschlussreich. Wenn die Krokodile schon seit Jahrhunderten hier lebten, bestätigte das meine Vermutung, dass sich die Reste einer einstmals über weite Teile der Sahara verbreiteten Echsenbevölkerung in diese feuchte Insel inmitten der unwirtlichen Steinwüste zurückgezogen hatten. Die Furcht der Beduinen vor den ‚Herren des Wassers' und die sich daraus ergebende Opferbereitschaft hatten den Krokodilen in den letzten Jahren wohl ein Übermaß an Nahrung beschert. Wahrscheinlich hatten sie sich dadurch so gut vermehrt, dass ihnen die Opfertiere nicht mehr ausreichten. Daher wagten sie sich jetzt in den Fluss hinaus, um weitere Beute zu machen. Schließlich hatte man sie daran gewöhnt, am ‚Maul des Krokodils' mit Fleisch versorgt zu werden.

„Vielleicht haben die Beni Hammada die ‚Herren des Wassers' verärgert", fuhr Chudra fort. „Anders kann ich mir nicht erklären, dass sie Hassim und Hassiba fressen wollten."

Der Hadschi betrat das Zelt und sagte:

„Vielleicht ist Weißkopf schuld daran. Mag sein, er hat die drei ‚Herren des Wassers' ausgesandt, weil ihm die letzten Opfer nicht genügt haben. Vielleicht hatten die ‚Herren des Wassers' sich aber auch gegen ihren Oberherrn aufgelehnt und er hat sie aus seinem Reich verdrängt. Nur Allah weiß es. Aber wir können froh sein, dass Weißkopf nicht selbst in den Fluss geschwommen ist."

„Ja, Halef, das können wir", seufzte Chudra.

„Wer ist dieser Weißkopf?", fragte ich.

Der Hadschi sah mich mit dem Ausdruck höchsten Erstaunens an.

„Maschallah, ist's möglich, du hast noch nie etwas von Weißkopf gehört, o Kara Ben Nemsi?"

„Nein."

„Aber Weißkopf ist berühmt und gefürchtet, er ist riesengroß, stark wie hundert Krieger und unbesiegbar!"

„Mag sein", sagte ich ruhig. „Aber da ich fremd in diesem Land bin, höre ich den Namen jetzt zum ersten Mal."

„Dann höre und staune, Effendi, was ich dir über Weißkopf berichte", deklamierte der Hadschi im Tonfall eines Märchenerzählers. „Wenn du meinst, jemals einen großen ‚Herrn des Wassers' gesehen zu haben, so ist Weißkopf noch zehnmal größer. Allein sein Schwanz ist so groß wie die drei von dir getöteten Krokodile zusammengenommen. Seine Zähne sind so lang wie die Felsnadeln am ‚Maul des Krokodils'. Mit einem Bissen verschlingt er ein ganzes Dschemel[1] und mit einem Schlag seines Schwanzes bringt er einen Berg zum Einsturz. Er herrscht über alle ‚Herren des

[1] Kamel

Wassers‘ und ist so alt wie die Welt. Sein mächtiges Haupt ist weiß wie das Fell des reinsten Schimmels, woher sein Name rührt.“

Forschend sah Halef mich an, als wartete er darauf, mich in Ehrfurcht erstarren zu sehen.

Ich aber trank gemütlich einen Schluck Lagbi und sagte:

„Deine Beschreibung ist so anschaulich, o Freund des treffenden Worts, dass du dem obersten ‚Herrn des Wassers‘ schon viele Male ins weiße Angesicht geschaut haben musst.“ Ganz bewusst nahm ich mir seine blumige Ausdrucksweise zum Vorbild und war gespannt, wie er darauf reagieren würde.

Nervös spielte er mit seinen wenigen Barthaaren.

„Aber wie kann ich das, Effendi? Ich bin erst seit einem Jahr bei den Beni Hammada. Du hast doch gehört, dass die ‚Herren des Wassers‘ sich seit einem Menschenalter nicht mehr gezeigt haben.“

Ich tat höchst verwundert:

„Wenn das so ist, wie kannst du diesen Weißkopf dann so genau beschreiben?“

„Jeder hier weiß, wie Weißkopf aussieht. Abends am Lagerfeuer erzählt man sich von ihm und nennt seinen Namen nur flüsternd, um nicht seinen Zorn herauszufordern. Ist es nicht so, ya sihda?“ Sein auf Chudra gerichteter Blick wirkte wie ein stummes Flehen um Beistand.

„Halef spricht wahr. Scheik Baschar Rustem hat Weißkopf noch mit eigenen Augen gesehen. Von allen ‚Herren des Wassers‘ war der mit dem weißen Haupt der gefräßigste und räuberischste.“

Das mochte sein, dachte ich, aber Furcht und Ehrfurcht vor dem Tier hatten seine Größe und Stärke wohl im Lauf der Jahre ins Unermessliche gesteigert. Eine unsichtbare Gefahr ist stets die schrecklichste und so hatten die Beni Hammada aus dem weißköpfigen Krokodil ein Ungeheuer gemacht, einen Dschinn[1] des Wassers.

Auf einen Wink Chudras setzte Halef sich zu uns und ich stellte einige Fragen über die Beni Hammada. Zwar hatte der Hadschi ein schnelles Mundwerk, aber ich merkte, dass er sich oft durch einen Blick auf seine Herrin vergewisserte, was er antworten durfte. Ich erfuhr weniger über den Stamm der Entehrten, als mir lieb war.

Die Beni Hammada lebten auf dem Plateau von Tademait und in seinen Randgebieten. Sie hatten verschiedene Lagerplätze und Weidegründe für ihre Herden, deren Zentrum eben hier lag, inmitten von Tademait, wo ein gütiger Schöpfer für ein Übermaß an Wasser gesorgt hatte. Da sie nur in einem bestimmten Gebiet umherzogen und immer wieder an dieselben Plätze zurückkehrten, mussten die Beni Hammada als Halbnomaden bezeichnet werden. Dieses Gebiet bildete vermutlich nicht nur wegen seines Wasserreichtums den Lebensmittelpunkt der Beduinen. Sie hatten inmitten der Steinwüste wohl auch etwas zu bewachen - die Oase des Scheitans?

Darüber schwiegen Halef und Chudra sich aus wie über alles, was die Geschichte der Beni Hammada betraf. Ich erfuhr nur, dass der Hadschi und Lutel keine gebürtigen Beni Hammada waren, weshalb sie nicht die rote Kleidung trugen und weshalb Halef einen, wenn auch außerordentlich kümmerlichen, Bart pflegte.

[1] Geist, Dämon

Die Neugier Halefs und seiner Herrin war ebenso groß wie die meine. Immer wieder musste ich von meiner Heimat erzählen, dem vermeintlichen Land der Nemsi, von den Zelten aus Stein, den vielen Flüssen und Seen und von den großen Eisenkarawanen, wie sie die Eisenbahnen nannten, die Chudra nur vom Hörensagen kannte, die Halef aber in Algier schon mit eigenen Augen bestaunt hatte. Er und Kamal Ben Baschar Rustem waren, wie von mir vermutet, mit einer Handelskarawane, wie sie die Beni Hammada einmal im Jahr nach Norden schickten, in Algier gewesen und erst vor wenigen Tagen zurückgekehrt.

Halef erkundigte sich nach meinem Bärentöter, den er – zu Recht – als einzigartige Waffe lobte.

„Ich habe mit meinem Tüfenk gut gezielt, aber die ‚Herren des Wassers' haben eine so dicke Haut, dass eine Kugel für sie nicht mehr ist als der Stich einer Mücke."

„Wenn du schon zur Bewachung von Chudra und den Kindern hier zurückgeblieben bist, hätten die Beni Hammada dir ein besseres Bahruhde[1] hier lassen können", meinte ich.

An Halefs seltsamem Blick erkannte ich, dass meine Bemerkung ihn verwirrte.

„Wie das, Effendi? Die Beni Hammada benutzen keine Feuerwaffen, weil diese von Fremden stammen. Mein Tüfenk ist das einzige Bahruhde im ganzen Bilad el Aswad. Ausgenommen deine Waffen und die der fremden Ulema."

Ein mahnender Blick Chudras und Halef biss auf seine Unterlippe. In der Tat hatte er eben etwas gesagt, das meine Aufmerksamkeit weckte. Auch Yus-

[1] Gewehr

suf richtete sich mit neu erwachtem Interesse auf, überließ es aber weiterhin mir, die Unterhaltung zu führen.

‚Ulema' ist die Mehrzahl von ‚Alim', der arabischen Bezeichnung für einen Gelehrten. Fremde Gelehrte inmitten des Schwarzen Landes - das konnte nur die Expedition von Professor Pioche sein. Unvermittelt waren wir auf die Spur jener gestoßen, derentwegen wir die lange Reise von Algier bis in dieses unbekannte Land unternommen hatten. Gerade wollte ich mich näher nach diesen Fremden erkundigen, da erregte Hufgetrappel und Pferdegewieher unsere Aufmerksamkeit. Wir sprangen auf und gingen, Halef allen voran, unter das Zeltvordach.

Kamal Ben Baschar Rustem kehrte mit seinem Reitertrupp zurück. Die Beduinen zügelten ihre Pferde vor dem Zelt. Ihr Anführer stieg aus dem reich verzierten Sattel und wurde von Chudra und den Kindern freudig umringt. Lachend umarmte er die Frau und erst in diesem Augenblick begriff ich, dass Chudra mit Kamal verheiratet war.

„Der Fremde, der Rumi!", erscholl eine tiefe Stimme. „Er ist in unser Land eingedrungen und hat sich ins Lager geschlichen. Allah verfluche den Frevler!"

Der Rufer war ein großer, kräftiger Beduine, dessen Statur an den Messerschmied in Bu Saada erinnerte. Er setzte seinen Hellbraunen in Bewegung und ritt auf mich zu. In der rechten Hand schwang er eine langstielige Streitaxt mit halbmondförmiger Klinge. Sein auf mich gerichteter Blick voller Abscheu und Zorn ließ keinen Zweifel daran aufkommen, dass er mit der Waffe meinen Schädel spalten wollte. Mir wäre Zeit genug geblieben, ihn mit einem Revolverschuss aus dem Sattel zu holen. Doch war mir nicht daran gelegen, das Blut eines Beni Hammada zu vergießen. Deshalb tat ich, womit der Angreifer wohl am wenigsten gerechnet hatte: Ich sprang ihm entgegen.

Jetzt musste er früher zuschlagen, um mich zu treffen, was das richtige Anbringen des Schlages erschwerte. Ich duckte mich rechtzeitig und der stählerne Halbmond zerteilte nur die Luft. Mit beiden Händen packte ich den rechten Unterschenkel des Beduinen, riss den Fuß aus dem Steigbügel und warf den Mann mit einem ruckartigen Schwung aus dem Sattel. Das Pferd lief noch ein Stück weiter, bevor es überrascht anhielt und sich zu uns umwandte.

Da saß ich bereits rittlings auf dem am Boden liegenden Beni Hammada und entwand ihm die Axt, die ich in hohem Bogen fortwarf. Er wollte meinen Hals mit seinen großen Händen umklammern, ich aber presste meine Knie gegen seine Schultern. Der schmerzhafte Druck ließ seine Kraft bald erlahmen und ich hielt seine Hände an den Gelenken fest. Wehrlos wie ein Kind lag der starke Beduine unter mir. In seinem Gürtel steckten Schwert und Dolch, aber er kam nicht an die Waffen heran.

Kamal Ben Baschar Rustem trat mit gezogenem Schwert neben mich. Im Sonnenlicht blitzte die Stahlklinge, die sich zur Spitze verjüngte. In ihren breiteren Teil waren geometrische Muster und ein Krokodil mit langem Schwanz eingraviert.

„Du wagst es, Amram in den Staub zu werfen, einen meiner besten Krieger?“, fauchte Kamal mich an. „Das ist eine Beleidigung sondergleichen. Weißt du nicht, dass Mohammed die Beleidigung eines Gläubigen mit der Todesstrafe belegt hat? Ich könnte dich auf der Stelle für deinen Frevel erschlagen!"

Während ich noch immer den stöhnenden und schwitzenden Amram festhielt, erwiderte ich Kamals Blick.

„Ich weiß nicht, was ich bei dir mehr bemängeln soll, o Kamal Ben Baschar Rustem, deine Kenntnis von den Worten des Propheten oder dein Augenlicht. Soweit ich weiß, sind neununddreißig Streiche mit der Rute die Höchststrafe für eine Beleidigung. Das hat der berühmte Imam[1] und Rechtsgelehrte Abu Hanifa gesagt."

„Aber Mohammed hat gesagt, einen Moslem zu beleidigen, heißt, gegenüber Allah ungehorsam zu sein! Was wiegt schwerer, das Wort des Propheten oder das eines Gelehrten?"

„Auf diese Frage kommt es nicht an. Ich habe mich nur meiner Haut gewehrt. Das ist wohl kaum eine Beleidigung für Amram, der mich grundlos angegriffen hat. Wenn er wirklich ein großer Krieger ist, hoffe ich, er fällt nicht bei jedem Kampf so leicht aus dem Sattel."

Zustimmende Rufe aus den Reihen der Beni Hammada wurden laut, was Kamals Eifer noch verstärkte.

„Grundlos? Du hast meinen Befehl missachtet und hast dich in mein Zelt eingeschlichen, Rumi! Was ich dir vorhin sagte, hat sich einmal mehr als wahr erwiesen: Fremde bringen den Beni Hammada nur Ärger, aber nichts Gutes!"

Halef trat vor und sagte:

„Verzeih, o Kamal Ben Baschar Rustem, aber in diesem besonderen Fall unterliegt dein sonst so scharfer

[1] Vorbeter

Verstand einem verhängnisvollen Irrtum. Dieser Effendi vom berühmten Stamm der Nemsi hat..."

„Uskut - schweig!", fuhr Kamal dem Hadschi über den Mund. „Was redet ein Diener, ein Fremdling, wenn ein Beni Hammada spricht? Wir haben dich in der Wüste aufgelesen und bei uns aufgenommen. Zeig mir nicht, dass diese Gnade ein Fehler war!"

Chudra, ihre Kinder im Arm, kam zu ihrem Gemahl.

„Es war kein Fehler, mein Gebieter. Halef und diesem Mann vom Stamm der Nemsi, der ab heute unter allen Beni Hammada El Zagal genannt werden soll, haben wir die Rettung unserer Kinder zu verdanken. Ohne Halef wäre Hassiba im Fluss ertrunken, ohne Kara Ben Nemsi el Zagal wäre Hassim von den ‚Herren des Wassers' verschlungen worden. Das Glück unserer Liebe wäre auf immer entschwunden!"

Fassungslos glitt Kamals Blick von einem zum anderen, von seinem Weib über seine Kinder und Halef zu mir und dann wieder zurück zu Chudra. Anfangs schien er empört, dass nun auch seine Gemahlin in aller Öffentlichkeit das Wort gegen ihn erhob. Dann aber begriff er allmählich und mit leiser Stimme fragte er:

„Chudra, ist das wahr?"

„Es stimmt, wallahi!", bekräftigte sie und erzählte, was sich zugetragen hatte.

Während Chudra sprach und die Gesichter Kamals sowie seiner Männer länger und länger wurden, gab ich Amram frei und richtete mich auf. Ich hatte den Eindruck, weder von dem Krieger noch vom Sohn des Scheiks etwas befürchten zu müssen. Als ich Amram aber eine Hand hinstreckte, um ihm aufzuhelfen, wandte er sich, einen verächtlichen Laut ausstoßend, zur Seite.

Chudra hatte ihren Bericht noch nicht ganz beendet, da wurde sie von Kamal und den anderen mit hundert Fragen nach jeder Einzelheit bestürmt. Wie groß die ‚Herren des Wassers' gewesen seien, wie stark der Strudel vor dem ‚Maul des Krokodils', ob ich wirklich auf einem ‚Herrn des Wassers' geritten sei und ob Halefs Kugeln nicht vielleicht doch ihren Teil zum Erlegen der Echsen beigetragen hätten.

„Wendet euch mit diesen Fragen an Halef", beschied Chudra. „Niemand ist besser als er dazu geeignet, sie in aller Ausführlichkeit zu beantworten. Dir aber, mein Gebieter, sei gesagt, dass jedes Wort aus meinem Mund die Wahrheit war und dass ich Kara Ben Nemsi el Zagal seit heute meinen Bruder nenne. Mag er an einen anderen Gott glauben als wir oder mag er Allah mit anderem Namen bezeichnen, nur der Allbarmherzige kann ihn zu uns gesandt haben, um unseren Sohn vor den ‚Herren des Wassers' zu erretten!"

Selten hatte ich eine Moslemin so mit ihrem Mann sprechen hören. Die Frauen der Beni Hammada mussten einen außergewöhnlichen Einfluss auf ihre Männer haben, oder zumindest im Fall von Chudra und Kamal verhielt es sich so.

Der Sohn des Scheiks sah mich lange durchdringend an und mir war, als wollte er seinen Blick mit meinem verschmelzen. Schließlich steckte er das Schwert zurück in die prächtig verzierte Scheide und sagte:

„Anâ âsif – es tut mir leid, Kara Ben Nemsi el Zagal. Ich sprach heute zu dir von einem halb blinden Ichtijahr, aber ich war blinder als der älteste Greis. Allah sandte meinem Sohn einen Schutzengel, und um mich zu prüfen, erwählte er einen Rumi für diese Aufgabe. Ich wollte dich fortschicken, und hättest du auf mich gehört, wäre Hassim jetzt tot. Allah sei gepriesen, dass du meinem Befehl zum Trotz weitergeritten bist. Sag mir, welcher Dank deiner Tat angemessen ist!"

„Nicht um des Dankes willen habe ich Hassim geholfen, sondern weil ein Mensch in Not war. Ich tat nur das, was eines Christen Pflicht ist. Außerdem hat die Zierde deines Zeltes mich Bruder genannt. Das ist mehr als Dank genug für mich."

„Deine Worte sprechen für dich, wie es dein ehrliches Gesicht und dein fester Blick tun, Kara Ben Nemsi el Zagal. Am meisten hast du aber durch deine Tat gezeigt, dass man einen Rumi nicht wegen seines Glaubens verachten soll. Nur selten nehmen die Beni Hammada Fremde bei sich auf und noch nie haben sie es mit Menschen anderen Glaubens getan. Du und dein Begleiter aber seid in unser Duar eingeladen. Kommt mit uns! Aber wir müssen uns beeilen. Ich habe meinem Vater und der Dschemma[1] wichtige Kunde zu bringen."

„Geht es um die fremden Ulema, die sich auf eurem Land aufhalten?", fragte ich.

„Du weißt von ihnen?"

„Hadschi Halef hat sie beiläufig erwähnt. Ihr wart wohl unterwegs zu ihnen, als wir euch begegnet sind."

„Na'am – ja." Kamals knappe Antwort zeigte deutlich, dass ihm das Thema nicht behagte.

Ich aber musste unbedingt mehr über diese ‚Gelehrten' erfahren und sagte deshalb:

„Sie haben sich wohl ebenso wie ich über die

[1] Versammlung der Ältesten

Anordnung hinweggesetzt, das Schwarze Land zu verlassen."

„Bist du ein Dschinn?", rief Kamal aus. „Wie kannst du das wissen?"

„Nach allem, was ich über die Einstellung deines Stammes zu Fremden weiß, war es leicht zu erraten. Was wollen die Ulema hier?"

„Sie suchen etwas, das sie niemals finden werden."

„Etwa die Oase des Scheitans?", sagte ich leichthin, als sei mir dieser Ort so gut bekannt wie einem Dresdener der Zwinger.

Schon mehrmals an diesem ereignisreichen Tag hatte ich Kamal Ben Baschar Rustem in Erstaunen versetzt. Jetzt aber war sein Gesicht ein einziges Fragezeichen. Wohl eine Minute starrte er mich an wie ein Gespenst.

„Wer hat dir das verraten?", brachte er schließlich schleppend hervor. „Etwa auch..." Sein Kopf ruckte herum, zu Halef, der sogleich auf die Hälfte seiner ohnehin nicht beträchtlichen Größe schrumpfen wollte.

„Niemand hier hat mir etwas über die Oase des Scheitans erzählt", kam ich dem Hadschi zu Hilfe. „Erinnerst du dich an die Frau, die mit mir bei Abu l'Alf Dschellabah war?"

„Ich sah sie nur ganz kurz."

„Sie fürchtet um ihren 'Arîs[1], der sich einer Karawane auf der Suche nach der Oase des Scheitans angeschlossen hat. Ich habe ihr versprochen, ihn zu suchen und vor Unheil zu bewahren. Deshalb sind Yussuf und ich ins Schwarze Land gekommen."

Kamal sah mich unsicher an.

[1] Bräutigam

„Es ist uns Beni Hammada nicht erlaubt, über die Oase des Scheitans zu sprechen. Verstehst du das, Kara Ben Nemsi el Zagal?"

„Ich verstehe es und achte es, Kamal Ben Baschar Rustem."

„Mumtâs - vortrefflich!", freute er sich. „Du bist ein verständnisvoller Mann. Leider zeigten sich die Ulema nicht so verständig, als sie vor einigen Tagen zu unserem Duar kamen. Sie hatten kaum noch Wasser und mein Vater Baschar Rustem versorgte sie mit dem Trank des Lebens. Wie aber haben sie es ihm vergolten? Statt unser Land zu verlassen, wie er es von ihnen verlangte, boten sie den Beni Hammada Belohnungen dafür an, sie zur Oase des Scheitans zu führen. Baschar Rustem ließ sie und ihre Begleiter von bewaffneten Kriegern hinaus in die Steinwüste bringen. Und was musste ich vorhin feststellen, als ich mit meinen Kriegern zu der Stelle ritt, an der die Männer meines Vaters die Fremden allein ließen? Sie lagern noch immer in der Nähe und rüsten sich, um auf eigene Faust nach dem verbotenen Ort zu suchen. Ich habe ihnen gesagt, dass sie verdursten werden, aber sie wollten nicht auf mich hören."

„Sind ihre Anführer drei Frandsch, einer davon noch sehr jung an Jahren?", fragte ich.

„Na'am - ja. Drei Frandsch, etwa zwanzig Helfer und viele Dschemâl[1]."

„Dann ist es die Karawane, die wir suchen. Ich werde zu ihnen reiten. Vielleicht gelingt es mir, sie zur Umkehr zu bewegen."

„Ein guter Vorschlag", fand Kamal. „Vielleicht hören Frandsch eher auf einen Frandschi als auf einen

[1] Mehrzahl von Dschemel = Kamel

Bedawi. Aber dafür ist noch Zeit. Heute musst du, der du jetzt der Bruder meines Weibes bist, mit in unser Duar kommen!"

Wie konnte ich da nein sagen? Bei der ablehnenden Haltung der Beni Hammada gegenüber Fremden war diese Einladung eine Gunstbezeugung, die ich gar nicht hoch genug einschätzen konnte. Außerdem kam ich in Begleitung der Beni Hammada vermutlich nah an die Oase des Scheitans heran. Eine Gelegenheit, die sich vielleicht nie mehr bieten würde. Also nahm ich die Einladung an und sah erwartungsvoll zu, wie die Beduinen das Zelt abbauten, die Stoffbahnen, Stangen und Pflöcke zusammenschnürten und auf die Esel in der Koppel verluden.

*

Ein Hügel folgte dem nächsten und die Pässe waren oft mehr als schmal. Aber immer mehr Grün leuchtete zu allen Seiten auf und zu den Steinschmätzern, die ich schon am Fluss gesehen hatte, gesellten sich Flughühner und Lerchen. Während unsere Karawane durch das fremde Land zog, prägte ich mir markante Punkte ein, so viele ich entdecken konnte. Vielleicht kam ich früher, als mir lieb sein konnte, in die Verlegenheit, mich hier allein zurechtfinden zu müssen.

Wie zufällig brachte der kleine Hadschi seinen dürren Klepper an die Seite meines Hedschîns und sagte:

„Sind Allahs Wege nicht unerforschlich, Sihdi?"

„So sagt man gemeinhin, Halef."

„So?", fragte er überrascht. „Wer sagt das?"

„Die Christen, wenn sie von Gottes Wegen sprechen."

„Allahu akbar - Allah ist groß. Er wird es verzeihen, dass die Christen mit ihrem Gott uns wahrhaft Gläubigen alles nachmachen. Ich meinte aber etwas anderes. Heute Nacht noch träumte ich von El Dschesair und unserer Begegnung mit dir, Kara Ben Nemsi el Zagal. Und jetzt reiten wir Seite an Seite!"

„Allah hat es gefügt und ich freue mich über das Wiedersehen."

Meine Worte waren keine bloße Höflichkeit. Ich mochte den kleinen Kerl, in dem mehr Tapferkeit steckte als in manch ausgewachsenem Grobian. Wie er in Algier den drei bewaffneten Europäern entgegengetreten war, hatte mich sehr beeindruckt. Und auch vorhin am Fluss hatte er seinen Mut bewiesen, als er ins Wasser gestiegen war, um Hassiba herauszuziehen. Eins der Krokodile hätte sich schnell entschließen können, seinem Gaumen den Kitzel eines leibhaftigen Hadschi zu gönnen.

„Ich bin ebenso erfreut wie du, Sihdi", fuhr Halef fort. „Und ich muss dir danken."

„Ist denn heute der Tag der großen Dankbarkeit?", lachte ich.

„Du hast meinen Dank mehr als verdient, Sihdi, indem du mich vor dem Zorn von Kamal Ben Baschar Rustem bewahrt hast. Hättest du nicht für mich gesprochen, hätte er gedacht, ich hätte dir von der Oa... von dem verbotenen Ort erzählt. Maschallah, jetzt siehst du, wie leicht man sich verplappern kann!"

„Ich habe deinem Herrn bloß die Wahrheit gesagt, Halef. Kein Grund also für besondere Dankbarkeit."

„Er ist nicht mehr mein Herr, o Kara Ben Nemsi el Zagal!"

„Nicht? Wie ist das möglich?"

„Er hat mich freigegeben, weil ich seine Tochter vor dem Fluss und vor den ‚Herren des Wassers' errettet habe. Ist das nicht großartig, ist es nicht wunderbar?"

„Das ist es und darüber hinaus hast du es verdient, Halef. Deine Tat war mehr als mutig."

„Wirklich? Aber du hast gesagt, du hättest nur deine Pflicht getan, als du Hassim gerettet hast. Dann muss meine Tat, wo ich doch ein wahrer Gläubiger bin, erst recht nur meine Pflicht gewesen sein."

„Es ist nicht immer einfach, seine Pflicht zu tun. Zuweilen erfordert es großen Mut und den hast du heute bewiesen. Dein Prophet Mohammed hat gesagt, das Paradies liegt im Schatten der Schwerter."

„Auch im Schatten meines Tüfenks?"

„Auch dort."

„Sihdi, wieso weißt du als Ungläubiger mehr über meinen Propheten als ich?"

„Wenn ich in ein fremdes Land reise, bemühe ich mich, die dortigen Sitten, die Glaubensgrundsätze und, wenn möglich, auch die Sprache zu erlernen."

„Hamdullilah, das lässt mich hoffen!"

„Was, Halef?"

„Dass ein so tapferer und kluger Mann wie du sich eines Tages zum rechten Glauben bekehrt. Wenn du die Worte des Propheten so gut kennst, musst du auch erkennen, dass sie vom einzig wahren Glauben künden!"

Sollte ich ihm sagen, dass sein Mohammed in den Augen der Christen nur ein Prophet von vielen war? Sollte ich ihm von der Bibel erzählen und von den vielen wahren Worten, die in der Heiligen Schrift stehen? Ich war nicht nach Nordafrika gekommen, um mit den Worten eines Missionars zu predigen. Und ich wollte dem Hadschi nicht seine freudige Stimmung verderben. Deshalb lenkte ich unser Gespräch in eine andere Richtung und erkundigte mich, wie er zu den Beni Hammada gekommen sei.

„Ich bin weit gereist, bis hin nach Misr, wie es sich für einen Hadschi gehört. Auf einer meiner Wanderungen gelangte ich in die Nähe des Bilad el Aswad. Ein Samum[1] überraschte mich und ich verlor mein Pferd und meinen gesamten Wasservorrat. Ich war kurz vor dem Verenden, da fanden mich Scheik Baschar Rustem und sein Sohn. Weil sie mich vor dem Verdursten retteten, gelobte ich, ihnen bis ans Ende meiner Tage zu dienen. Jetzt aber hat Allah es anders gefügt. Ich kann meiner eigenen Wege gehen - doch wohin? Ich habe nicht einen einzigen Dinar in meiner Börse und selbst dieses Pferd gehört mir nicht."

Daher also wehte der Wind. Der gewitzte Hadschi suchte einen neuen Herrn, zumindest aber einen Gönner seiner wiedergewonnenen Freiheit. Und da ein Frandschi bei einem Orientalen für gemeinhin als ebenso ungläubig wie wohlhabend gilt, war Halef auf die nahe liegende Idee verfallen, meine Börse anzuzapfen. Ich war ihm deshalb nicht böse, hatte aber bereits in Yussuf einen prachtvollen Reisegefährten. Zudem war meine Reisekasse nicht so üppig gefüllt, dass ich mir leisten konnte, eine größere Gefolgschaft zu unterhalten.

Deshalb sagte ich:

„Wenn du freiwillig in Kamals Diensten bleibst, wird er dich dafür vielleicht mit einem Pferd und ausreichenden Geldmitteln versorgen."

„Das glaube ich nicht, Sihdi, leider."

[1] Sandsturm

„Wieso nicht?“

„Weil er auf meine diesbezügliche Frage geantwortet hat, dass es gegen die Gesetze der Beni Hammada ist, einen Fremden für seine unerwünschte Anwesenheit auch noch zu bezahlen. Ich kann zwar weiterhin im Bilad el Aswad bleiben, aber mehr als Unterkunft, Verpflegung und ein geliehenes Pferd habe ich nicht zu erwarten. Da siehst du einmal mehr, o Kara Ben Nemsi el Zagal, wie unerforschlich Allahs Wege sind. Für einen Knecht sorgt er, einen freien Mann aber lässt er verhungern und verdursten.“

„Bei den Frandsch sagt man, das Glück ist mit dem Tüchtigen.“

„Ich bin tüchtig, allah bjarif – Gott weiß es! Aber was nützt das, wenn mich niemand für meine Dienste bezahlen will?“

Eins musste man dem Hadschi lassen: Er war hartnäckig wie eine Zecke. Sein gewundener Vortrag erheiterte mich und erregte zugleich mein Mitgefühl. Um den nötigen Ernst ringend, sagte ich:

„Zumindest nach El Dschesair wirst du gelangen. Dorthin wollen Yussuf und ich zurückkehren. Wenn du magst, werde ich dich bis dorthin als Diener einstellen.“

„Allah, momken – ist’s möglich?“ Sein Mund verwandelte sich in eine freudestrahlende Mondsichel und das dünne Bärtchen zitterte vor Erregung. „Ist es wirklich wahr, was meine Ohren eben hörten? Du, Kara el Zagal aus dem im ganzen Abend- und Morgenland wegen seiner Großzügigkeit gerühmten Stamm der Nemsi, nimmst mich in deine Dienste?“

„Na’am, so ist es.“

„Alf schukr, allah yekattar chêrek – tausend Dank,

Allah möge dein Gut vermehren! Jetzt bist du also wahrlich mein Sihdi, Sihdi!"

„Ja, Halef, bis wir in El Dschesair sind. Dort wirst du mit dem verdienten Geld genügend Möglichkeiten haben, eine bessere Anstellung zu finden."

„Welch besseren Dienst kann es geben als den, den berühmten Kara Ben Nemsi el Zagal zum rechten Glauben zu bekehren?"

Oh weh! Da war ich wohl sehenden Auges in die Falle getappt. Der Hadschi sah also seinen vornehmsten Dienst darin, mich zu bekehren. Und dafür durfte ich ihn auch noch bezahlen. Allahs Wege waren wirklich unerforschlich, besonders dann, wenn ein listiger Bursche wie Halef die Richtung bestimmte. Ich nahm mir vor, fortan auf der Hut zu sein, sonst war er am Ende noch mein Sihdi.

*

Der Anblick war überwältigend! Wer hätte das erwartet mitten in Tademait, der Wüste in der Wüste? Unwillkürlich ließ ich mein Hedschîn anhalten und starrte auf das mehrfach gewundene Tal hinunter, das sich ungefähr achtzig Meter unter uns erstreckte und weiter reichte als unser von schroff vorstehenden Felsen eingeengter Blick.

Über drei Stunden waren wir geritten. Der Weg hierher war alles gewesen, nur nicht gerade, und wir hatten mehrmals die Richtung gewechselt. Das lag sicher zum Teil an dem unwegsamen Pfad, der sich in den unmöglichsten Krümmungen und Windungen zwischen den Felsen hindurchschlängelte. Zuweilen hatte ich allerdings den Eindruck, dass Kamal Ben

Baschar Rustem, der an der Spitze ritt, einen unnötigen Umweg einschlug, und das trotz der Eile, von der er gesprochen hatte. Vielleicht täuschte ich mich, vielleicht vertraute er Yussuf und mir aber nicht genug, um uns den kürzesten Weg zum Duar der Beni Hammada zu zeigen. Ich hätte Halef danach fragen können, verzichtete aber darauf, um ihn nicht in einen Gewissenskonflikt zwischen der Treue zu seinem alten und seinem neuen Herrn zu bringen.

Als wir einen gewundenen Weg hinunterritten und ich Einblick ins ganze Tal nehmen konnte, zählte ich mehr als hundertzwanzig Zelte, deren rotes Leuchten den Eindruck einer Herde riesiger Marienkäfer hervorrief. Die Seitentäler und Felseinbuchtungen wurden von den Beni Hammada als natürliche Korrale[1] genutzt. Ziegen und Schafe, Pferde, Esel und Kamele weideten dort und das saftige Grün kniehoher Grasbüschel versprach noch für einige Wochen ausreichend Nahrung. Dann würden die Beni Hammada einen anderen Lagerplatz aufsuchen. Jetzt, als die Sonne tief stand und die Schatten lang waren, tummelten die Tiere sich auf weiter Fläche. Tagsüber hielten sie sich vermutlich im Schatten der Felsen und der zahlreichen Bäume auf.

Aus dem bunten Treiben des Duars lösten sich etliche berittene Gestalten, die uns entgegengaloppierten. Krieger der Beni Hammada, die kamen, um die Rückkehr Kamal Ben Baschar Rustems von seinem kurzen Ausflug zu feiern. Halef hatte mir erzählt, dass die kleine Gruppe erst heute Morgen das Duar verlassen hatte. Kamal hatte Chudra versprochen, nach seiner Rückkehr aus Algier mit ihr und den Kindern zu

[1] Tiergehege

dem abgelegenen Fluss zu reisen. Das Angenehme mit dem Nützlichen verbindend, hatte der Sohn des Scheiks die Gelegenheit genutzt, um nach den fremden Ulema zu sehen.

Die Männer aus dem Lager ritten unter lautem Geschrei auf uns zu, schwangen ihre Waffen und trafen keine Anstalten, die Pferde zurückzureißen. Viele saßen in vorgeneigter, erhobener Haltung freihändig im Sattel und lenkten ihre Tiere allein dadurch, dass sie ihre Absätze in die Pferdebäuche pressten. Dabei traten sie fest in die Steigbügel und drückten die Knie durch. So konnten sie in einer Hand die Streitaxt und in der anderen das Schwert halten oder mit Pfeil und Bogen schießen. Eine ganze Reihe von Pfeilen und Wurfspießen ging dicht vor uns nieder.

Ich gemahnte Yussuf, dem das Schauspiel einer arabischen Fantasia unbekannt war, zur Ruhe. Die Beni Hammada waren nicht darauf aus, uns zu verletzen. Vielmehr besteht die Kunst bei diesem Reiterschaukampf darin, dem Gegenüber mit Pferd und Waffe möglichst nahe zu kommen, ohne ihm ein Haar zu krümmen. Hält der auf diese ungewöhnliche Art Begrüßte sich und sein Reittier ruhig, schwebt er in keiner Gefahr. Eher reitet ein Araber bei einer Fantasia sein eigenes Tier zuschanden. Einige Male wollten unsere Hudschûn dem Lärm und der Hektik der Scheinattacken nachgeben, doch gelang es uns unter Mühen, die Kamele zu beruhigen. Schließlich nahmen die Beni Hammada uns in die Mitte und begleiteten uns ins Lager, wo wir vor einem Zelt hielten, das doppelt so groß wie die anderen war.

Der Mann, der aus dem Zelt trat, konnte niemand anderer sein als Baschar Rustem, Scheik der Beni Hammada. Seine Züge waren denen Kamals überaus ähnlich, wirkten aber noch härter und verschlossener. Zwei bis drei Jahrzehnte mehr hatten das Gesicht des Scheiks mit zahlreichen tiefen Furchen durchzogen, die wie Risse im sonnenverbrannten Leder seiner Haut aussahen. Auch er trug über der Nasenwurzel die rot eintätowierte Zickzacklinie. Auf unseren Kamelen stachen Yussuf und ich dem Scheik sofort ins Auge und er maß uns mit alles andere als freundlichen Blicken.

Sich dem vom Pferd steigenden Sohn zuwendend, fragte er:

„Schon wieder Fremde? Was hat das zu bedeuten, Kamal?"

Kamal zeigte auf mich.

„Das ist Kara Ben Nemsi el Zagal, der Lebensretter deines Enkelsohns, der dreifache Sieger über die ‚Herren des Wassers'. Die Mutter deiner Enkelkinder hat ihn ihren Bruder genannt. Sollte ich ihm und seinem Begleiter die Wärme unserer Feuer und den Schutz unserer Zelte versagen, o mein Vater?"

Der Blick des Scheiks ruhte prüfend auf mir und mir war, als dringe er in meine Seele.

„Du hast Hassim Ben Kamal, dem Licht meines Alters, das Leben gerettet?"

„Na'am", bejahte ich.

„Du hast den ‚Herren des Wassers' dreimal den Tod gebracht?", fuhr er fort.

„Na'am."

„Mit den Donnerrohren, die an deinem Sattel hängen?"

„Zwei ‚Herren des Wassers' tötete ich mit dem großen Bahruhde, das dritte mit dem Mûs."

„Mit dem Messer?" Unglauben trat auf das zerfurchte Gesicht. „So war dieser ‚Herr des Wassers' wohl sehr klein?"

„Das war er", sagte ich nur, da mir der Sinn weder nach einer Rechtfertigung meiner Tat noch nach dem stand, was der Engländer so treffend das Fischen nach Komplimenten nennt.

„Wie klein?", wollte der Scheik wissen.

„Nicht größer als drei ausgewachsene Männer", erklärte ich. „Vielleicht auch nur so groß wie zwei Männer und ein Kind."

Baschar Rustems buschige Brauen, die über der Nasenwurzel zusammenwuchsen und seine Augen überschatteten, zitterten erregt.

„Willst du mich verspotten?"

„Dazu habe ich keinen Grund, Scheik Baschar Rustem. Du hast gefragt und ich habe geantwortet. Was missfällt dir daran?"

„Dass du einen ‚Herrn des Wassers', der so groß ist wie zwei bis drei Männer, als klein bezeichnest. So spricht kein ernsthafter Mann!"

„Die Mutter deiner Enkel und der Diener Halef haben mir von dem gefürchteten Weißkopf erzählt, der mit einem Bissen ein Dschemel verschlingt und mit einem Schwanzhieb einen Berg zum Einsturz bringt. Gegen dieses Untier muss man doch wohl jeden anderen ‚Herrn des Wassers' als klein bezeichnen."

Der Scheik suchte in meinem Gesicht nach Anzeichen von Spott, aber ich blieb ernst. Chudra trat vor und versicherte, dass sich alles so abgespielt hatte, wie von mir geschildert. Da hellten sich die strengen Züge des Scheiks ein wenig auf.

„Sei willkommen im Duar der Beni Hammada, Kara

Ben Nemsi el Zagal. Steig von deinem Dschemel und sei mein Gast. Wir werden die Rettung meines Enkelsohns mit einem großen Fest feiern, dir zu Ehren."

Ich ließ mein Hedschîn niederknien und stieg ab.

„Für ein Fest ist jetzt nicht die Zeit, o Scheik. Deinem Stamm droht große Gefahr."

„Gefahr? Von wem?"

„Von treulosen Soldaten der Frandsch. Sie haben ihre Kameraden ermordet und sind auf dem Weg ins Schwarze Land, um die Schätze aus der Oase des Scheitans zu rauben."

Baschar Rustem wich einen Schritt zurück, als hätte ich einen Fluch ausgesprochen.

„Allahu akbar! Wer hat dir von der Oase des Scheitans erzählt? Und was weißt du von den Dschunûd der Frandsch?"

„Niemand von den Beni Hammada hat das Schweigen über die Oase des Scheitans gebrochen. Aber es gibt alte Aufzeichnungen, die von ihr berichten. Deshalb sind die Frandsch darauf verfallen, sie zu suchen. So auch die Ulema, die dir kürzlich begegnet sind. Gefährlicher als sie sind aber die Dschunûd, denen es nur um die Schätze der Oase geht, seien es wirkliche oder vermeintliche. Ich war im Ksar der Soldaten und habe die Leichen derer begraben, die sich nicht an dem Raubzug beteiligen wollten."

„Maschallah, du hast die Leichen von Ru'âma[1] begraben? Wie kannst du dich an den toten Leibern von Ungläubigen besudeln?"

„Für einen Rumi ist es Christenpflicht, einen Toten zu bestatten, ganz gleich, mit welchem Namen er seinen Gott angebetet hat."

[1] Christen (Mehrzahl von Rumi)

„Für...einen...Rumi..." Mit jedem Wort wich der Scheik weiter von mir, bis ihn ein Spannseil des Zeltes in seinem Rücken aufhielt. „Soll das heißen...willst du sagen, Kara Ben Nemsi el Zagal, dass du selbst ein Ungläubiger bist, ein Frandschi gar?"

„Ich bin ein Frandschi und ich glaube an den Gott der Christen. Wenn deine Einladung dadurch hinfällig geworden ist, sag es ohne Scheu, Scheik Baschar Rustem. Mein Freund Yussuf und ich werden dein Duar ohne Zorn verlassen. Ich habe dich vor dem Überfall der Dschunûd gewarnt, damit ist meine Mission hier erfüllt."

Die Augen des Scheiks verengten sich so stark, dass sie unter den dichten Brauen kaum mehr zu sehen waren.

„Ist es wahr, du bist ins Bilad el Aswad gekommen, um uns zu warnen? Obwohl du selbst ein Frandschi bist wie diese Dschunûd?"

„Na'am - ja."

„Alâsch - warum?"

„Ich halte es für richtig, den Mörder zu verfolgen und den Unschuldigen zu warnen. Dabei nehme ich keine Rücksicht auf die Herkunft oder den Glauben. Alles Leben stammt von Gott."

Zögernd trat der Scheik wieder auf mich zu. Seine Zügen zeigten nicht länger Abscheu und Erstaunen, sondern Reue.

„Du hast mich beschämt, Mann aus dem Bilad el Frandsch[1]. Vor vielen hundert Jahren begingen die Beni Hammada einen großen Fehler, als sie Fremden vertrauten. Unser Stamm verlor seine Ehre und ver-

[1] Eigentlich Frankreich, hier im übertragenen Sinn für Europa gebraucht

suchte, das Verlorene zurückzugewinnen, indem er jeden Fremden als Feind betrachtete. Du aber zeigst mir, dass der richtige Weg weder nach Norden noch nach Süden führt, sondern irgendwo dazwischen liegt. Vergib mir die Worte, die dein Ohr beleidigt haben, und sei mein Gast, o Kara Ben Nemsi el Zagal!"

10. Der ‚Atem des Teufels'

„En nafas esch scheitan! En nafas esch scheitan!"

Dieser Ruf aus tausend Kehlen, von dem das ganze Tal wiederhallte, riss mich aus tiefem Schlaf. Scheik Baschar Rustem hatte aus Dank für die Rettung seiner Enkel eine Anzahl Hammel schlachten lassen und das ganze Duar hatte bis tief in die Nacht hinein gefeiert. Dann war ich mit Yussuf zum Zelt der Fremden gegangen. So hieß ein großes Zelt, dessen Bahnen ausnahmsweise aus schwarzem statt aus rotem Stoff bestanden. Hier schliefen die wenigen Fremden, die bei den Beni Hammada lebten. Alle blickten auf ein ähnliches Schicksal zurück wie Halef. Sie waren ins Schwarze Land versprengt worden und beim Stamm der Entehrten als Diener oder Hirten untergekommen. Es gab noch ein zweites Zelt dieser Art, in dem die fremden Dienerinnen schliefen.

„En nafas esch scheitan - der ‚Atem des Teufels'!"

Das schrie eine kleine Gestalt, die an meinem Lager vorbeilief. Die helle, ein wenig kreidige Stimme kam mir vertraut vor und ich griff nach einem Stück Tuch, das mein Gesicht streifte. Dicht neben mir ertönte ein Plumpsen, gefolgt von einem halblauten Ruf:

„Welcher Ghabî[1] hält mich da fest? 'Aïb 'aleihu – Schande über ihn!"

Jetzt erkannte ich die Stimme ganz sicher und, als das Licht der Gestirne durch den aufgeschlagenen Vorhang am Ausgang ins Zelt fiel, auch das dünne Gesichtlein.

„Der Tölpel ist dein neuer Sihdi", sagte ich zu dem empörten Hadschi, den ich an einem Zipfel seines Burnus zu Boden gezerrt hatte. „Verzeih die unsanfte Behandlung, Halef, aber ich wollte verhindern, dass du mir davonläufst. Sag mir, was es mit dem ganzen Gerenne und Geschrei auf sich hat!"

„En nafas esch scheitan! O Sihdi, wie soll ich es beschreiben? Komm mit nach draußen, dann wirst du es sehen!"

Auch Yussuf war von dem aufgeregten Gelärm erwacht. Wir folgten dem Hadschi vor das Zelt und waren wohl die letzten Menschen im ganzen Duar, die ins Freie traten. Die Beni Hammada hatten sich zwischen den Zelten versammelt und starrten nach Südwesten, wo sich jener Felskegel erhob, der das Zentrum der hiesigen Berge bildete und den ich für den Dschebel esch Scheitan hielt.

Ein dicker heller Strahl schoss aus diesem Felsen, wohl weit über zweihundert Meter hoch. Nach oben hin wurde die geisterhafte Erscheinung schmaler und verjüngte sich zu einer dünnen Spitze, die zitternd in den Nachthimmel stach. Das Gebilde wirkte im Innern fest, wogegen es an den Rändern in blasse Schleier zerfaserte, die sich in einem fort auflösten und neu bildeten. Ein gigantischer Geist – ein Teufel? – schien sich aus dem Berg zu erheben und, am ganzen Leib zitternd, seine Wut in die Nacht zu brüllen.

[1] Tölpel

Wirklich, dieses Gespenst der Wüste war nicht nur zu sehen, jetzt konnte ich es auch hören. Ein Gurgeln und Zischen erfüllte unser Tal und dann auch ein dumpfes Grollen. Für einen Augenblick glaubte ich, den Halt zu verlieren, weil der Boden unter meinen Füßen zitterte.

Einer nach dem anderen sanken die Beni Hammada auf die Knie, Frauen wie Kinder, Greise wie Krieger, auch Halef und die anderen Diener. Außer Yussuf und mir blieben nur wenige Männer auf den Beinen, darunter der Scheik und sein Sohn.

„Allahu akbar!", rief Baschar Rustem mit zum Felskegel erhobenen Armen viermal nacheinander und dann zweimal: „La illâhu illa 'llâh, we Mohammed rasûlu 'llâh - es gibt keinen Gott außer Gott, und Mohammed ist Gottes Prophet!" Es folgten Worte aus der fünfzehnten Sure des Korans, in der berichtet wird, wie Iblis, der Satan, von Gott abfiel und verkündete, die Schwachen unter den Menschen zu verführen. Der Scheik schloss mit den von allen Männern der Beni Hammada im Chor wiederholten Worten: „Die Gottesfürchtigen jedoch sollen in stromreiche Gärten kommen. So gehet hin in Frieden und Sicherheit!"

Die Erscheinung über dem Felskegel wurde schwächer, kleiner, bäumte sich unter heftigem Zittern noch einmal auf und fiel dann in sich zusammen. Jetzt war nichts mehr von dem hellen Riesenwesen zu sehen. Nur ein fernes Grollen drang durch die Nacht wie das wütende Gebrüll eines verscheuchten Raubtiers. Auch das unheimliche Geräusch verstummte und der Spuk war vorüber.

Nur ganz allmählich erhoben sich die Beni Hammada, als konnten sie nicht recht glauben, dem ‚Atem des Teufels‘ noch einmal entronnen zu sein. Furcht stand in ihren Gesichtern, auch in denen der Krieger. Jeder von ihnen wäre wohl lieber zehn bewaffneten Feinden gegenübergetreten als jenem Bergteufel, der selbst mich für einen Moment erschreckt hatte.

Auch der wackere Halef war blass geworden.

„Sihdi, jetzt hast du den ‚Atem des Teufels‘ gesehen. Sag, kann es etwas Schrecklicheres geben?“

„Vielleicht der alte Weißkopf, von dem du mir erzählt hast“, antwortete ich zu seiner Verblüffung.

„Wie kannst du den ‚Herrn des Wassers‘ mit dem Scheitan vergleichen, Sihdi? Gewiss ist Weißkopf so Furcht einflößend wie kein anderes Tier, aber vor dem ‚Atem des Teufels‘ würde selbst er erzittern. Nur das Gebet aller Menschen im Bilad el Aswad kann den Scheitan bezwingen.“

„Müsst ihr oft beten, um den ‚Atem des Teufels‘ zum Versiegen zu bringen?“

„Mal oft, mal weniger oft. Manchmal zeigt der ‚Atem des Teufels‘ sich viele Tage und Nächte nicht, dann wieder mehrmals kurz nacheinander. Niemand vermag es vorherzusagen. In letzter Zeit jedoch stößt der Scheitan häufiger seinen Atem aus. – Aber du hast nicht zu Allah gebetet, warum nicht?“

„Für mich war das eben weder ein übernatürliches Wesen noch der ‚Atem des Teufels‘.“

„Nicht? Aber was, glaubst du, war es dann?“

„Ein Geysir.“

„Maschallah, du kennst seltsame Wörter, Sihdi. Erklär mir das, bitte!“

„Ein Geysir ist eine heiße Quelle, die ihr Wasser in hohen Fontänen in die Luft wirft, so wie wir es eben gesehen haben.“

„Eine Quelle, die ihr Wasser von selbst in die Luft schleudert? O Sihdi, hat der ‚Atem des Teufels' deine Sinne verwirrt?"

„Nein, eher deine, Halef. Ich bin kein Alim, doch weiß ich genug über das Wesen eines Geysirs, um einen solchen zu erkennen. Wenn Wasser in einer unterirdischen Höhlung, die durch eine Röhre mit der Erdoberfläche verbunden ist, durch heißes Gestein erhitzt wird, kommt es zu Erscheinungen wie der von eben. Das in der Röhre stehende Wasser erhöht durch den ausgeübten Druck den Siedepunkt des Wassers in der Höhlung. Das kann nicht kochen, dehnt sich jedoch aus und drückt das kühlere Wasser weiter nach oben, bis es zum explosionsartigen Sieden kommt. Dann wird das Wasser durch den Dampf in die Luft geschleudert."

„Druck und Dampf und Wasser? Aber Sihdi, warum willst du so umständlich erklären, was doch auf der Hand liegt? Der Scheitan speit seinen Zorn auf die gottesfürchtigen Menschen hinaus!"

Halef murmelte etwas von einem unwissenden Giaur, dem er schon noch den rechten Glauben beibringen werde, und verschwand im Zelt. Nach und nach zogen sich immer mehr Beni Hammada in die Zelte zurück.

Yussuf stand noch draußen bei mir und fragte:

„Glaubst du wirklich, dass es ein Geysir war, Effendi?"

„Da bin ich mir sicher. Wir müssen uns auf vulkanischem Boden befinden. Das erklärt auch die ungewöhnliche Wärme des Flusswassers vor dem ‚Maul des Krokodils'. Jenseits der Höhle ist das Wasser wohl noch wärmer, was der Hauptgrund sein dürfte, weshalb die Krokodile sich so selten hervorwagen. Die ‚Herren des Wassers' ziehen die Wärme der Kälte vor."

„Du sagst das mit besorger Miene, Kara Ben Nemsi, als glaubtest du insgeheim doch an den ‚Atem des Teufels'."

„Dieser Geysir bereitet mir viel größere Sorge als der Teufel. Von den meisten Geysiren liest man, dass die Höhe der Fontäne unter hundert Metern bleibt. Eben war es aber leicht das Doppelte. Außerdem liegt es in der Natur eines Geysirs, dass die Erhitzung des Wassers und damit auch der explosionsartige Ausstoß einem bestimmten Rhythmus folgen. Halefs Worten zufolge stößt jener Berg dort drüben seinen ‚Atem' aber in unregelmäßigen Abständen aus, in jüngster Zeit dazu häufiger als sonst. Das alles lässt auf nichts Gutes schließen."

„Was befürchtest du, Effendi?"

„Ein Unglück", sagte ich nur, weil ich selbst meine Gedanken erst ordnen musste.

Den Rest der Nacht lag ich wach und unruhig auf meinem Lager aus Kissen und Decken und so ging es wohl den meisten Menschen in diesem Tal. In unserem Zelt kehrte keine Ruhe ein. Flüsternd unterhielten sich Halef und die anderen Diener miteinander und immer wieder ertönte ein ehrfürchtiges „En nafas esch scheitan!"

Je länger ich über die nächtliche Erscheinung nachsann, desto sicherer wurde mein Glaube an einen Geysir. In Nordafrika sind Geysire keine Seltenheit. Schon die Römer wussten die heißen Quellen dieses Landes für ihre Thermalbäder zu nutzen.

Noch etwas anderes hielt mich wach: der Gedanke an den Ältestenrat, der am folgenden Tag einberufen werden sollte. Die Dschemma hatte sowohl über die Expedition von Professor Pioche als auch über die nach dem Schwarzen Land marschierenden Fremdenlegionäre zu beraten. Ich sollte als wichtiger Zeuge vor dem Rat sprechen, was für einen Fremdling eine außergewöhnliche Vergünstigung darstellte, wie Kamal mir am Abend versichert hatte.

Als das erste Vogelzwitschern den neuen Tag ankündigte, verließ ich das Zelt und wanderte durch das erwachende Duar auf einen schmalen Felsgrat, der wie ein leicht gekrümmter Zeigefinger ins Tal reichte. Rötliche Glut lag über dem östlichen Felsrand, war aber noch zu schwach, um die Kälte der Nacht zu vertreiben. Fröstelnd zog ich den Haik eng zusammen und sah zu, wie ein Beduine nach dem anderen den Kopf aus seinem Zelt streckte. Es war Fadschr, die Zeit des ersten Gebets zwischen Dämmerung und Sonnenaufgang. Von der gegenüberliegenden Talseite erscholl das kehlige, lang gezogene „Allahu akbar!“, mit dem der Muezzin[1] seinen Gebetsaufruf begann. Ich entdeckte ihn auf einer Felskanzel und sah zu, wie die Männer der Beni Hammada sich in der Kibla verneigten, der nach Mekka weisenden Richtung, wie es der Koran vorschreibt: ‚Richte dein Gesicht nach El Haram[2]. Wo immer du dich auch befinden magst, dein Gesicht wende nur in der Kibla.‘

Wie in der Nacht knieten die Beni Hammada zwischen ihren Zelten und beteten. Vor meinem geistigen Auge vermischten sich die Szenen und ich dachte über den Glauben dieses Stammes nach. Das Morgengebet verrichteten sie streng nach den Vorschriften des Islam, andererseits fürchteten sie den Scheitan jenes

[1] Gebetsausrufer [2] Tempel in Mekka

kegelförmigen Berges und ein mystisches Krokodil mit weißem Kopf. Der Glaube hatte sich mit dem Aberglauben vermengt, wie man es bei vielen abgeschieden lebenden Völkern und Volksgruppen beobachten kann.

Fast wünschte ich, jener Bergteufel und das weißköpfige Krokodil wären tatsächlich das Einzige gewesen, was die Beni Hammada zu fürchten hatten. Denn die wirklichen Gefahren, die den Bewohnern des Schwarzen Landes drohten, erschienen mir weitaus bedrohlicher.

*

„Du sprichst von Gefahren, die unserem Stamm drohen, Kara Ben Nemsi el Zagal. Erkläre uns deine Befürchtungen!"

Das sagte Scheik Baschar Rustem, als ich endlich vor die schon seit Stunden tagende Dschemma gerufen wurde. Im Zelt des Scheiks hatten sich außer ihm und seinem Sohn zehn würdevolle Männer fortgeschrittenen Alters versammelt, deren Augen jetzt allesamt auf mich gerichtet waren. Sie trugen rote, mit silbernen Ornamenten bestickte Haiks.

„Alles hängt mit jenem Ort zusammen, über den euch zu sprechen verboten ist." Ich bemerkte, wie fast alle Anwesenden bei dieser Eröffnung zusammenfuhren. „Diese Oase, wie ich den Ort einfach nennen will, wird in alten Schriften erwähnt. Die Ulema der Frandsch, die in euer Lager gekommen sind, haben diese Schriften gelesen. Doch schlimmer ist, dass auch räuberische, abtrünnige Dschunûd der Frandsch davon wissen. Sobald sie euer Land erreichen, werden sie versuchen, die Oase mit Waffengewalt zu erobern."

„Haben sie starke Waffen?", fragte einer der Ältesten, der von kräftiger Gestalt und dessen linke Stirn von einer zweifingerdicken Narbe gezeichnet war.

„Sehr starke Waffen, o Vater der Weisheit. Jeder verfügt über ein Bahruhde. Außerdem führen sie ein gewaltiges Donnerrohr mit sich, mit dem sie von einem Wimpernschlag zum nächsten viele tödliche Kugeln aussenden können."

„Wie viele Kugeln?", wollte der Alte mit der Stirnnarbe wissen.

„Fünfundzwanzig."

„Von einem Wimpernschlag zum nächsten?"

„Ja."

Der Alte sprang von seinen Kissen auf und schüttelte die geballte Rechte gegen mich.

„Was willst du mit deinen Lügen erreichen, Fremdling? Willst du, dass wir vor Angst schlottern und den Dschunûd die Oase des Scheitans kampflos überlassen? Wäre ich so jung und stark wie mein Sohn Amram, würde meine Faust dir die Antwort auf deine Märchen geben!"

Er war also der Vater des Kriegers, den ich vom Pferd geworfen hatte. Das mochte seinen Zorn erklären. Der Vorfall, nicht gerade ein Ruhmesblatt in Amrams Stammbuch, gereichte seiner ganzen Familie zur Schande.

„Zumindest gibst du zu, dass hier die Oase des Scheitans liegt, Abu Amram."

Ich sprach ihn als ‚Vater Amrams' an, weil ich seinen eigentlichen Namen nicht kannte. Und ich brachte das Gespräch auf die Oase, um es in eine andere Richtung zu lenken. Gegenseitige Vorwürfe brachten uns nicht weiter.

Mit einem befriedigten Ausdruck wandte sich der Alte zu den anderen um.

„Habt ihr es gehört, der Rumi will uns ausforschen! Ganz offen fragt er nach dem verbotenen Ort, um die fremden Dschunûd zu ihm zu führen."

Allmählich wurde es mir zu bunt und ich sagte empört:

„Ich brauche mich nicht nach der Oase zu erkundigen. Wenn ich wollte, würde ich sie ohne jede Hilfe finden."

„So?", fragte Amrams Vater mit einem lauernden Unterton. „Und wo würdest du sie suchen?"

„Am Fuß des Berges, aus dem der ‚Atem des Teufels' entweicht."

Die betroffenen Gesichter zeigten mir, dass ich den richtigen Ort erraten hatte.

Der Alte wandte sich erneut an die Versammlung.

„Ihr habt es gehört, Männer der Dschemma. Soeben hat der Fremde zugegeben, dass er ein Dschasûs[1] ist!"

Schon eine ganze Weile rutschte Kamal Ben Baschar Rustem auf seinem Platz unruhig hin und her. Jetzt hielt es ihn nicht länger, er schnellte hoch und stellte sich dem Alten gegenüber.

„Die Beni Hammada kennen dich als klugen und gerechten Mann, Annur es Siddiq. Heute aber leitet nicht die Weisheit deine Zunge, sondern der Zorn auf Kara Ben Nemsi el Zagal, dem dein Sohn Amram im Kampf unterlag!"

„Im Kampf?", schnaubte Annur es Siddiq – ‚Annur

[1] Spion

der Allergetreueste'. „Der Rumi hat Amram einfach vom Pferd geworfen! Ist das ein gerechter Kampf?"

„So gerecht, wie ein Kampf nur sein kann, wenn ein unberittener Mann sich mit bloßen Händen gegen einen zu Pferd angreifenden Krieger verteidigt, der die Axt zum tödlichen Hieb führt."

Kamals Worte ließen den Alten erbleichen.

„Wallahi, davon hat Amram mir nichts gesagt!"

„Ich stand dabei und sah es mit eigenen Augen", sagte der Sohn des Scheiks.

„Dann muss es wahr sein." Annur senkte beschämt den Kopf und setzte sich ohne ein weiteres Wort auf seinen Platz.

„Kara Ben Nemsi el Zagal ist ebenso wenig ein Dschasûs, wie ich einer bin", fuhr Kamal fort. „Wir sollten ihn zu Ende anhören, bevor wir über seine Worte beraten."

Auch er setzte sich wieder und sein Vater ergriff das Wort:

„Kannst du uns sagen, wie viele Dschunûd uns angreifen wollen, Kara Ben Nemsi el Zagal?"

„Mi'a - einhundert."

„Die Beni Hammada verfügen über vier mal so viele Krieger."

„Die Dschunûd der Frandsch sind es gewohnt, gegen eine Übermacht anzutreten. Und sie haben Waffen, gegen die zu kämpfen ihr nicht gewohnt seid."

„Das ist ein bedenkenswerter Punkt", fand der Scheik. „Wann werden die Feinde hier sein?"

„Yussuf Ben Abdallah und ich benötigten zehn Tage für den Weg, gerechnet ab dem Tag, an dem wir die Dschunûd trafen. Sie haben im Gegensatz zu uns keine Hudschûn, aber sie sind im Marschieren geübt. In acht bis zehn Tagen, von heute an gerechnet, müssten sie es bis hierher schaffen."

„Das gibt uns ausreichend Zeit, Abwehrmaßnahmen zu treffen. Wirst du uns dabei unterstützen, Kara Ben Nemsi el Zagal?"

„Ja."

„'Adîm - sehr gut", lächelte Baschar Rustem. „So wissen wir alles, was nötig ist, um einen Entschluss zu fassen. Du musst mir verzeihen, wenn ich dich bitte, das Zelt zu verlassen. Aber es ist keinem Fremden gestattet, der Beschlussfassung der Dschemma beizuwohnen."

Ich ging nach draußen und erstattete Yussuf Bericht. Es dämmerte schon, als die Ältesten endlich ins Freie traten. Ihnen folgte Kamal, der zu mir kam.

„Ich freue mich, dass wir Seite an Seite gegen die Dschunûd kämpfen werden, Kara Ben Nemsi el Zagal!"

„Also hat der Rat beschlossen, alles für die Abwehr der Soldaten vorzubereiten", sagte ich erleichtert.

„Ja, sobald wir vom ‚Maul des Krokodils' zurück sind."

„Mâ - was?", schnappte ich überrascht. „Ihr wollt nicht sofort alles zur Verteidigung Notwendige veranlassen?"

„Wir haben Zeit genug, du selbst hast es gesagt."

„Und wenn die Soldaten schneller vorankommen als erwartet?"

„Zu Fuß wird ihnen das kaum möglich sein. Außerdem müssen wir die ‚Herren des Wassers' besänftigen. Die Ältesten sind der Meinung, der Überfall auf Hassim und Hassiba sowie der ‚Atem des Teufels', der letzte Nacht in den Himmel stieg, seien Zeichen

Allahs. Er zürnt uns, weil wir die fremden Ulema nicht aus dem Bilad el Aswad vertrieben haben. Deshalb werde ich morgen mit einigen Kriegern erneut zu den Ulema reiten und das Versäumte nachholen. Am Tag darauf werden die Krieger der Beni Hammada zum ‚Maul des Krokodils' ziehen, um die Opfer zu entrichten."

„Aber der Mond rundet sich erst in zwölf Nächten."

„Der Rat ist der Meinung, dass ein sofortiges Opfer nötig ist."

„Wie kann das Opfer, das man einem Götzen bringt, Allah besänftigen, der keine anderen Götter neben sich hat und den man deshalb El Wahid[1] nennt?"

Kamals Blick verfinsterte sich.

„Ein Fremder kann das nicht verstehen. Es ist beschlossen und so geschieht es auch!"

Ich konnte nichts daran ändern. Aber ich wurde das beklemmende Gefühl nicht los, dass die Beni Hammada einen verhängnisvollen Fehler begingen.

11. Im Lager der Ulema

„Reitet weiter in diese Richtung, bis ihr einen mannshohen Felsen seht, der seine Kuppe wie einen Finger nach Westen reckt. Diesem Fingerzeig müsst ihr folgen, um geradewegs ins Lager der Ulema zu gelangen. Aber bedenkt, dass ihr zurückkehren müsst, bevor die Sonne drei Viertel ihrer Tagesreise zurückgelegt hat. Sonst werden die Krieger der Beni Hammada den Frandsch mit Gewalt den Weg weisen!"

[1] Der Eine

So hatte Kamal Ben Baschar Rustem zu Yussuf und mir gesprochen, bevor wir uns von ihm und seinen fünfzig Reitern getrennt hatten. Die Beni Hammada waren am Morgen nach der Dschemma aufgebrochen, um die Expedition von Professor Pioche aus dem Schwarzen Land zu vertreiben und Allah dadurch gnädig zu stimmen. Auf meine Bitte hin durften Yussuf und ich die halbe Hundertschaft begleiten. Auch Halef hatte mitkommen wollen, um an der Seite seines neuen Sihdi zu sein. Ich ließ ihn jedoch im Duar zurück, damit er mir bei meiner Rückkehr berichten konnte, was sich dort getan hatte. In mir breitete sich das Gefühl aus, dass die Ereignisse sich zuspitzten. Unterwegs hatte ich den Sohn des Scheiks überredet, mich mit den Franzosen sprechen zu lassen. Ich hegte die Hoffnung, dadurch ein Blutvergießen zu vermeiden.

Jetzt ritten Yussuf und ich seit zwanzig Minuten allein durch die unwirtliche Steinwüste, als der besagte Felsen sich vor uns erhob. Oben endete er in einer schlanken Krümmung, die nach Westen wies, zu einem Einschnitt zwischen zwei klobigen Felsreihen – wie ein von höherer Macht aufgestellter Wegweiser.

„Rrree!", rief vor dem Einschnitt Yussuf zu meiner Überraschung. Er zügelte sein Hedschîn, das er inzwischen gut beherrschte, und sah mich tiefgründig an. „Effendi, würdest du mir eine Bitte erfüllen?"

„Wenn es in meiner Macht liegt."

„In Bu Saada hast du mich dem Messerschmied und seinen Söhnen als deinen Diener vorgestellt. Könntest du das jetzt wieder tun?"

„Gern. Aber weshalb?"

„Der Frandschi, dem die Mademoiselle ihr Herz geschenkt hat, braucht nicht zu wissen, weshalb ich hier bin. Es geschieht für die Mademoiselle, nicht für ihn."

Wir tauchten in den Hohlweg ein und die eng beieinander stehenden Felsen spendeten uns willkommenen Schatten. Während ich voranritt, dachte ich über Yussuf nach und darüber, wie beschämend es für ihn wäre, erführe Gilbert Arnaud den wahren Grund seiner Anwesenheit. Ich hielt viel von Yussuf. Was er für Nadine Dufour auf sich nahm, sprach für einen Charakter und eine Willenskraft, wie man sie nicht häufig findet. Umso mehr schmerzte mich der Gedanke an unsere Rückkehr nach Algier. Wie musste Yussuf empfinden, wenn er die Geliebte endgültig verlor?

Ein helles Klacken in den Felsen zur Rechten erweckte meine Aufmerksamkeit. Ich spürte eine drohende Gefahr und riss mein Hedschîn zurück. Hinter mir hielt Yussuf sein Kamel an. Da spritzte auch schon einen knappen Meter vor mir eine Kugel in den Boden und die Detonation eines Schusses brach sich an den Felswänden.

„Wakkif - halt!", erscholl es vom oberen Rand der Felsen. „Nur einen Schritt weiter und ihr seid des Todes!"

Die Augen zum Schutz gegen das helle Tageslicht mit der flachen Hand beschirmt, suchte ich die Felsen ab. Schräg vor uns stand in etwa acht Metern Höhe ein Mann in Berbertracht mit auf uns gerichtetem Gewehr. Bei der langläufigen Waffe handelte es sich unzweifelhaft um einen Vorderlader älteren Datums. Der Berber, wohl ein Wachposten, schien allein in den Felsen zu sein.

„Melih - nun gut", antwortete ich. „Schieß nur auf uns, wenn es dir gelingt, deinem einschüssigen Bahruhde eine zweite Kugel zu entlocken!" Während der Wächter einen überraschten Fluch ausstieß, rief ich zu Yussuf: „Jalla - los! Wir müssen aus dieser Mausefalle raus!"

„Hhein, hhein - lauft, lauft!", trieben wir die Hudschûn an und die Tiere trugen uns auf das Ende der Felsgasse zu, das dreißig Meter vor uns lag. Hinter uns machte sich der unablässig fluchende Berber an seiner Waffe zu schaffen.

Als er sie nachgeladen hatte, befanden wir uns bereits im freien Gelände. Es war ein ovales Tal, in dem es eine versteckte Quelle geben musste. Anders war der üppige Bewuchs mit Kreuzkraut und Wolfsmilch nicht zu erklären. Drei europäische Expeditionszelte standen im Schatten einer überhängenden Felswand und hinter den Zelten weideten Kamele.

Zwanzig bis dreißig Männer, Berber zumeist, stürmten von den Zelten her auf uns zu. In den Händen hielten sie Gewehre, altertümliche Pistolen oder auch nur Dolche. Ich wies Yussuf an, sein Kamel neben dem meinen anzuhalten und sich ruhig zu verhalten. Meine Waffen ließ ich stecken, war ich doch hierher gekommen, um ein Blutbad zu vermeiden.

Die Männer aus dem Lager bildeten einen Halbkreis um uns und drei Europäer traten ein paar Schritte vor. Obwohl ich keinem von ihnen jemals begegnet war, erkannte ich sie sofort.

Der spindeldürre ältere Mann, dessen Tropenhelm beim schnellen Laufen verrutscht war, musste Professor Jules Pioche sein. Grauweiße Haarsträhnen sprossen unter dem Helm hervor. Auf einer großen, spitzen Nase saß ein wahres Monstrum von Brille. Ihr Träger musste ohne sie blind wie ein Maulwurf sein. Die knotigen Hände fingerten ungeschickt an einem Revolver herum und schienen dabei nicht recht zu wissen, was sie mit der Waffe anfangen sollten.

Der breitschultrige Mann neben ihm hielt sein amerikanisches Repetiergewehr fachkundig in Händen. Der Lauf zielte auf meine Brust. Ein riesiger gewichster Schnurrbart mit nach oben gezwirbelten Enden verlieh dem kantigen Gesicht ein kriegerisches Aussehen. Ich schätzte den Mann auf fünfundvierzig Jahre. So also sah Vincent Jacasse aus, der Finanzier dieser Expedition.

Der Dritte im Bunde, ein hagerer Jüngling mit hellem Haar und rötlichem Bartwuchs um Mund und Kinn, konnte nur Gilbert Arnaud sein. In der Rechten hielt er einen Revolver, doch zielte er nicht auf Yussuf und mich, sondern zu Boden. Ich las Unsicherheit in seinen faltenlosen Zügen.

Der gefährlichste Mann des Trios und die Triebfeder des ganzen Unternehmens war zweifellos Jacasse, der jetzt in einem schlechten, aber verständlichen Arabisch zu uns sprach:

„Ihr habt hier nichts zu suchen. Dieses Lager ist Fremden verboten. Emschî'u bi fîh - verschwindet sofort!“

Lächelnd deutete ich im Sattel eine leichte Verbeugung an und antwortete auf Französisch:

„Bonjour, messieurs, enchanté de vous voir - guten Tag, meine Herren, es freut mich, Sie zu sehen! Wir haben lange nach Ihnen gesucht.“

Mit offenem Mund starrte Jacasse mich an. Als er antwortete, sprach auch er Französisch:

„Sie haben uns gesucht? Und sie sind gar keine Beduinen, sondern Franzosen?“

„Oui, wir haben Sie und Ihre Begleiter gesucht, Monsieur Jacasse. Aber wir sind weder Beduinen noch Franzosen. Mein Diener Yussuf stammt aus Algier und meine Wiege stand in einem Teil des Erzgebirges, der heute sächsisch ist."

„Sie wissen, wer ich bin? Aber woher? Und was wollen Sie von mir?"

„Ursprünglich waren wir auf der Suche nach Monsieur Arnaud, dem ich eine Botschaft seiner Verlobten überbringe. Doch was ich mitzuteilen habe, ist auch wichtig für Sie, Monsieur Jacasse, sowie für Professor Pioche."

Arnaud lief auf mich zu und krallte die freie Hand in mein Sattelzeug.

„Monsieur, was ist mit Nadine? Geht es ihr nicht gut? Ist sie krank?"

„Keine Sorge, sie ist bei bester Gesundheit und wartet in Algier auf Ihre Rückkehr, Monsieur Arnaud."

„In Algier? Comment cela - wieso das?"

„Mademoiselle Dufours Vater ist gestorben und da ist sie Ihnen nachgereist. Aber Ihre Expedition hatte Algier schon verlassen, als Ihre Verlobte mit demselben Schiff wie ich eintraf." Ich blinzelte hinauf zur Sonne, die bald ihren höchsten Stand erreicht hatte. „In Ihrem Lager wird es etwas schattiger sein. Vielleicht können wir uns dort in Ruhe unterhalten, Messieurs."

Kurze Zeit später saßen wir unter einem Zeltvordach und tranken klares Wasser, das aus einer Quelle in den Felsen hervorsprudelte. Der unterirdische Fluss, der das ganze Tal fruchtbar machte, hing vermutlich mit jenem gewaltigen Wasserreservoir zusammen, aus dem sich auch der ‚Atem des Teufels' speiste. Zu unserer Stärkung tischte ein älterer Berber hartes Brot, ranzige Butter und trockene Datteln auf. Das Wasser half mir, die Mahlzeit halbwegs zu genießen. Während wir aßen, unterhielten wir uns über die politische Lage in Europa und die Berberaufstände im algerischen Hochland. Arnaud wurde immer unruhiger und platzte schließlich mit der Frage heraus, welche Botschaft seine Verlobte mir an ihn aufgetragen habe.

„Mademoiselle Dufour macht sich große Sorgen um Sie", sagte ich. „Ich habe ihr versprochen, nach Ihnen zu suchen und Sie wohlbehalten nach Algier zu bringen."

„Aber das geht nicht! Ich bin mit Professor Pioche hergekommen, um...um eine wichtige archäologische Erforschung durchzuführen."

„Sie sprechen wohl von der Suche nach der Oase des Scheitans?"

„Das wissen Sie?", fragte Arnaud erstaunt. „Hat Nadine Ihnen etwa davon erzählt?"

„C'est ça - so ist es."

„Das durfte sie nicht! Ich habe es ihr unter dem Siegel der Verschwiegenheit erzählt."

Jacasses Faust krachte auf den Tisch.

„Sie hätten es ihr gar nicht sagen dürfen, Arnaud! Wenn man einer Frau etwas unter dem Siegel der Verschwiegenheit mitteilt, kann man es gleich in die Zeitung setzen!"

Ich wandte mich an Jacasse.

„Sie scheinen Mademoiselle Dufour nicht zu kennen, Monsieur, sonst sprächen Sie anders über sie."

„Ah, wirklich? Und wie kommt es, dass Sie darüber Bescheid wissen?"

„Nach dem Tod ihres Vaters war Mademoiselle Dufour ganz auf sich allein gestellt. Sie musste sich jemandem anvertrauen."

Jacasse betrachete mich wie eine Schlange ihre Beute.

„Und jetzt sind Sie auch auf der Suche nach der Oase, stimmt's? Sie sind hierher gekommen, um sich uns anzuschließen, geben Sie es ruhig zu!"

„Ich gebe zu, dass die geheimnisvolle Oase meine Neugier geweckt hat. Aber ich bin kein Schatzsucher und strebe auch nicht nach wissenschaftlichem Ruhm. Die Beni Hammada werden die Oase keinem Fremden zugänglich machen. Ich respektiere das und bitte auch Sie, Messieurs, umzukehren!"

Neugierig reckte der Professor sich zu mir vor, als wollte er mich mit seiner spitzen Nase aufspießen.

„Sie haben Bekanntschaft mit den hiesigen Beduinen geschlossen?"

„Nicht nur das. Ich bin mit ihnen hierher gekommen. Fünfzig Krieger warten auf meine Nachricht, dass Sie das Land der Beni Hammada freiwillig verlassen."

„Mit denen werden wir fertig", brummte Jacasse. „Der Hohlweg lässt sich leicht verteidigen."

„Nicht mit einem Wachposten, der die einzige Kugel in seinem Lauf sinnlos verpulvert", wandte ich ein. „Aber selbst wenn Sie den Sohn des Scheiks aufhalten, was haben Sie gewonnen? Er wird mit dem gesamten Stamm zurückkehren."

„Der Sohn des Scheiks, dieser unverschämte Kerl schon wieder?" Verächtlich schüttelte Jacasse den Kopf. „Der wird nicht klug. Wollte uns schon vorgestern mit seinen lächerlichen zehn Reitern von hier vertreiben." Er klopfte auf das Gewehr, das neben seinem

Klappstuhl lehnte. „Ich habe diesen Wüstenläusen ein paar Kugeln vor die Pferdehufe gesetzt. Das hat ihnen Beine gemacht!"

Mein missbilligender Blick streifte die drei Franzosen.

„Auf diese Art werden Sie die Freundschaft der Beni Hammada kaum gewinnen."

„Warum auch?", blaffte Jacasse.

„Wie wollen Sie zur Oase des Scheitans gelangen, deren Hüter die Beni Hammada sind, wenn Sie sich die Beduinen zu Feinden machen?"

Pioche nickte und sah Jacasse betrübt an.

„Da hören Sie es, Vincent. Dasselbe habe ich Ihnen auch gesagt. Sie hätten nicht so leichtfertig auf die Männer schießen sollen!"

„Diese Wüstenratten haben mit dem Ärger begonnen", verteidigte sich Jacasse. „Ihr Scheik hat uns des Lagers verwiesen, was wohl nicht weniger unhöflich war."

„Unhöflich vielleicht, aber auch berechtigt", sagte ich. „Schließlich befinden Sie sich auf dem Land der Beni Hammada."

Jacasse strich in gespielter Verwunderung über seinen schwarz glänzenden Schnurrbart.

„Ach? Haben die Söhne der Steinwüste vielleicht eine Besitzurkunde?"

„Sie leben hier seit Jahrhunderten, das ist besser als eine Besitzurkunde."

„Nicht nach französischem Recht."

„Das mag stimmen, Monsieur, doch spricht das nicht für Frankreichs Gesetze. Weshalb brennt es denn überall in der Kabylei? Weil die Franzosen und ihre einheimischen Günstlinge die Buchstaben der Gesetze verdrehen, bis die Berber rechtlos sind und ihr Land gegen ein Almosen hergeben müssen. Dann können sie froh sein, wenn sie auf dem Grund und Boden, der ihnen einst gehörte, als Tagelöhner Wein anbauen dürfen, den die neuen Landbesitzer für teures Geld nach Frankreich verkaufen!"

Jacasse sah mich halb amüsiert, halb vorwurfsvoll an.

„Monsieur, sind Sie etwa ein Sozialist?"

„Wenn es einen Sozialisten auszeichnet, Recht von Unrecht zu unterscheiden, bin ich gern einer."

„Messieurs, ich bitte Sie!" Professor Pioches Blick flog irritiert zwischen Jacasse und mir hin und her. „Wir wollen keinen Streit vom Zaun brechen."

„Wozu auch?", meinte Jacasse. „Weder unser deutscher Gast noch die Beni Hammada haben uns etwas zu befehlen. Wir werden die Oase des Scheitans auch ohne die Beduinen aufspüren. Sie, Professor, und Arnaud müssen doch bald einen Weg gefunden haben!"

„Wie das?", fragte ich.

„Gilbert und ich sind dabei, die alten Überlieferungen mit der örtlichen Topografie zu vergleichen", antwortete Pioche. „Die neuen Erkenntnisse helfen uns, Lücken in den Übersetzungen der Überlieferungen zu schließen. Außerdem erstellen wir eine Landkarte dieses Gebiets, mit deren Hilfe wir uns zur Oase vorarbeiten wollten. Doch jetzt sehe ich ein, dass wir unsere Zelte hier lieber abbrechen sollten."

„Sind Sie des Teufels, Professor?", rief Jacasse und funkelte den Gelehrten zornig an.

Die Augen hinter Pioches dicken Brillengläsern hielten dem stechenden Blick stand.

„Das wäre ich wohl, wenn ich weiter nach der Oase suchte. Dank unseres Gastes habe ich erkannt, welche Dummheit ich beinah begangen hätte. Ein Krieg mit den Beduinen! Die Wissenschaft erfordert Opfer, aber nicht solche. Vielleicht ist es gut und richtig, dass die Oase des Scheitans hier versteckt ist, weitab von aller Welt. Wir wollen es dabei belassen!"

„Wo wir so nah bei den Schätzen sind?", fragte Jacasse fassungslos.

Der Professor schüttelte traurig den Kopf.

„Ihnen geht es nur um Schätze, Vincent, um Reichtum. Die Gier nach Geld und Gold ist ein schlechter Ratgeber."

„Als es darum ging, diese Expedition zu finanzieren, war Ihnen mein Geld gut genug!"

„Sie können mich ja verklagen, wenn wir wieder in Algier sind", sagte Pioche gelassen. „Allerdings habe ich weniger Geld als die ärmste Kirchenmaus."

„So weit wird es nicht kommen", sagte Jacasse entschlossen. „Wir werden die Expedition bis zum Ende durchführen!"

„Wie das, wenn ich mich weigere, Ihnen den Weg zur Oase zu zeigen?"

„Ist das Ihr Ernst, Professor?"

„Nie war mir etwas ernster."

Jacasse ruckte herum und sah Gilbert Arnaud an.

„Monsieur Arnaud, Sie kennen die Arbeit des Professors. Wollen Sie mir helfen, die Oase zu finden?"

Der junge Archäologe blickte betreten zur Seite.

„Non, Professor Pioche hat Recht. Wir sollten nach Algier zurückkehren."

„Es zieht Sie wohl zu Ihrer Braut", seufzte Jacasse und stemmte sich aus seinem Klappstuhl. „Nun, wie

Sie wollen. Allein kann ich hier nichts ausrichten. Ich werde unseren Leuten die Anweisungen zum Abbruch des Lagers geben. Sobald die Mittagshitze vorüber ist, verlassen wir dieses ungastliche Land." Mit eingezogenen Schultern ging er davon, ohne uns noch eines Blickes zu würdigen.

Pioche sah ihm hinterher.

„Er tut mir leid. Ich kann gut nachempfinden, wie er sich jetzt fühlt. Auch wenn er auf Gold aus war und nicht auf wissenschaftliche Erkenntnis. Sein Traum ist ebenso geplatzt wie meiner."

„Es ist mir ganz recht, dass er uns allein lässt", sagte ich und berichtete von den Fremdenlegionären aus Fort Danjou. „Hüten Sie sich auf dem Rückweg vor einer Begegnung mit den Deserteuren!"

„Warum haben Sie in Jacasses Gegenwart nicht von der Gefahr gesprochen?", fragte der Professor. „Fürchten Sie vielleicht, Vincent könnte mit den Deserteuren gemeinsame Sache machen?"

„Zutrauen würde ich es ihm. Außerdem fragte ich mich, woher der geheimnisvolle Schwarze Skorpion von der Oase des Scheitans weiß. Es ist doch auffällig, dass seine Männer die Deserteure zum selben Zeitpunkt nach Tademait führen, wo auch Sie nach der Oase des Scheitans suchen."

„Oui, das ist es", gestand Pioche ein. „Aber ich habe bestimmt nichts verraten."

„Ich auch nicht", fügte Arnaud hinzu. „Ich habe zu niemandem ein Wort darüber gesagt - außer zu Nadine natürlich."

„Mademoiselle Dufour scheidet wohl als Verräterin aus", sagte ich. „Sonst hätte der Schwarze Skorpion in Algier nicht so einen Aufwand betrieben, um sie an der Suche nach Ihnen zu hindern, Monsieur Arnaud."

Der Professor sah mich zweifelnd an.

„Aber Vincent - ein Verräter? Ich kann das nicht glauben!"

„Wir können nichts beweisen, leider", sagte ich. „Aber nehmen Sie sich auf dem Rückweg in Acht, vor den Deserteuren und vor Jacasse! Ich hoffe, wir alle sehen uns mit heiler Haut in Algier wieder."

„Wollen Sie uns denn nicht begleiten?", fragte Pioche.

„Ursprünglich hatte ich das vor. Aber ich hätte kein gutes Gefühl dabei, die Beni Hammada jetzt allein zu lassen. Vielleicht gelingt es mir, das Unrecht von Fort Danjou zu sühnen. Außerdem habe ich einem alten Berber in Ain Rich versprochen, auf seinen Sohn Thami zu achten. Er dient den Legionären als Führer."

Pioche legte eine Hand auf meinen Unterarm.

„Monsieur, mir scheint, Sie gehen eine Menge Verpflichtungen für fremde Menschen ein."

„Und Sie für die Wissenschaft, Professor. So versucht jeder auf seine Weise, seinem Dasein auf dieser Welt seinen Sinn zu geben."

Wir verabschiedeten uns von Pioche und Arnaud und gingen zu unseren Kamelen. Auf halbem Weg blieb ich stehen und sagte zu Yussuf:

„Vielleicht willst du hier bleiben und mit der Expedition nach Algier zurückkehren. Die Aufgabe, die du dir selbst aufgetragen ist, ist erfüllt. Dein Vater wird dich schon vermissen."

„Verzeih, Effendi, aber ich möchte lieber mit dir nach El Dschesair gehen. Einmal habe ich den jungen Alim, den die Mademoiselle liebt, von Angesicht zu Angesicht gesehen. Das genügt mir."

Ich verstand ihn gut und war damit einverstanden, dass er mich weiterhin begleitete.

Als wir auf unsere Hudschûn stiegen, begannen die Helfer, die Jacasse angeworben hatte, widerwillig mit dem Abbau des Lagers. Es gefiel ihnen nicht, in der Mittagshitze arbeiten zu müssen.

Wir tauchten wieder in den Hohlweg ein und zufrieden dachte ich an das Wiedersehen mit Kamal Ben Baschar Rustem. Heute war es mir gelungen, eine bewaffnete Auseinandersetzung zu verhindern. Ich hoffte, damit auch ein zweites Mal Erfolg zu haben, wenn die Deserteure aus Fort Danjou das Schwarze Land erreichten.

12. Vergossenes Blut

Am Tag nach meiner Begegnung mit Professor Pioche, Gilbert Arnaud und Vincent Jacasse wurde ich Zeuge eines Schauspiels, das noch kein Europäer gesehen hatte und das wohl auch kein anderer Europäer jemals sehen würde. Die Krieger der Beni Hammada lagerten an dem Fluss, der sich ins ‚Maul des Krokodils' ergießt. Frauen und Kinder, Kranke und Alte waren im Duar zurückgeblieben. Ich hielt mich mit Halef und Yussuf abseits in den Felsen und spielte den stillen Zuschauer. Die Zeremonie, die vor unseren Augen abgehalten wurde, entsprach nicht dem Islam und schon gar nicht dem christlichen Glauben. Es war ein Ritual, das sich in diesem abgeschiedenen Land entwickelt hatte, in seiner konkreten Ausgestaltung einzigartig, in ähnlicher Weise aber bei vielen Völkern vorzufinden. Man brachte seinem Gott oder seinen Göttern ein Opfer dar und erhoffte sich dadurch göttliche Gnade. Zumindest festigte man seinen eigenen Mut.

Das Opferfest wurde mit einer gewaltigen Fantasia eingeleitet. Am Nachmittag begannen die Kampfspiele, die sich bis zum Abend hinzogen. Ich hatte ausreichend Gelegenheit, den geschickten Umgang der Beni Hammada mit ihren archaischen Waffen zu bewundern. Auf Pferden, Kamelen und zu Fuß traten sie gegeneinander an, schossen Pfeile aus vollem Galopp ins Ziel, trafen mit Wurfspießen über erstaunliche Entfernungen, hieben mit Schwertern, Streitäxten und Keulen aufeinander ein, dass manche Waffe und mancher Schild zerbrach. Einige Tiere und auch Krieger erlitten dabei Verletzungen. Bei der Kühnheit der Beni Hammada im Umgang mit den Waffen wunderte ich mich nur, dass es keine Toten gab.

Zwischen den Felsen hallten die kehligen Kriegsschreie wider und die Vergangenheit wurde für mich lebendig. Ich sah die arabischen Eroberer unter dem grünen Banner gegen die Berber reiten, sah Angreifer und Verteidiger sich im Schlachtgetümmel gegenseitig aufspießen, sah brennende Zelte und zerstörte Häuser, hörte die Schreie der Verwundeten und das Wehklagen der Witwen und Waisen. Scharfer Brandgeruch kitzelte meine Nase und der süßlich-herbe Geschmack von Blut lag plötzlich auf meiner Zunge. Vor meinen Augen veränderte sich die Szenerie und ich glaubte, auf das Duar der Beni Hammada zu blicken. Das Lager war verwüstet, die Zelte eingerissen, zum Teil verbrannt. Die Beduinenkrieger waren zu Leichenbergen aufgetürmt wie die ermordeten Legionäre in Fort Danjou.

„Sihdi, was ist mit dir? So antworte doch, o Kara Ben Nemsi el Zagal!"

Mir war, als zerrisse ein Schleier vor meinen Augen. Die Berge der Toten wurden durchsichtig und ich blickte in ein Paar besorgter Augen. Sie gehörten zu seinem schmalen Gesicht mit einem Bart, der eigentlich nur aus ein paar einzelnen Haaren bestand.

„Halef", sagte ich und staunte über das Zittern meiner Stimme. „Du bist Halef."

„Natürlich bin ich ich, Sihdi. Wer sollte ich auch sonst sein? Etwa du? Du hast mich eben ganz schön erschreckt, saßt da wie zu Stein erstarrt, als sei ein Dschinn in dich gefahren."

„So ähnlich ist es auch gewesen." Ich musste mich anstrengen, um deutliche Worte zu formen. Meine Zunge fühlte sich wie ein Fremdkörper an, meine Kehle war wie ausgedörrt.

Yussuf reichte mir einen Wasserschlauch und dankbar ließ ich das kühle Nass in meine Kehle rinnen. Ich blickte zum Fluss, an dessen Ufer zwei Gruppen von Kamelreitern mit Lanzen und Schwertern gegeneinander kämpften. Ich machte mir klar, dass dies nur ein Spiel war, kein blutiger Ernst wie in meinem Traum.

„Was ist mit dir geschehen, Sihdi?", fragte der Hadschi. „Deine Stirn ist mit Schweiß bedeckt, obwohl die Mittagshitze längst vorüber ist."

Ich wischte mit einem Zipfel meines Haiks übers Gesicht.

„Ein Traum hat mich heimgesucht und mir schreckliche Bilder gezeigt."

„Ein Traum, mitten am Tag, und mit offenen Augen?", wunderte sich mein neuer Diener. „Sche rarihb – sonderbar."

„Ja, Halef", antwortete ich und erzählte, was ich gesehen - nein, was ich erlebt hatte.

„Allah ist mächtig und er ist unerforschlich", meinte der Hadschi. „Nur er kann dir den Traum gesandt haben."

„Doch warum?", ächzte ich noch halb benommen. „War es eine Warnung?"

„Vielleicht hat er dir zeigen wollen, was geschieht, wenn die Beni Hammada keine Opfer darbringen", mutmaßte Halef.

„Und warum sandte er den Traum ausgerechnet mir und nicht dem Scheik?"

„Es ist ein Zeichen!" Halef hüpfte vor mir auf und ab wie ein freudig erregtes Kind. „Allah sei Dank, er hat dir ein Zeichen geschickt! Er meint es gut mir dir, Sihdi, und will dir sagen, dass seine Arme für dich offen sind. Meine Bemühungen, dich zum rechten Glauben zu bekehren, werden von Erfolg gekrönt sein!"

Fast wollte ich hoffen, dass der Hadschi mit dieser Deutung des Vorfalls Recht hatte. Üblicherweise werde ich nicht von Geistern und Visionen geplagt. Umso mehr beunruhigte mich das Traumbild, in dem ich so vollends versunken war wie ein unvorsichtiger Wüstenwanderer im Treibsand. Noch am Abend, als die Kampfspiele längst beendet waren und ein paar fette Hammel über den Feuern brieten, hielt das seltsame Erlebnis mich gefangen. Ich aß nur wenig, grübelte dafür aber umso mehr.

Die Nacht verbrachte ich unruhig, erwachte mehrmals und war jedes Mal erleichtert, über mir das beruhigende Funkeln der vielen Sterne zu sehen, die das Firmament der Sahara erhellen. Erst gegen Morgen fand ich einen festeren Schlaf und erwachte, als aus vierhundert Kehlen das Morgengebet erklang. Dabei blieb ich ebenso ein stiller Beobachter wie bei der anschließenden Opferung, zu der die Beni Hammada sich nach Sonnenaufgang zum ‚Maul des Krokodils' begaben. Die eigenartige Stimmung, in der ich mich seit dem gestrigen Tagtraum befand, wurde durch die Erinnerung an den Kampf mit den ‚Herren des Wassers' noch verstärkt.

Scheik Baschar Rustem und die zehn Ältesten verneigten sich gen Mekka und der Scheik sprach:

„Bismi'llahi'r Rahmani'r Rahim – im Namen Gottes, des Allerbarmers, des Allbarmherzigen. Wir bringen den ‚Herren des Wassers' heute ein besonderes Opfer, um den Zorn Allahs zu besänftigen, den wir auf uns gezogen haben, ohne es zu wollen. Allahs Barmherzigkeit übertrifft seinen Zorn. Er besitzt hundert Barmherzigkeiten, von denen er eine uns Menschen herabgesandt hat. Die anderen neunundneunzig jedoch hat er aufgehoben, um mit ihnen sein Volk zu erfreuen. So sind wir gewiss, dass Allah unser Opfer annehmen wird!"

Er trat ans Ufer jenseits der buschbewachsenen Landzunge, um die der Fluss sich wand, bevor er sich gurgelnd in die Felshöhle ergoss. Annur es Siddiq brachte ihm ein Messer mit langer und, wie ich annahm, sehr scharfer Klinge. Die Edelsteine, die den Griff zierten, funkelten im Licht der Morgensonne. Die Opfertiere wurden von hervorragenden Kriegern zum Fluss geführt, zehn Kamele und zehn Ziegen, alle ohne Makel und wohlgenährt. Am Ufer übernahmen die Ältesten das erste Kamel und brachten es zu ihrem Scheik, der noch einmal Allahs Gnade erflehte und dann die Messerklinge mit einem kräftigen Schnitt durch die Kehle des Tiers zog. Die Ältesten hielten das sich sträubende Kamel mit Mühe fest. Nach islamischem Recht war es nicht erlaubt, das Opfertier vor der Schlachtung zu betäuben. Das aus der Wunde strömende Blut färbte das Wasser in Ufernähe rot. Als die Kräfte des Kamels erlahmten, wurde es in den Fluss gestoßen. Es war schon zu schwach, um aus eigener Kraft wieder an Land zu gelangen. Die Strömung riss es mit sich, wirbelte es vor den steinernen Zähnen der Felsnadeln herum und warf es mit einem plötzlichen Ruck ins Halbdunkel der Höhle.

Das nächste Kamel wurde zu Baschar Rustem gebracht und die Prozedur wiederholte sich. Als das Blut ins Wasser tropfte, suchten meine Augen den Fluss nach Krokodilen ab. Mussten sie von dem Blut und dem ersten Opfertier nicht angelockt werden? Oder wussten sie aus Erfahrung, dass noch viele Opfertiere folgen würden, die ihnen zufielen, ohne dass sich die ‚Herren des Wassers' großartig rühren mussten? Jedenfalls zeigte sich keine der gefährlichen Echsen außerhalb der Höhle.

Kamel um Kamel, Ziege um Ziege trieb verblutend auf das ‚Maul des Krokodils' zu, ohne dass ich noch länger zusah. Die Zeremonie widerte mich an. Es war kein Gottes-, sondern ein Götzendienst. Ich konnte mir nicht vorstellen, dass der Tod der zwanzig Tiere Allahs Wohlgefallen erregte. Während die Beni Hammada gebannt auf den Fluss und die Felshöhle starrten, holte ich mein Fernrohr aus einer Satteltasche und kletterte die Felsen ein Stück hinauf, um einen besseren Überblick zu gewinnen.

Noch immer versetzte mich das Land der Beni Hammada in Erstaunen – der Reichtum an Wasser und die üppige Vegetation inmitten der Ödnis von Tademait. Unwillkürlich blieb mein Blick an dem großen Felskegel haften, der alle Höhenzüge überragte, dem Dschebel esch Scheitan. Alles hing mit ihm zusammen, das schien mir so gut wie sicher. Er war der Ursprung des Lebens und der Geheimnisse, die das Schwarze Land verbarg. Und zugleich stellte er eine Gefahr für alle Menschen dar, die in seinem Umkreis lebten. Nicht nur wegen der Glücksritter, die von der sagenhaften Oase des Scheitans angelockt wurden, sondern auch wegen der unheimlichen Kraft, die in dem Berg schlummerte und die den Nafas esch Scheitan, den ‚Atem des Teufels', hervorstieß.

Von dem Berg ging ein merkwürdiges Leuchten aus, das seine Farbe änderte, je höher die Sonne stieg. Mal schimmerte der Kegel gelblich-grün, dann wieder rötlich-violett. Mit meinem Fernrohr holte ich den Dschebel esch Scheitan näher zu mir heran und sah jetzt deutlich, was ich vorher bereits vermutet hatte. Auf den einzelnen Stufen des Felsgesteins hatten sich Ablagerungen in den beschriebenen Farben gebildet, die das Sonnenlicht reflektierten. Solche Ablagerungen, Sinter genannt, findet man häufig am Rand von Geysiren. Sie entstehen aus den abgesetzten Mineralsalzen des ausgestoßenen Wassers.

Eine unvermutete Bewegung in den nahen Felshöhen erregte meine Aufmerksamkeit. Ein großes Tier schien in schnellem Lauf auf den Fluss zuzuhalten. Ich stellte mein Fernrohr auf das Objekt ein und erkannte einen Reiter, der sein Pferd mit wenig Geschick, dafür aber mit halsbrecherischer Geschwindigkeit durch die schmalen Pässe hetzte. Er kam aus der Richtung des

Duars und mir schwante bei seinem Anblick nichts Gutes. Immer wieder verschwand er hinter Felsvorsprüngen, sodass ich kein klares Bild gewinnen konnte. Immerhin glaubte ich erkannt zu haben, dass er nicht den roten Haik der Beni Hammada trug.

Als ich eilig nach unten stieg, hatten der Scheik und die Ältesten das letzte Tier geopfert. Die Krieger knieten nieder zum gemeinsamen Gebet und ließen sich durch meine lauten Schritte nicht stören. Yussuf und Halef knieten in der hintersten Reihe. Sie brachen das Gebet ab und traten mir entgegen.

Der Hadschi starrte mich vorwurfsvoll an.

„Sihdi, willst du Allahs Unmut erregen, indem du die heilige Handlung des Gebets störst? Du gefährdest den Erfolg des ganzen Opferfestes!"

„Ich fürchte, darauf kommt es nicht mehr an", sagte ich und zeigte zu den Hügeln, aus deren Schatten sich der unbekannte Reiter löste. „Seht dort!"

Wir drei liefen dem Ankömmling entgegen und erkannten, dass es kein Reiter war, sondern eine Reiterin. Angegrautes Haar flog wie eine Fahne hinter ihr her, während der abgehetzte Schimmel uns entgegengaloppierte. Schaumflocken flogen aus dem Pferdemaul.

„Lutel, es ist Lutel!", rief Halef aus, der über ein scharfes Auge verfügte.

Jetzt erkannte auch ich die Dienerin, der ich zum ersten Mal hier am Fluss begegnet war. Sie klammerte sich mehr an das ungesattelte Pferd als dass sie auf ihm ritt. Vor uns hielt das Tier mit einem erschöpften Schnauben an. Lutel wäre hinuntergefallen, wäre ich nicht vorgesprungen, um sie aufzufangen. Als ich sie auf dem Boden absetzte, bemerkte ich etwas Feuchtes, Warmes an meiner rechten Hand. Blut, das aus einer Schulterwunde Lutels stammte, offenbar eine Schussverletzung.

„'Atsch - Durst", keuchte sie. „Mâ - Wasser!"

Wir führten sie zum nahen Fluss, wo wir sie vorsichtig gegen den Stamm einer Schatten spendenden Akazie lehnten. Halef schöpfte mit zu einer Schale geformten Händen Wasser und gab der Frau zu trinken. Ich untersuchte derweil die Schulterwunde und stellte fest, dass es sich nur um einen Streifschuss handelte.

„Ist es schlimm, Effendi?", fragte Yussuf.

„Nein, die Kugel ist zum Glück nicht eingedrungen. Hol mir das Desinfektionsmittel aus unserem Gepäck. Dann werde ich die Wunde reinigen, bevor wir sie verbinden."

Als ich damit fertig war, hatten sich die Beni Hammada in einem großen Halbkreis um uns versammelt. Baschar Rustem und Kamal drängten sich zu uns durch. Bei ihrem Anblick zuckte Lutel zusammen und begann zu jammern.

„Großes Unglück ist über die Zelte der Beni Hammada gekommen, ya sahda - o ihr Herren! Wehklagen hört man über dem ganzen Land und das Blut der Toten tränkt die Erde. Allah hat sich von uns abgewandt!"

„Wâsch kâyen - was ist geschehen?", fragte der Scheik. „Gûli - sprich!"

Und Kamal fügte hinzu:

„Was ist mit Chudra und den Kindern? Ist ihnen etwas zugestoßen?"

„Ja", sagte die Dienerin leise und senkte den Blick.

„Sind sie...tot?", kam es zögernd über Kamals Lippen.

„Nein. Als ich das Duar verließ, lebten sie noch. Aber sie befanden sich in der Hand des Feindes."

„Des Feindes?", wiederholte der Scheik. „Ich verstehe nur die Hälfte von deiner Rede, Lutel. Erzähl der Reihe nach, was vorgefallen ist!"

„Ja, Herr. Es geschah noch vor Sonnenaufgang. Fremde drangen in das Duar ein und trieben uns zusammen. Sie waren mit Donnerstöcken bewaffnet und schossen auf jeden, der sich ihnen widersetzte."

„Was für Fremde?", wollte Baschar Rustem wissen. „Wer sind sie?"

„Frandsch. Sie tragen Uniformen."

„Also sind es Dschunûd?"

„Ja."

„Wie viele?"

„Vielleicht hundert. Genau weiß ich es nicht."

„Weiter!", forderte der erregte Kamal. „Berichte weiter!"

„Die Fremden trieben uns im Schlangenkopf zusammen. Dort sind alle Beni Hammada eingesperrt. Nur Chudra, Hassim und Hassiba..."

„Was ist mit ihnen?" Kamals Nerven lagen blank und er schrie die Dienerin fast an.

„Sie wurden von den Dschunûd als Geiseln genommen."

Ich fragte:

„Woher wussten die Fremden, wer Chudra und die Kinder sind?"

„Ein Scheik der Dschunûd erkundigte sich nach den Kriegern der Beni Hammada. Als er erfuhr, dass sie mit unserem Scheik fortgeritten sind, fragte der Fremde nach der Familie des Scheiks. Wir antworteten, Baschar Rustem habe nur einen Sohn und der sei mit ihm geritten. Da fragte der Frandschi nach Kamals Familie. Wir hatten Chudra, Hassim und Hassiba mitten zwischen uns versteckt und wollten nicht antworten. Doch das große Donnerohr brüllte und zehn oder zwölf von uns sanken auf einen Schlag in den Staub, tot oder verletzt. Da erhob sich Chudra und begab sich freiwillig mit ihren Kindern in die Hände der Feinde."

„Das große Donnerrohr?", wiederholte Baschar Rustem zweifelnd.

Die Antwort kam von mir:

„Das ist die schreckliche Waffe, von der ich euch berichtet habe, Scheik."

„Eine schlimme Waffe", sagte Lutel. „Der Scheitan selbst muss sie geschmiedet haben. Jetzt ist sie auf den Schlangenkopf gerichtet. Wer zu fliehen versucht, wird von dem Todesgewitter niedergestreckt."

„Und wo sind Chudra, Hassim und Hassiba?", erkundigte sich Kamal.

„Irgendwo im Lager der Dschunûd. Seitdem Chudra sich ergeben hat, habe ich die drei nicht mehr gesehen."

„Wie konntest du entkommen?", fragte Baschar Rustem.

„Ich lag bei denen, die unter den Schlägen des großen Donnerrohrs gefallen waren. Zum Glück hatte der Atem des Todes mich nur gestreift. Ganz in meiner Nähe reckte sich ein Felsen vor, hinter den ich so langsam kroch, dass keiner der Dschunûd es bemerkte. Von dort schlich ich zu einer unserer Pferdekoppeln. Da die Frandsch damit beschäftigt waren, ihr Lager zu errichten, konnte ich unbemerkt entkommen. Eine ganze Weile zog ich das Pferd hinter mir her, bis ich mich weit genug entfernt glaubte. Da stieg ich auf und ritt so schnell es ging hierher."

„Was ist der Schlangenkopf?", fragte ich.

„Eine Verengung am Ende des Tals, in dem unser Duar steht", antwortete Kamal. „Weil das Tal sich dort windet und zu einer Spitze verengt, die dem Kopf einer Schlange ähnelt, entstand dieser Name. Der Schlangenkopf lässt sich von wenigen Männern gut bewachen. Der Chorm[1], der den Eingang bildet, ist nicht breiter als zehn oder zwölf Männer, die Schulter an Schulter stehen."

Ich erinnerte mich an dieses Gebiet, das im Westen der Schlucht lag. Ein natürliches Gefängnis, in der Tat, und mit Hilfe der Mitrailleuse leicht zu überwachen.

Yussuf sah mich bestürzt an.

„Effendi, sind das die Dschunûd, die ihre eigenen Kameraden ermordet haben?"

„Sie müssen es sein, niemand sonst kommt in Betracht."

„Aber warum haben sie das Duar überfallen?"

„Sie wussten nicht, dass die Krieger abwesend sind. Sie hofften wohl, jeden Widerstand der Beni Hammada durch einen Überraschungsangriff zu brechen, um ungehindert zur Oase des Scheitans zu gelangen. Dass sie nur auf Frauen, Alte und Kinder stießen, muss sie sehr überrascht haben."

Scheik Baschar Rustem trat vor mich hin und bedachte mich mit einem ungnädigen Blick.

„Ich bin auch sehr überrascht! Vor drei Tagen hast du in der Dschemma gesagt, die Dschunûd würden noch acht bis zehn Tage benötigen, um in unser Land zu gelangen. Wie kann es sein, dass sie jetzt schon hier sind?"

[1] Engpass

„Ich habe dafür keine Erklärung, o Scheik."

„Aber ich!", rief ein kräftiger Mann, der sich aus den Reihen der Krieger löste. Es war Amram, der noch immer wütend zu sein schien, dass er mir im Zweikampf unterlegen war. „Vielleicht hat der Mann, den ihr El Zagal nennt, uns belogen, um uns in Sicherheit zu wiegen. Während wir die fremden Soldaten noch weit weg glaubten, trafen sie längst die Vorbereitungen zum Angriff auf unser Duar."

„Wäre ich mit den Dschunûd verbündet, hätte ich euch gar nicht von ihnen erzählt", wandte ich ein.

„Kara Ben Nemsi el Zagal spricht mit ehrlicher Zunge", sagte Kamal.

„Meinst du?", fauchte Amram. „Und wie erklärst du dir die Anwesenheit der Dschunûd?"

„Noch weiß ich es nicht." Der Sohn des Scheiks blickte nach Süden, wo hinter etlichen Hügeln das Duar lag. „Aber ich werde die Dschunûd selbst fragen, sobald wir diese feigen Hyänen, die Frauen und Kinder morden, niedergerungen haben!"

*

„Kannst du etwas erkennen, Kara Ben Nemsi el Zagal?"

„Ja, Kamal Ben Baschar Rustem", sagte ich, während ich mit dem Fernrohr den spitzen Taleinschnitt absuchte, den ‚Schlangenkopf'. Ungefähr achthundert Beni Hammada drängten sich an die westlichen Felsen in den Schutz der länger werdenden Schatten.

Es war später Nachtmittag geworden, bis die Krieger der Beni Hammada, denen ich mich angeschlossen hatte, die Höhenzüge rund um das Duar erreichten.

Wir waren einen bedeutenden Umweg geritten, um die Fremdenlegionäre nicht zu warnen. Scheik Baschar Rustem lagerte mit den übrigen Männern hundertfünfzig Meter unter uns. Kamal, Amram und ich hatten eine schwierige Kletterpartie unternommen. Jetzt hockten wir auf einer kleinen Felskanzel, die uns freie Aussicht über das ganze Tal mit dem Duar gewährte.

Da die Gefangenen im ‚Schlangenkopf' keine Zelte hatten, suchten sie den Felsschatten auf, ihr beinah einziger Schutz gegen die noch starke Sonne. Ein paar Menschen hatten sich aus Ästen und Haiks Sonnenschutzdächer gebaut. In der Nacht würden sie sich wieder zusammendrängen, dann allerdings, um sich gegenseitig Wärme zu spenden – falls sie dann noch Gefangene waren.

Langsam ließ ich das Fernrohr weiterwandern, bis ich am Ende des ‚Schlangenkopfs' die Mitrailleuse erblickte, die auf die Gefangenen gerichtet war. Zehn Soldaten lagerten bei dem Geschütz unter einer als Sonnenschutz aufgespannten Zeltplane. Ein Stück entfernt befand sich das eigentliche Zeltlager der Beni Hammada, das jetzt menschenleer war. Die Fremdenlegionäre hatten einige wenige Zelte in Beschlag genommen. Hier gingen Wachen auf Streife. Die drei halbkreisförmig aufgefahrenen Trosswagen und die Protze der Mitrailleuse, ergänzt durch einen Verhau aus Kisten und Fässern, riegelten das Lager der Legionäre vom Rest des Duars ab. Ganz in der Nähe befand sich ein aus Seilen aufgespannter Korral, der mir neu erschien und in dem etwa einhundert Reitkamele eingepfercht waren.

Ich reichte das Fernrohr an Kamal weiter.

„Sieh dir einmal den Korral neben dem Lager der Dschunûd an. Waren die Hudschûn schon immer dort untergebracht?“

„Nein, der Korral ist neu“, antwortete Kamal, nachdem er eine Weile durch das Fernrohr geblickt hatte. „Diese Hudschûn gehören nicht meinem Stamm. Die Kamele der Beni Hammada sind etwas größer und haben kein so langes Fell.“

Ich blickte noch einmal durch das Fernrohr und sah es jetzt auch. Das Rohr an Amram weiter reichend, sagte ich:

„Jetzt wissen wir, wie die Dschunûd so schnell hergekommen sind. Irgendwie haben sie sich Reitkamele verschafft, wodurch sie ihre Geschwindigkeit verdoppeln konnten.“

„Dann trifft dich keine Schuld an dem Überfall“, stellte Kamal fest. „Im Gegenteil, du hast uns ermahnt, sofort mit den Vorbereitungen zur Verteidigung zu beginnen.“

Amram setzte das Fernrohr ab und sah mich misstrauisch an.

„Ich glaube dem Fremden nicht so bedingungslos wie du, Kamal. Hat er uns nicht vorgestern versichert, die fremden Ulema würden unser Land sofort verlassen? Wie ist es dann aber zu erklären, dass ein Alim da unten im Duar steht?“

„Ghair mumkin - unmöglich!“, entfuhr es mir.

Amram gab mir das Fernrohr zurück.

„Sieh selbst, Fremder! Es ist der Mann mit dem schwarzen Schnurrbart, dessen Enden so spitz sind wie das Schwanzende einer Viper. Er steht bei den Wagen, die das Lager der Dschunûd begrenzen.“

Vincent Jacasse? Ungläubig riss ich das Fernrohr an

mich und richtete es auf den von Amram bezeichneten Punkt. Zuerst erfasste die Optik einen großen, schlanken Mann in Offiziersuniform, Mathieu Gallord. Neben ihm stand ein zweiter Offizier, der verräterische Oberleutnant Grisot. Beide waren in ein lebhaftes Gespräch mit einem Zivilisten vertieft. Wahrhaftig, der Mann war Vincent Jacasse! Er machte auf mich nicht den Eindruck eines Gefangenen, war nicht gefesselt und schien auch sonst recht munter zu sein.

Befanden sich auch Professor Pioche und Gilbert Arnaud hier? Erneut suchte ich sorgfältig das Lager der Fremdenlegionäre und auch den übrigen Bereich des Duars ab, doch ohne einen der beiden zu entdecken.

„Allmählich wird mir die Geschichte immer klarer", sagte ich zu den beiden Beduinen. „Da die Dschunûd unerwartet schnell vorangekommen sind, müssen die Ulema ihnen auf dem Rückweg in die Arme gelaufen sein. Jacasse, der Frandschi mit dem spitzen Schnurrbart, kannte das Duar und hat die Dschunûd auf dem kürzesten Weg hergeführt."

Amram betrachtete mich mit demselben Misstrauen wie zuvor.

„Warum hat dieser Abu esch Schârib[1] den Dschunûd geholfen, wo er dir doch versprochen hat, unser Land zu verlassen?"

„Im Gegensatz zu den beiden anderen Ulema war er nicht so leicht zur Umkehr zu bewegen. Nur weil jene beiden sich so entschieden, hat auch er eingewilligt, das Schwarze Land zu verlassen. Die Begegnung mit den Dschunûd muss seine Hoffnung, sich der Schätze in der Oase des Scheitans zu bemächtigen, neu geschürt haben."

[1] Vater des Schnurrbarts

„Also suchen sie doch nach Schätzen!“, brachte Amram triumphierend hervor. „Zu uns sagten die Ulema, ihr Ziel sei es nur, ihr Wissen zu mehren.“

„Die beiden anderen Ulema sind Männer des Wissens, Abu esch Schârib aber strebt nach Reichtum.“

Amram wandte sich zu Kamal um.

„Der Fremde, den die Mutter deiner Kinder El Zagal genannt hat, besitzt die geschickteste Zunge, die mir jemals untergekommen ist. Er weiß auf jede Frage eine Antwort. Und doch - vielleicht gerade deshalb - fällt es mir schwer, seinen Worten zu glauben.“

„Ich habe keine Zweifel an den Worten von Kara Ben Nemsi el Zagal und noch weniger an seinen Taten, Amram. Oder hast du schon vergessen, dass er gegen die ‚Herren des Wassers‘ gekämpft hat, um meinen Sohn Hassim zu retten? Und schon einmal, in El Dschesair, stand er mir und Halef gegen die Frandsch bei, gegen Männer von seinem eigenen Blut. Damals verhielt ich mich ihm gegenüber abweisend. Und ich wollte ihn auch zurückweisen, als ich ihn im Bilad el Aswad wiedertraf. Hätte ich damit Erfolg gehabt, wäre Hassim jetzt tot. Noch einmal werde ich mich nicht gegen den Mann auflehnen, den Chudra ihren Bruder nennt!“

Während dieser Predigt Kamals knirschte Amram mit den Zähnen. Ob seine Abneigung gegen mich aus echtem Misstrauen erwuchs oder aus der Tatsache, dass ich ihn vor den Beni Hammada lächerlich gemacht hatte, das Ergebnis blieb sich gleich: Ich hatte mir, wie es schien, einen unversöhnlichen Gegner geschaffen.

*

Eine halbe Stunde später hatten wir den schwierigen Abstieg hinter uns gebracht und berichteten der Dschemma, die sich unter einigen Dattelpalmen versammelt hatte.

Als die Beratung über das, was nun zu unternehmen war, beginnen sollte, bat Scheik Baschar Rustem mich, die Dschemma zu verlassen.

Ich erhob mich, schickte mich aber nicht zum Gehen an, sondern sagte:

„Ich weiß, dass die Gesetze der Beni Hammada Fremde von der Beschlussfassung in der Dschemma ausschließen. Aber in diesem Fall liegen besondere Umstände vor. Ich bitte euch deshalb, hier bleiben zu dürfen, ohne eine Stimme im Rat, aber vielleicht als wertvoller Ratgeber."

Einige der Ältesten begannen zu murren, aber ausgerechnet Annur es Siddiq sorgte mit einer energischen Handbewegung für Ruhe und fragte:

„Was sind das für besondere Umstände, o Kara Ben Nemsi el Zagal?"

„Eure Feinde kommen aus dem Bilad el Frandsch, wo auch meine Heimat liegt. Ich bin mit ihrer Art zu denken und zu kämpfen vertraut, ihr dagegen nicht."

Amrams Vater nickte.

„Kara Ben Nemsi el Zagal könnte uns wichtigen Rat geben. Ich bin dafür, dass er in der Dschemma bleibt."

Der Widerstand einiger Ältester war nur kurz, dann war mein Verbleiben in der Ratsversammlung beschlossene Sache.

Ein spitzgesichtiger Alter, der auf den Namen Ibrahim hörte, sagte:

„Wenn Kara Ben Nemsi el Zagal mit der Kampfweise der fremden Dschunûd vertraut ist, mag er uns einen Angriffsplan unterbreiten! Er wird wissen, wie sie am leichtesten zu besiegen sind."

„Sie sind gar nicht leicht zu besiegen", antwortete ich. „Und jeder Kampf würde die Gefangenen gefährden, eure Frauen, eure Kinder, die Alten. Deshalb rate ich von einem Angriff ab."

„Wir sollten die Dschunûd nicht angreifen?", entfuhr es Kamal. „Bei Allah, sollen die Meinen auf ewig in den Händen der Fremden bleiben?"

„Nein, Kamal, noch in dieser Nacht sollen sie ihre Freiheit zurückerhalten", erklärte ich. „Aber das ist nicht mit Gewalt, sondern nur mit List zu bewerkstelligen."

„Welche List? Sag es, El Zagal!", drängte der Sohn des Scheiks.

„Im Schutz der Nacht werde ich mich in das Lager der Dschunûd schleichen und erkunden, wo die Geiseln festgehalten werden. Mit etwas Glück wird es mir gelingen, sie zu befreien und aus dem Tal herauszubringen."

„Das ist unmöglich!", bellte Amram und die Gesichter der übrigen Anwesenden verrieten, dass alle Mitglieder der Dschemma seiner Meinung waren. „Wie soll ein Mann allein gegen hundert Feinde bestehen?"

„Im offenen Kampf wäre das sicher mehr als kühn. Gerade darum will ich die Schlacht vermeiden. Von den Dschunûd unbemerkt will ich in ihr Lager schleichen und auch wieder hinauskommen."

„Das wird niemals gelingen, Allah ist mein Zeuge!", rief Amram. „Bist du etwa so leicht wie eine Feder und so klein wie ein Käfer, dass du glaubst, die Wachen der Dschunûd könnten dich weder hören noch sehen?"

„Die Schatten der Nacht werden mich vor ihren Blicken schützen. Leicht wie eine Feder bin ich zwar nicht, doch habe ich gelernt, mich fast geräuschlos zu bewegen."

„Wie das?", fragte der alte Ibrahim. „Jeder Schritt macht ein Geräusch, bei jeder Bewegung eines Kriegers klirren seine Waffen."

„Natürlich muss man seine Waffen zu solch einem Unternehmen ablegen und..."

Weiter kam ich nicht, denn Amram ergriff wieder das Wort:

„Maschallah! Ohne Waffen willst du hundert bewaffneten Feinden gegenübertreten?"

„Nicht ganz ohne Waffen. Ein Messer werde ich mitnehmen, mehr aber nicht. Wie der weise Ibrahim eben sagte, das Klirren des Stahls ist verräterisch. Auch werde ich meine Stiefel und jedes hinderliche Kleidungsstück ausziehen. Nur dann kann es gelingen, kein verräterisches Geräusch zu verursachen."

„Lâ, wallahi - nein, bei Gott!", kam es von Amram. „Niemals kann das gelingen! Kein Mensch auf Erden kann sich so lautlos bewegen wie ein Vogel, der durch die Lüfte segelt!"

„In dem fernen Land Amrîka[1] beherrschen viele Krieger diese Kunst und mein Lehrmeister war der berühmteste und geschickteste von allen!" Natürlich sprach ich von Winnetou, meinem Blutsbruder, der mich in die hohe Schule des Anschleichens und Spurenlesens genommen hatte.

Bei den letzten Worten hatte ich meine Stimme erhoben. Amrams Widerborstigkeit reizte meine Geduld. Die Zeit, die hier mit Rede und Gegenrede

[1] Amerika

verstrich, hätten wir besser für die Vorbereitung der nächtlichen Befreiung nutzen sollen.

Auch Amrams Gemüt erhitzte sich zusehends. Als er aufspringen wollte, um mich, wie ich vermutete, mit lauten Worten einen Lügner zu schimpfen, hielt sein Vater ihn zurück und sagte:

„Selbst wenn dein Plan gelingt, o Kara Ben Nemsi el Zagal, bleiben unsere restlichen Brüder und Schwestern, Väter und Mütter, Frauen und Kinder weiterhin in der Gewalt des Feindes!"

„Nein, die Rettung meiner Schwester und ihrer Kinder ist nur der erste Teil meines Plans." Ganz bewusst nannte ich Chudra ‚meine Schwester'; ich wollte den Beduinen verdeutlichen, dass mir an Chudras Befreiung etwas lag und ich nicht leichtsinnig mit ihrem Leben spielte. „Sobald ich mit den drei Befreiten in Sicherheit bin, gebe ich den Kriegern der Beni Hammada ein Zeichen. Sie werden dann in zwei Gruppen angreifen. Die eine Gruppe nimmt sich das Lager der Dschunûd vor, um die Soldaten abzulenken, während die zweite Gruppe die übrigen Gefangenen freikämpft."

Scheik Baschar Rustem sah mich zweifelnd an.

„Ein Angriff in tiefer Nacht?"

„Ja, o Scheik."

„Wie sollen wir da den Feind erkennen, wie sollen unsere Pfeile und Spieße sicher ihr Ziel finden?"

„Darauf kommt es nicht an. Wichtig ist nur, im Lager der Dschunûd eine möglichst große Verwirrung zu entfachen. Währenddessen muss der zweite Trupp schnell zuschlagen und die Wachen am Schlangenkopf unschädlich machen."

„Die Krieger der Beni Hammada sind den Kampf in

der Nacht nicht gewohnt“, wandte der Scheik ein. „Unsere Pferde würden stolpern, unsere Waffen uns selbst statt den Feind verwunden.“

„Kara Ben Nemsi el Zagal scheint zu wissen, wovon er spricht“, sagte Kamal. „Er wird uns zeigen, wie wir uns verhalten müssen, damit sein Plan erfolgreich ist.“

„Na’am, das werde ich.“

Baschar Rustem bedachte Kamal mit einem langen Blick.

„Mein Sohn, du lässt dich von der Sorge um deine Kinder und ihre Mutter leiten. Das ist nur zu verständlich. Aber auch wenn El Zagal ein großer und erfahrener Krieger ist, kann er leicht im Lager der Dschunûd entdeckt werden. Und dann sind nicht nur die Deinen in Gefahr, Kamal, sondern alle gefangenen Beni Hammada. Deshalb bin ich für einen gleichzeitigen Angriff auf den Schlangenkopf und auf die Dschunûd, bevor die Sonne untergeht!“

Ein Ratsmitglied nach dem anderen meldete sich zu Wort. Außer Kamal sprach sich nur Annur es Siddiq für meinen Vorschlag aus. Alle anderen hegten wohl geheime Vorbehalte gegen mich, den Fremden, und waren zu sehr der traditionellen Kampfweise der Beduinen verhaftet. Sie konnten sich nicht vorstellen, dass ein einzelner Mann, beseelt von Kühnheit und noch mehr Umsicht, es schaffen konnte, sich unbemerkt in die Mitte des Feindes und wieder hinaus zu bewegen.

Ich machte ihnen daraus keinen Vorwurf. Im Gegensatz zu mir hatten sie niemals miterlebt, wie mein Bruder Winnetou schlangengleich durch eine Wiese kroch, ohne auch nur die Spitze eines Grashalms zu bewegen. Und doch war ich enttäuscht, als die Dschemma den Angriff bei Tag beschloss. Enttäuscht und höchst besorgt, denn eine Kompanie Fremdenlegionäre war im offenen Kampf ein gefährlicher Gegner.

*

„Bi sur'a - schnell, Sihdi, wir müssen uns beeilen! Der Schatten der Tamariske hat den Palmenhain gleich erreicht."

Die Worte des kleinen Hadschi erklangen hinter mir im Flüsterton. Ich warf einen Blick nach links, wo sich unter uns eine hoch gewachsene Tamariske einsam im Tal erhob. Ein ebenes, nur mit Kräutern bewachsenes Stück Land erstreckte sich zwischen dem Baum und einer östlich gelegenen Ansammlung von Dattelpalmen. Sobald der Schatten der Tamariske mit dem Palmenhain verschmolz, sollte der Angriff der Beni Hammada beginnen. Bis dahin mussten Halef und ich unsere Vorkehrungen getroffen haben, sonst mochte es für Hunderte von Menschen das Todesurteil bedeuten. Die versinkende Sonne ließ den Tamariskenschatten länger und länger werden.

„Nur die Ruhe, Halef, wir haben die Spitze gleich erreicht. Wenn jeder Handgriff sitzt und die Beni Hammada nicht zu früh losschlagen, wird der Plan gelingen."

„Und du glaubst wirklich, dass du nur mit dem Hbel[1], das du Lasu nennst, das große Donnerrohr vernichten kannst?"

„Es heißt Lasso oder auch Lariat", belehrte ich meinen Begleiter auf dieser schwierigen Mission. „Die

[1] Seil

Rinderhirten in Amrîka benutzen es zum Einfangen entlaufener Tiere."

„Das Einfangen eines Rinds ist eine Sache", brummte der Hadschi, „das eines feuerspeienden Donnerrohrs eine ganz andere!"

„Es wird gelingen, verlass dich drauf. Und jetzt still, sonst hören uns noch die Dschunûd!"

Ich meinte die zehn Fremdenlegionäre, die unter dem Sonnenschutz neben der Mitrailleuse lagerten und den im Schlangenkopf eingepferchten Beni Hammada eher gelangweilte als aufmerksame Blicke zuwarfen. Noch zwanzig Meter und die Soldaten würden sich mit ihrer fürchterlichen Waffe fast genau unter uns befinden. Halef und ich krochen über eine waagrechte Felsnadel, die von den nördlichen Höhenzügen schräg in den Chorm hineinragte. Es war ein gefährliches Unterfangen, bot die Nadel in der Breite doch nur einem Mann Platz. Fiel einer von uns hinunter in die Schlucht, die etwa fünfzehn Meter unter uns lag, war er des sicheren Todes. Und die Legionäre wären gewarnt!

Ein kurzer Blick nach hinten zeigte mir, dass Amram allmählich ungeduldig wurde. Dass ausgerechnet er die zwanzig Krieger befehligte, die Baschar Rustem mir mitgegeben hatte, war mir gar nicht lieb. Amram selbst hatte diesen Wunsch geäußert und ich hätte die Dschemma nicht umstimmen können, ohne weiteres Misstrauen zu erregen. Zwar befand sich auch der vertrauenswürdige Yussuf bei dem Trupp, doch konnte er wenig ausrichten, falls Amram ein falsches Spiel mit mir trieb.

Yussufs Ansinnen, mich auf die Felsnadel zu begleiten, hatte ich abgelehnt. Er hatte den Beruf eines Kaufmanns gelernt, nicht den eines Kriegers. Halef dagegen besaß die nötige Geschicklichkeit, um sich fast lautlos auf dem schmalen Felsgrat zu bewegen. Er folgte mir in einigen Metern Abstand, um das Seil straff zu halten. Wann immer ich vor mir loses Geröll entdeckte, das beim Hinunterfallen die Legionäre alarmieren konnte, sammelte ich es ein und steckte es in einen eigens zu diesem Zweck mitgeführten Lederbeutel. Das Verfahren war das einzig mögliche, um geräuschlos zur Spitze der Felsnadel zu kommen, aber es beanspruchte mehr Zeit, als ich veranschlagt hatte. Ganz unberechtigt war Halefs Mahnung nicht gewesen, schon kam der Tamariskenschatten den Palmen gefährlich nah. Würde das waghalsige Unternehmen gelingen, zu dem ich selbst den Anstoß gegeben hatte?

Nachdem die Dschemma meinen Vorschlag, die Gefangenen nachts zu befreien, abgelehnt hatte, musste zumindest die Mitrailleuse unschädlich gemacht werden. Deshalb hatte ich mich zu dieser Kletterpartie angeboten.

Endlich erreichte ich die ungefähr über der Mitrailleuse endende Felsspitze und stellte erleichtert fest, dass die zehn Legionäre weiterhin im Schatten des Sonnenschutzes vor sich hin dösten. Jetzt erkannte ich ihren Anführer, der die Uniform eines Sergents trug. Es war der blasshäutige Blondschopf, der sich Gunnar Lennart nannte und dem Halef beim Vater der tausend Gewänder die Flinte in den Magen gerammt hatte.

Ich überprüfte noch einmal die Schlinge an dem langen Kamelhaarseil, das ich bei mir trug. Zwischen meinen und Halefs Beinen hindurch führte es über die ganze Länge der Felsnadel bis hin zu Yussuf, Amram und den zwanzig Beni Hammada. Als ich die Schlinge für einwandfrei befand, gab ich den in den Felsklippen Wartenden ein Handzeichen, damit sie sich bereithielten. Langsam ließ ich die Schlinge hinab zu der unter mir stehenden Mitrailleuse, deren klobiges Rohr, in dem sich die fünfundzwanzig todbringenden Gewehrläufe befanden, auf den ‚Schlangenkopf' gerichtet war.

Deutlich sah ich die Kurbel, mit der man alle fünfundzwanzig Läufe innerhalb von zwei bis drei Sekunden abfeuern konnte. Somit handelte es sich um die von Reffye verbesserte Version der ursprünglich von Montigny in Belgien gebauten Mitrailleuse, die noch sämtliche Läufe gleichzeitig abfeuerte. Für einen schreckerfüllten Augenblick stellte ich mir vor, wie das Rohr Blei spuckte und die Gefangenen in ihrer kleinen Schlucht niedermähte, Greis um Greis, Frau um Frau und Kind um Kind. Es durfte nicht sein, mein Vorhaben musste gelingen!

Die Schlinge hatte die Höhe des Rohrs erreicht, befand sich aber drei Meter neben dem Geschütz. Ich begann, das Seil leicht hin und her zu schwingen. Was ich hier tat, hatte wenig mit dem üblichen Gebrauch eines Lassos gemeinsam. Mein Hbel war um ein Vielfaches länger als der ungefähr fünfzehn Meter messende Lasso eines amerikanischen Cowboys und bestand aus mehreren miteinander verknüpften Seilen. Auch konnte ich die Schlinge nicht nach dem Ziel werfen, was die Angelegenheit sehr vereinfacht hätte.

Mehrmals streifte sie das Rohr der Mitrailleuse. Durch ein leichtes Vor- und Zurückziehen des pendelnden Seils gelang es mir schließlich, sie über das Rohr zu bugsieren. Vorsichtig zerrte ich an dem Seil und die Schlinge rutschte weiter nach hinten bis zur

Lafette. Ein schneller Ruck von mir und sie zog sich fest um das Rohr zusammen. Bevor ich einen innerlichen Jubelschrei ausstoßen konnte, geschahen zwei Dinge fast gleichzeitig.

Die sich zusammenziehende Schlinge hatte eine Eisenkette, die das Geschützrohr mit der Lafette verband, in Schwingungen versetzt. Das metallische Klirren erregte die Aufmerksamkeit der Legionäre und Lennart trat blinzelnd ins Freie. Überrascht bemerkte er das Seil und sein Blick glitt nach oben zu Halef und mir.

Da ertönte weiter östlich im Tal hundertfaches Hufgetrommel. Der Tamariskenschatten hatte die Palmen erreicht und die Beni Hammada griffen in zwei Abteilungen an. Die größere Abteilung von dreihundert Kriegern preschte unter der Führung des Scheiks auf das Lager der Fremdenlegionäre zu. Kamal Ben Baschar Rustem führte knapp hundert weitere Reiter zum ‚Schlangenkopf'.

„Alarm, ein Überfall!", erscholl Lennarts Stimme in einem Französisch, das mit einem starken nordischen Akzent behaftet war. „Dort oben auf der Felsnadel! Schießt doch, schießt!" Und er eilte in den Unterstand, um sein eigenes Gewehr zu holen.

Jetzt kam alles darauf an, ob die Schlinge festsaß und der zusammengeknüpfte Lasso hielt. Ich gab das Handzeichen zum Anziehen und die Beni Hammada in den Felsklippen holten mit schnellen, aber gleichmäßigen Bewegungen das Hbel ein. Das schwere Maschinengewehr, das durch die Lafette zusätzliches Gewicht erhielt, schwebte langsam in die Luft. Weiter und weiter erhob es sich, dabei hin und her schwingend wie das Pendel einer Riesenuhr.

Die Lafette schlug gegen die beiden ersten Wachen, die mit ihren Gewehren ins Freie stürmten. Die Männer prallten zurück und fielen gegen ihre Kameraden, was den Beni Hammada in den Felsen etwas Zeit verschaffte. Halef und ich hatten vor der schwierigen Kletterei sämtliche Waffen mit Ausnahme unserer Messer - ich hatte von Kamal als Ersatz für das verlorene Bowieknife ein Sbula[1] erhalten - abgelegt, sodass wir die Fremdenlegionäre nicht unter Feuer halten konnten.

„Ilâ el chalf - zurück!“, rief ich dem Hadschi zu.

Das war leichter gesagt als getan. Es war äußerst schwierig, auf der schmalen Spitze der Felsnadel umzudrehen. Das jetzt einsetzende Feuer der Legionäre machte es ganz unmöglich und zwang uns, mit eingezogenen Köpfen und eng an den Felsen gedrückt rückwärts zu kriechen. Mehrere Kugeln pfiffen dicht an uns vorbei. Kamal Ben Baschar Rustem hatte den Chorm noch nicht erreicht. Seinen fast hundert Reitern hätten die zehn Legionäre nicht lange widerstehen können.

Vom Hauptlager der Legionäre ertönte jetzt unablässig das Knattern der Chassepotgewehre. Das konnte nur bedeuten, dass Gallord und Grisot mit ihren Männern den Angriff des Scheiks abgefangen hatten. Furcht um das Leben von Chudra und ihren Kindern überfiel mich.

Hinter mir erscholl ein lang gezogener Schrei. Halef war vom Felsgrat gerutscht und hatte sich im letzten Augenblick mit einer Hand am Hbel festgehalten. Heftig strampelnd hing er zwischen Himmel und Erde. Ich beeilte mich, zu ihm zu kommen, und streckte

[1] Dolchmesser mit gerader, einseitig geschliffener Klinge

eine Hand aus, um ihn festzuhalten. Plötzlich machte der Hadschi große Augen und stammelte:

„Ihtaris - Vorsicht, Sihdi! Hinter dir!"

Etwa acht Meter hinter mir kauerte Amram auf der Felsnadel und zielte mit Pfeil und Bogen in unsere Richtung. Da schnellte der Pfeil auch schon von der Sehne, flog zwischen Halef und mir hindurch und traf einen Legionär, der sein Gewehr auf uns angelegt hatte, in den Hals. Der Getroffene knickte ein und sein Schuss ging fehl.

Wenige Schritte hinter ihm brachte ein weiterer Soldat das Chassepot in Anschlag und feuerte nach kurzem Zielen. Ich erkannte Gunnar Lennart. Amram stöhnte auf und ließ den Pfeil fallen, den er gerade aus dem Köcher gezogen hatte. Er griff an seine linke Seite, wo ihn die Kugel des Skandinaviers getroffen hatte. Der Ben Hammada wankte und fiel von der Felsnadel. Am Boden blieb er in unnatürlich verrenkter Haltung liegen, mit Sicherheit tot.

Ich fühlte einen Stich in meinem Herzen. Der von mir zuvor misstrauisch beäugte Beni Hammada hatte sein Leben geopfert, um Halef und mich zu retten.

Amrams Mörder lud seine Waffe nach, kam aber nicht zum Schuss. Kamal war mit seinem Trupp heran und ritt die zwei Hand voll Soldaten einfach über den Haufen. Der Sohn des Scheiks selbst schleuderte den Wurfspieß, der Lennarts Leben ein Ende bereitete.

Mir gelang es, Halef hochzuziehen. Eilig krochen wir das letzte Stück zurück bis zu Yussuf und den Beni Hammada, die unter großer Anstrengung die fast bis zur Felsnadel hochgezogene Mitrailleuse festhielten. Viele der Männer zitterten und hatten gerötete Gesichter. Als sich keiner von Kamals Reitern unter dem

Geschütz befand, kappte ich mit meinem Sbula das Seil. Das Maschinengewehr fiel zu Boden und die hölzerne Lafette zersplitterte in tausend Teile. Das Geschützrohr musste nach dem Aufprall derart beschädigt sein, dass es nicht mehr zu gebrauchen war.

„O Sihdi, du hast mein Leben gerettet!“, keuchte Halef, der erschöpft zwischen zwei Felsen kauerte. „Zu Recht trägst du den Namen El Zagal. Nur ein Mann vom Stamm der Nemsi, bei dem selbst Säuglinge und Greise so tapfer sind wie bei anderen Stämmen die furchtlosesten Krieger, konnte so unerschrocken handeln wie du. Noch die Söhne meiner Söhne und die Söhne von deren Söhnen werden von deiner Heldentat berichten, wallahi!“

„Nicht mir gebührt der Ruhm, sondern dem tapferen Amram, der da unten liegt.“ Ich blickte betrübt in die Tiefe. „Hätte er sich nicht auf den Felsgrat hinausgewagt, wäre er noch am Leben, wir aber lägen mit zerschmetterten Knochen im Tal.“

„Dann werden die Söhne meiner Söhne und die Söhne von deren Söhnen auch seinen Namen rühmen, auch wenn er kein Nemsi gewesen ist.“

Unter uns liefen die befreiten Beni Hammada durch den Chorm und begrüßten Kamal Ben Baschar Rustem und seine Reiter. Zumindest der Angriff am ‚Schlangenkopf‘ war geglückt. Der Scheik schien weniger erfolgreich gewesen zu sein. Das Feuer der Fremdenlegionäre ebbte zwar ab, doch war das kein Zeichen ihres Unterliegens. Die Beduinen zogen sich im schnellen Galopp quer durch das Tal zurück.

Ich langte zu meinen ablegten Sachen und zog das Fernrohr hervor. Zuerst geriet der Reitertrupp des

Scheiks in mein Sichtfeld. Viele der Männer waren verwundet und hielten sich nur unter Mühen im Sattel. Ich schwenkte das Fernrohr weiter zum Lager der Legionäre. Ein paar Zelte waren umgerissen und der Verhau aus Kisten und Fässern war in Unordnung geraten. Ansonsten behaupteten die Legionäre das Feld.

Und dann sah ich etwas, das mich erschauern ließ: An die Räder der äußeren Trosswagen waren drei Menschen gebunden, sodass sie Gefahr liefen, bei einem Angriff der Beduinen von deren Spießen und Pfeilen getroffen zu werden. Es waren Chudra und ihre Kinder. Viel Blut war vergossen worden und doch waren die drei noch immer Geiseln der Deserteure.

13. Die Gefangenen

Unsere kleine Gruppe musste einen beschwerlichen Fußweg durch die Klippen zurücklegen, um den Sammelplatz zu erreichen. Mit vierundzwanzig Mann waren wir ausgezogen, um die Mitrailleuse unschädlich zu machen. Wir waren erfolgreich gewesen, kehrten aber nur mit dreiundzwanzig Männern zurück. Und deshalb verlief unser Marsch schweigend. Die Gedanken waren bei Amram Ben Annur es Siddiq und selbst der sonst so redselige Hadschi hielt seine Lippen geschlossen.

Der Sammelplatz, zugleich das vorläufige Lager der Beni Hammada, war eine von scharfrandigen Felsen gesäumte Hochebene im Nordwesten des Duars. Dieser Ort, an dem vornehmlich Brustbeersträucher und niedrige Akazien wuchsen, war nicht groß und fruchtbar genug, um den ganzen Stamm für längere Zeit aufzunehmen, aber als Kriegslager war er hervorragend geeignet. Ein gewundener und schon mit wenigen Männern auch gegen eine Übermacht leicht zu verteidigender Weg führte herauf. Die ganze Kompanie aus Fort Danjou hätte trotz ihrer modernen Gewehre nicht vermocht, die Hochebene im Sturmangriff zu nehmen. Ein Angriff aus dem Hinterhalt war wegen der unwegsamen Felsen ringsum höchst unwahrscheinlich.

Scheik Baschar Rustem mit seinen Kriegern sowie Kamal mit den befreiten Beni Hammada waren längst eingetroffen, die Sonne schon untergegangen, als wir erschöpft auf dem Plateau anlangten. Jubel brandete uns entgegen und die vielen hundert Befreiten feierten uns als ihre Retter. Die zwanzig Krieger unseres Trupps wurden von ihren Vätern, Müttern, Frauen und Kindern umringt und nur Yussuf, Halef und ich blieben übrig.

Ein einzelner Mann trat auf uns zu, in der Rechten einen Scheit, den er aus einem der prasselnden Lagerfeuer gezogen hatte und als Fackel benutzte. Im zuckenden Licht der Flamme erkannte ich Annur es Siddiq, dessen Stirnnarbe blutrot zu glühen schien. Er streckte die Fackel vor und beleuchtete unsere Gesichter. Auch als er seinen Sohn nicht fand, blieb seine Miene unbewegt.

„Ihr kehrt als Sieger über das Feuer und Tod spuckende Donnerrohr heim", sagte er mit ruhiger Stimme. „Doch einer fehlt unter den Siegern."

Ich trat einen Schritt vor.

„Der Fehlende ist der Tapferste von allen. Er gab

sein Leben, um Hadschi Halef und mich vor dem Tod zu bewahren."

Nach kurzem Zögern fragte der Alte:

„Wie starb er?"

„Die Donnerbüchse eines Dschunûd streckte ihn nieder."

„Ein einfacher Dschunûd hat ihn getötet?"

„Nein, es war einer ihrer Scheiks."

„Der Scheik wird gewiss voller Stolz zu den Seinen zurückgekehrt sein."

„Das konnte er nicht. Kamal Ben Baschar Rustem rächte den Getöteten, indem er einen Spieß in die Brust des fremden Scheiks warf."

„So ist der tapfere Beni Hammada eines würdigen Todes gestorben?"

Zum ersten Mal hörte ich in Annur es Siddiqs Stimme eine Ungleichmäßigkeit, ein leichtes Zittern nur, wie das versteckte Flehen um eine bejahende Antwort.

„Er starb für die gerechte Sache, ohne die Gefahr zu scheuen", erwiderte ich. „Niemandes Tod könnte würdiger sein."

„Dann wird er Eingang ins Paradies finden", meinte der Alte ein wenig erleichtert.

„Wenn Allah die Pforten zu el Firdaus öffnet, wird der Gefallene unter den Ersten sein, die Einlass finden."

Das erfüllte Annur es Siddiq mit sichtlichem Stolz. Der Moslem glaubt, das Paradies sei in einhundert Rangstufen eingeteilt. Der Abstand von einer Stufe zur nächsten ist so groß wie der zwischen Erde und Himmel. El Firdaus ist der oberste und beste Teil des Paradieses. Geradewegs darüber steht der Thron des allbarmherzigen Gottes, aus dem sich die Flüsse des Paradieses ergießen.

Annur es Siddiq stieß einen tiefen Seufzer aus.

„Deine Worte erwärmen das Herz eines alten Vaters, dessen Lebensfreude von ihm gegangen ist, o Kara Ben Nemsi el Zagal. Allahs Segen liegt auf dir, auch wenn du Isa Ben Marjam[1] verehrst. Möge Allah geben, dass du dich eines Tages zum wahren Glauben bekennst!"

„Dafür werde ich schon sorgen", meinte Halef, als der Alte sich gemessenen Schrittes entfernte.

Wir gingen durch das behelfsmäßige Lager. Rings um die Feuer, über denen dampfende Kessel hingen, versorgten die Frauen die Verwundeten, wie es schon auf den Feldzügen des Propheten Mohammed geschehen sein soll. Eine ältere Frau winkte uns an ein Feuer und füllte etwas aus einem dickbauchigen Kessel in drei tiefe Tonschalen. Es war eine mit Hammelfleisch angereicherte Chorba[2], die wir mit hölzernen Löffeln aßen.

Kaum hatten wir der Frau die Löffel und die leeren Schalen zurückgegeben, da trat Kamal Ben Baschar Rustem auf uns zu und winkte mir.

„Komm mit mir, ya achî! Die Dschemma verlangt dich zu sehen."

„Du nennst mich deinen Bruder?", stellte ich erstaunt fest.

„Bist du es nicht? Die Mutter meiner Kinder nennt dich so und du wagst dein Leben für den Stamm der Beni Hammada. Wer anders als ein Bruder könnte so handeln?"

„Schukran, ya achî - danke, mein Bruder", sagte

[1] Jesus, der Sohn Marias

[2] Suppe

ich. „Deine Worte und das Vertrauen, das dahintersteht, sind eine große Auszeichnung für mich." Ich folgte ihm und fragte: „Worüber will die Dschemma beraten?"

„Über das weitere Vorgehen. Chudra, Hassim und Hassiba sind noch immer in der Hand der Dschunûd!"

„Ich habe es gesehen. Vielleicht wäre es anders ausgegangen, hätte die Dschemma schon eher auf mich gehört."

„Ich weiß", sagte Kamal leise und schien in Gedanken bei Frau und Kindern zu sein. „Und ich wünschte, es wäre nicht so gekommen. Aber das Wort des Weisen versickert in der Menge oft wie das Wasser einer Quelle in der Wüste."

Ein paar Decken, ausgebreitet zwischen zwei Reihen von Buschwerk, bildeten den Versammlungsplatz der Dschemma. Dort saßen Scheik Baschar Rustem und die Ältesten und blickten uns finster entgegen. Vor dem Platz brannte ein kleines Feuer, in dessen Licht ich eine frische Wunde auf der rechten Wange des Scheiks sah. Eine Kugel, die wohl leicht hätte tödlich sein können, hatte ihm einen fingerbreiten Hautstreifen weggerissen. Er hieß mich Platz nehmen und bat mich, die Dschemma zu beraten.

„Dazu muss ich genau wissen, was vorgefallen ist, o Scheik. Du warst mit deinen Kriegern dem Lager der Dschunûd sehr nah. Willst du mir berichten, was deine Augen dort sahen?"

Ein schmerzhaftes Zucken lief über Baschar Rustems faltiges Gesicht. Dem stolzen Krieger fiel es nicht leicht, von dem gescheiterten Angriff zu sprechen. Aber ich war nicht gewillt, ihn von der schweren Aufgabe zu befreien. Zum einen war mir jeder Hinweis, den er mir über den Lagerplatz der Fremdenlegionäre geben konnte, für das Unternehmen wichtig, zu dem ich mich insgeheim bereits entschlossen hatte. Zum anderen konnte es nicht schaden, wenn der Scheik den Fehler des von ihm befehligten Sturmangriffs vor der ganzen Dschemma eingestand. Auf diese Art waren Baschar Rustem und die Ältesten wohl eher geneigt, dieses Mal auf meinen Rat zu hören.

„Allah war nicht mit den Beni Hammada", begann er seinen Bericht. „Mit der Geschwindigkeit des Windes trugen unsere Pferde uns auf das Lager der Dschunûd zu, um die Fremden im Sturmangriff zu überrennen. Aber ihre Wachen feuerten die Donnerbüchsen ab und alarmierten so die übrigen Dschunûd. Schnell eilten sie herbei und schossen aus ihren Waffen. Viele Beni Hammada und ihre Pferde wurden getroffen und auch mich streifte ein Feuerblitz. Die nachrückenden Krieger stolperten über die Gestürzten und unser Angriff geriet ins Stocken. Als ich meine Krieger zu einem neuen Angriff gesammelt hatte, sahen unsere Augen Schreckliches. Die feigen Hunde von Dschunûd hatten Chudra, Hassim und Hassiba an die 'Arabât[1] gebunden, sodass große Gefahr bestand, sie bei einem erneuten Angriff zu verletzen. Und ein Scheik der Dschunûd rief uns zu, falls wir das Lager stürmten, würden die Geiseln mit Gewissheit sterben. Wir mussten uns zurückziehen, lil asaf - leider."

„Wie sah der Scheik der Dschunûd aus?", fragte ich.

„Er war von großer und schlanker Gestalt. Wenn er sich zur Seite drehte, waren seine Züge scharf wie die eines Raubvogels."

Die Beschreibung passte auf Mathieu Gallord. Er

[1] Wagen

schien den Oberbefehl über die Deserteure innezuhaben.

Ich fragte den Scheik nach Professor Pioche und Gilbert Arnaud, aber er hatte die beiden Gelehrten nicht gesehen. Ihr ungewisses Schicksal beunruhigte mich. Hatten die Deserteure ihnen Gewalt angetan, sie vielleicht verwundet und hilflos in der öden Hammada zurückgelassen? Im Augenblick konnte ich nicht nach ihnen suchen, war die Gefahr, in der Chudra und ihre Kinder schwebten, drängender. Daher ließ ich mir das Lager der Deserteure von Baschar Rustem so genau beschreiben, wie es ihm möglich war.

„Du stellst mehr Fragen als ein Kadi[1] bei einer Verhandlung auf Leben und Tod", seufzte der Scheik. „Warum willst du so genau wissen, wie lang und wie breit das Lager ist, in welchem Abstand die Chiyam[2] zueinander und zu den 'Arabât stehen?"

„Wenn ich die dortigen Verhältnisse genau kenne, wird es mir in der Finsternis leichter fallen, mich unbemerkt im Lager der Dschunûd zu bewegen."

Baschar Rustem starrte mich halb überrascht und halb entsetzt an.

„O Himmel, du willst ins Lager des Feindes?"

„Wie sonst soll es gelingen, die Geiseln zu befreien?"

Der Sohn des Scheiks beugte sich angespannt zu mir vor.

„Du willst dich heimlich zu den Dschunûd schleichen, wie du es von Anfang an vorhattest, nicht wahr?"

„Du liest meine Gedanken, ya achî - mein Bruder."

„Aber jetzt sind die Fremden gewarnt und werden

[1] Richter [2] Zelte

umso aufmerksamer Acht geben“, gab der alte Ibrahim zu bedenken.

„Das erschwert die Aufgabe“, gestand ich ein. „Und doch sehe ich keinen anderen Weg. Wenn die Dschunûd das Lager erst einmal verlassen haben, um den verbotenen Ort aufzusuchen, wird es noch schwieriger, an die Geiseln heranzukommen.“

Annur es Siddiq erhob sich.

„Amram, mein Sohn, mag der Tapferste unter denen gewesen sein, die heute im Kampf ihr Leben gelassen haben. Kara Ben Nemsi aber ist der Tapferste unter den Lebenden und er trägt den Namen El Zagal mit vollem Recht. Unsere Gebete an Allah, mit ihm zu sein, werden ihn begleiten.“

„Nicht nur unsere Gebete, auch ich werde meinen Bruder vom Stamm der Nemsi begleiten!“, sagte Kamal.

Ich sah ihn zweifelnd an.

„Allah weiß um deinen Mut und deine Geschicklichkeit als Krieger, mein Bruder. Aber das nächtliche Anschleichen erfordert ganz besondere Fertigkeiten. Schon der kleinste Fehler eines Ungeübten kann den Feind alarmieren und das Leben von Rettern und Gefangenen gefährden.“

Kamal erwiderte meinen Blick, ohne gekränkt zu wirken.

„Aus deinen Worten spricht nicht der Zweifel an mir, sondern die Sorge um Chudra, Hassim und Hassiba. Auch mein Herz ist vor Sorge schwer. Wäre ich nicht der Meinung, dass ich dir nützlich sein könnte, würde ich nicht mit dir gehen wollen. Aber wenn du mich richtig unterweist, werde ich dich nicht verraten. Jedes Wort und jeder Wink von dir werden mir ein Befehl sein. Und solltest du auch nur die kleinste Ungeschicktheit an mir bemerken, kannst du mich zurückschicken!"

Was sollte ich dem entgegnen? Hätte nicht jeder Ehemann und Vater, dessen Familie sich in Feindeshand befindet, gewünscht, den Seinen nah zu sein und sie mit eigener Hand zu befreien? Außerdem hatte er Recht, ein zweiter Mann konnte mir wirklich nützlich sein. Falls die Befreiung gelang, konnte Kamal die Geretteten in Sicherheit bringen, während ich mich im Lager nach dem Professor und seinem Assistenten umsah. Einem erfahrenen Krieger wie ihm traute ich die nötige Umsicht und Geschicklichkeit für solch ein Unternehmen zu. Also willigte ich ein.

Der kleine Hadschi allerdings biss bei mir auf Granit. Als er von dem geplanten Befreiungsversuch hörte, bat und bettelte er darum, mich zu begleiten. Ob er nicht auf der Felsnadel seine Behändigkeit und Zuverlässigkeit bewiesen habe? Sicher hatte er das, und ich sagte es ihm. Gleichwohl lehnte ich sein Ansinnen ab. Das Risiko, auf gleich zwei Lehrlinge Acht geben zu müssen, erschien mir zu groß.

Daher durfte uns Halef zusammen mit Yussuf und fünf Kriegern der Beni Hammada nur bis zum Rand des Tals begleiten, in dem das Duar lag. Diesen Teil des Wegs legten wir zu Pferd zurück und für die hoffentlich bald Befreiten führten wir fünf reiterlose Tiere mit uns. Zwei der zusätzlichen Pferde hatte ich für Professor Pioche und Gilbert Arnaud vorgesehen. Die Erwägung, dass auch sie Gefangene der Deserteure waren, war nicht von der Hand zu weisen.

Eine Stunde vor Mitternacht trennten Kamal und ich uns von den anderen. Wir trugen weder Schesch noch Haik noch Stiefel, sondern nur dunkle Hemden und Hosen, um uns möglichst unbehindert und ungesehen fortbewegen zu können. Die ganze Bewaffnung eines jeden bestand aus einem Messer.

Mit der Sonne war auch die Tageswärme verschwunden. Wie sehr es sich inzwischen abgekühlt hatte, stellten wir bei unserem Abstieg ins Tal fest. Das kalte Gestein war geeignet, unsere nackten Füße zurückschrecken zu lassen. Der Beduine nennt die Wüste ein heißes Land, worin es nachts sehr kalt ist. Gerade in den Oasen Nordafrikas kommt es in der kälteren Jahreszeit vor, dass nachts eine Eishaut das Wasser in den Bewässerungskanälen überzieht.

Von Norden her betraten wir das Tal, um es in südlicher Richtung zu durchqueren. Am Südhang standen auf einer flachen Erhebung die von den Legionären in Beschlag genommenen Zelte. Heller Feuerschein beleuchtete das Lager, als befürchteten die Deserteure keinerlei nächtliche Gefahr. Rechts von uns lag der ‚Schlangenkopf', die Felsnadel über dem Chorm war in der Dunkelheit nur zu erahnen. Wir erreichten das Duar. Verlassen standen die Zelte da und lose Stoffbahnen knatterten im Nachtwind. Vielfaches Geschrei erfüllte die Nacht mit schauerlichem Klang: Die Milchziegen, seit dem Überfall auf das Duar unbeachtet, verlangten danach, gemolken zu werden.

„Allah!" Mit diesem geflüsterten Ausruf blieb Kamal plötzlich stehen, als wir das Ende eines kleinen Palmenhains erreichten. „Das ist grausam. Ewiger Fluch über diese Ungläubigen!"

Er meinte die Deserteure und ich konnte seinen Zorn verstehen. Wir hatten jetzt einen freien Blick auf das feindliche Lager und der offenbarte uns den wahren Grund für die hoch lodernden Feuer. Die Beni Hammada sollten schon von weitem erkennen, dass ein Angriff die Geiseln gefährdet hätte. Denn noch immer waren Chudra und die Kinder an die Wagenräder gebunden. Welche Qual musste es ihnen verursachen!

Nicht nur im Lager, auch außen vor den Wagen brannten zwei Feuer, um die Geiseln zu beleuchten. An einem der Feuer hockten drei mit Gewehren bewaffnete Männer, die sich trotz der Wärme verströmenden Flammen in die blauen Legionärsmäntel hüllten. Sie streckten die Handflächen gegen das Feuer aus und scherten sich nicht darum, dass die Frau und die beiden Kinder hinter ihnen erbärmlich froren. Obwohl im Stehen angebunden, schienen die Zwillinge zu schlafen oder das Bewusstsein verloren zu haben. Falls nicht, mussten sie tot sein. Chudra hing ermattet in den Seilen, die sie an eins der Räder fesselten. Hin und wieder drehte sie den Kopf nach links und warf ihren Kindern besorgte Blicke zu.

„Wir müssen uns beeilen, um Chudra, Hassim und Hassiba loszuschneiden, mein Bruder!“, drängte Kamal. „Jeder Augenblick ist kostbar!“

„Ja, jeder Augenblick ist kostbar, mein Bruder“, bestätigte ich. „Und doch musst du Geduld aufbringen, wenn du die Deinen befreien willst. Jede übereilte Handlung kann uns an die Wachen verraten. Ein Schuss oder auch nur ein Schrei genügt, um sämtliche Dschunûd gegen uns aufzubringen.“

„Aber Chudra und die Kinder sind noch immer gefesselt! Die Stricke schneiden in ihr Fleisch, die Kälte frisst an ihren Leibern!“

„Dass sie dort an die 'Arabât gebunden sind, ist für

uns ein Vorteil, Kamal. So müssen wir uns nicht ins Lager schleichen, um sie zu befreien. Es muss uns nur gelingen, die Wachen möglichst lautlos zu überwältigen. Ich habe auch schon einen Plan. Aber er erfordert deine Geduld. Du musst hier ruhig ausharren und auf meine Rückkehr warten. Wird dir das gelingen?"

„Wa râk râyeh - wohin gehst du?"

„Zum Chorm am Schlangenkopf. Erspare mir lange Erklärungen, desto eher bin ich wieder zurück!"

„Sahha - einverstanden", sagte Kamal. „Allah jekûn ma'ak - Allah behüte dich!"

In westlicher Richtung verließ ich den Palmenhain und lief an den Weideplätzen von Schafen und Ziegen vorbei. Obwohl die aus dem Kampf zurückkehrenden Krieger am Nachmittag einen Teil der Tiere mit sich geführt hatten, war das meiste Vieh im Tal zurückgeblieben. Ich hielt einen möglichst großen Abstand zu den Tieren. Hätte ich sie aufgescheucht, hätte ihr Geschrei mich verraten können.

Der Mond warf eine Bahn blassen Lichts durch den Engpass am ‚Schlangenkopf'. Die Felsnadel ragte wie ein düsterer Riesenfinger in den Chorm. Ein heftiger Schmerz in meinem linken Fuß rührte von einem langen Holzsplitter, wohl ein Teil der zerstörten Lafette. Als ich meinen Weg fortsetzte, erblickte ich weitere Trümmer und auch das zerbeulte Rohr der Mitrailleuse. Die Kurbel und Teile des Verschlusses waren abgebrochen, die fürchterliche Waffe nicht mehr zu gebrauchen. Ich hielt auf die Nordwand zu und entdeckte Amrams Leichnam. Mir fehlte die Zeit zum längeren Verweilen, doch ich sprach leise ein kurzes Gebet für den tapferen Ben Hammada.

Nicht weit von ihm lagen die getöteten Legionäre.

Ihre Kameraden hatten sich nicht die Mühe gemacht, die Leichen zu bergen und nach Christenbrauch zu bestatten. So wie sie gestorben waren, lagen die Männer am Boden. Die Zähne und Schnäbel der Aasfresser hatten deutliche Spuren hinterlassen. Ich entkleidete zwei Tote und schlug ihre Gewehre in die Kleider ein. Dazu packte ich die Feldflasche eines Legionärs. Mit diesem Bündel unter dem Arm kehrte ich zu Kamal zurück.

Als ich ihm meinen Plan erläuterte, sah er mich bestürzt an.

„Ich soll die Kleider eines Toten anziehen, noch dazu eines Ungläubigen, an dem sich Geier und Hyänen gesättigt haben? Mustahil - das geht nicht!"

„Warum nicht?"

„Weil ich dann unrein wäre vor Allah."

„Wenn dein Glaube dir verbietet, die Kleidung des toten Dschundî anzuziehen, werde ich allein gehen, um deine Familie zu befreien."

Ohne mich weiter um Kamal zu kümmern, schlüpfte ich in Hose und Jacke eines Legionärs. Als ich nach dem Mantel griff, sagte Kamal:

„Ich komme mit, mein Bruder. Allah wird mir verzeihen, denn ich verunreinige mich zu einem guten Zweck."

Ich knöpfte den Mantel zu und sagte dabei:

„Tamahm - du hast Recht."

Wir setzten die weißen Mützen auf, nahmen die Gewehre an uns und liefen am Rand des Hains ein Stück nach Osten. Unsere Füße waren noch immer nackt, damit wir uns den drei Wachposten bei den Geiseln geräuschlos nähern konnten. Als wir den Hain verließen, begann ein schwieriges Stück Arbeit, besonders für den im Anschleichen ungeübten Ben

Hammada. Wir krochen über den Boden auf das Lager der Legionäre zu. Die erbeuteten Uniformen und Gewehre erwiesen sich dabei als höchst hinderlich. Wie schon auf der Felsnadel machte ich auch diesmal den Anfang, um mögliche Hindernisse aus dem Weg zu räumen. Kamal zeigte sich in dieser für ihn ungewohnten Disziplin als sehr begabt. Wenn er hin und wieder ein Geräusch verursachte, war es so leise, dass die drei Legionäre bei den prasselnden Feuern es unmöglich hören konnten.

Als wir den Rand des feindlichen Lagers endlich erreicht hatten, richteten wir uns auf und schlenderten mit geschulterten Gewehren auf die beiden äußeren Feuer zu. Es sollte so aussehen, als kämen wir geradewegs aus dem Lager. Äußerlich mochten wir für Fremdenlegionäre gelten, abgesehen vom fehlenden Schuhwerk. Diesbezüglich konnten wir nur hoffen, dass die drei Wächter nicht zuerst auf unsere Füße sahen.

Keine zehn Schritt trennten uns mehr von dem Feuer, an dem die Wachposten hockten, da sprang einer von ihnen auf und brachte sein Chassepot gegen uns in Anschlag.

„Qui vive - wer da?“, erscholl es im rauen Legionärsfranzösisch.

„Keine Sorge, Kamerad, nur die Wachverstärkung“, antwortete ich und versuchte, meinem Französisch einen radebrechenden Anstrich zu verleihen.

„Bien - in Ordnung“, brummte er und wollte sich wieder niederlassen. „Setzt euch zu uns und...“

Während er das Gewehr ablegte und in die Hocke ging, um sich wieder ans Feuer zu setzen, merkte er, dass nicht alles in Ordnung war. Er hatte meine nackten Füße gesehen, riss die Augen auf und griff wieder nach seiner Waffe.

Fünf oder sechs Schritt trennten mich noch von ihm. Mit zwei Sprüngen, während derer ich das Chassepot von der Schulter riss, war ich bei ihm. Schon richtete er den Lauf seiner Waffe auf mich. Der Schuss hätte genügt, um das ganze Lager aufzuwecken. Ich schlug zu und mein Gewehrkolben stieß mit einem kurzen, trockenen Krachen gegen seinen Unterkiefer. Der Legionär taumelte zurück. Mit einem zweiten Kolbenschlag auf seinen Kopf beförderte ich ihn ins Reich der Träume.

Kamal hatte sich den zweiten Wächter gegriffen und hielt ihn fest im Würgegriff. Der dritte Legionär aber war aufgestanden und hatte die Waffe auf mich angelegt. Als ich in die dunkle Mündung blickte, wusste ich, dass ich zu langsam gewesen war.

Doch plötzlich stieß der Legionär ein leises Gurgeln aus und tat einen unsicheren Schritt in meine Richtung, das Gewehr hin und her schwenkend. Ich sprang vor und entriss ihm die Waffe. Jetzt erst sah ich, dass ihm ein Dolch in die linke Brust gefahren war. Der Verwundete brach vor mir zusammen und hauchte sein Leben aus, bevor er noch ganz den Boden berührte.

Auch Kamals Gegner sank zu Boden, von dem Beduinen bis zur Besinnungslosigkeit gewürgt. Verwundert sahen wir uns nach dem Messerwerfer um. Es war ein kleiner Mann, der vor uns aus der dunklen Nacht trat.

„Halef!“, formten meine Lippen den Namen, den ich wegen des nahen Legionärslagers nur zu flüstern wagte.

Ein befriedigtes Lächeln umspielte die Lippen des Hadschi, als er sich hinkniete, um den Dolch aus der Brust des Toten zu ziehen. Sein Stolz, uns leise und heimlich gefolgt zu sein, war unverkennbar.

Wir eilten zu den drei Gefesselten und stellten erleichtert fest, dass die Kinder nicht tot, sondern nur ohne Besinnung waren. Unsere Klingen durchtrennten die Stricke und Chudra sank ihrem Gemahl glücklich in die Arme. Halef und ich setzten den toten und die beiden bewusstlosen Wächter so ans Feuer, dass ihre Rücken zum Lager zeigten. Ein Wächter im Lager, der einen flüchtigen Blick nach draußen warf, würde keinen Verdacht schöpfen. Auch konnte man vom Lager aus nicht sehen, dass die Geiseln nicht länger an die Wagenräder gefesselt waren.

Wollten wir schnell vorankommen, so durften wir nicht kriechen. Mit den Kindern wäre das ohnehin schwer geworden. Also liefen wir bis zum Palmenhain in der Hoffnung, von keinem Wächter bemerkt zu werden. Halef trug Hassiba, ich Hassim, und Kamal stützte sein Weib.

Glücklich erreichten wir den schützenden Hain, wo wir erschöpft zu Boden sanken. Ich nahm die erbeutete Feldflasche, die ich hier zurückgelassen hatte, und gab Chudra und den Kindern zu trinken. Allmählich kehrten die Lebensgeister der Zwillinge zurück. Kamal hatte Mühe, sie zu beruhigen. Lautes Geschrei hätte uns den Legionären verraten.

Als mein Blick auf Halef fiel, starrte der Kleine mich wohl schon eine ganze Weile abwartend an. Mond und Sterne sandten ausreichend Licht durch die Bäume, um es zu erkennen. Jetzt konnte er nicht länger an sich halten und platzte hervor:

„Sihdi, was sagst du nun?"

„Wozu?", stellte ich mich dumm.

„Wozu? Maschallah, wie kannst du das fragen? Nach was, glaubst du denn, habe ich dich gefragt? Etwa nach der Schönheit des Mondes oder nach der Helligkeit der Sterne?"

Ich stellte mich nachdenklich und warf meine Stirn in die tiefsten Falten, zu denen ich fähig war.

„Vielleicht könnte es dich interessieren, was ich über dein heimliches Anschleichen denke, Halef", meinte ich zögernd.

„Vielleicht? Was heißt vielleicht? Natürlich möchte ich hören, was du dazu sagst, Sihdi!"

„Sofort?"

„Auf der Stelle!"

„Du erfüllst mich mit Stolz, Halef."

„Ah, wahrhaftig?"

„Ja. Es zeugt von wahrer innerer Größe, dass du nicht warten magst und sogar hier, vor den Ohren anderer, deinen Tadel einforderst."

„Tadel?" Der Hadschi wackelte mit seinem schmalen Kopf, wie um seine verstopften Ohren freizubekommen. „Wallahi, höre ich richtig? Weshalb hätte ich einen Tadel verdient? Habe ich nicht alles ebenso gemacht wie du und Kamal Ben Baschar Rustem? Ich zog meine Schuhe aus und meinen Turban, legte meinen Burnus und meine Waffen ab. Mit Ausnahme des Dolches, und das war dein Glück. Ich rettete dir das Leben und du willst mich tadeln? Ya sihdi, allah jisallim aklak – o Herr, Allah bewahre dir deinen Verstand!"

„Allah hat meinen Verstand wohl besser bewahrt als den deinen", sagte ich streng. „Habe ich dir nicht ausdrücklich verboten, uns zu begleiten?"

Halef sah mich mit einer wahren Unschuldsmiene an.

„Aber Sihdi, ich habe euch doch nicht begleitet, ich bin euch nur gefolgt."

„Das ist Haarspalterei, Halef, und das weißt du auch. Du hast meinen Befehl missachtet, ihm zuwidergehandelt und deshalb verdienst du einen Tadel. Wärst du ein Dschundî, könntest du für deine Tat erschossen werden."

„Rhemallah - das verhüte Allah!" Zum ersten Mal in diesem Gespräch wirkte der Hadschi erschrocken und kleinlaut fragte er: „Habe ich denn wirklich alles so ganz und gar verkehrt gemacht, Sihdi?"

„Im Gegenteil, du hast dich vortrefflich verhalten, Halef. Niemand hätte sich geschickter anschleichen können als du. Im rechten Moment warst du zur Stelle und hast durch dein Eingreifen das ganze Unternehmen gerettet. Wäre ich ein Scheik der Dschunûd, würde ich dir nach dem Aussprechen des Tadels einen Orden verleihen."

„Einen Orden? Ist's wahr?"

„Den größten und glänzendsten Orden, den ich zu vergeben hätte. Und selbst der wäre für meinen Lebensretter noch zu gering!"

Halefs Augen glänzten und sein Gesicht strahlte.

„Hamdullilah! Und ich dachte schon, ich hätte auf ewig deinen Zorn auf mich gezogen, Sihdi."

„Nein, meine Dankbarkeit."

„Warum bist du dann erst so streng zu mir gewesen?"

„Damit du dir merkst, dass Ungehorsam nicht stets belohnt wird. Wenn du mein Diener sein willst, muss du meine Anweisungen befolgen!"

„Ich verspreche, dass ich in Zukunft gehorsam sein werde, Sihdi."

Zufrieden wandte ich mich zu Chudra um, die mir überschwänglich danken wollte. Ich schnitt ihr das Wort ab, weil unsere Zeit knapp bemessen war, und fragte sie nach Professor Pioche und Gilbert Arnaud.

„Die beiden Ulema befinden sich bei den Dschunûd, mein Bruder."

„Sind sie Gefangene?"

„Ich glaube es, obwohl sie nicht gefesselt sind. Als der Ältere sich einmal zur Grenze des Lagers begeben wollte, trieb ein Dschundî ihn mit der Donnerbüchse zurück. Seitdem steht ein bewaffneter Wächter vor dem Zelt der Ulema."

„Welches Zelt ist es?"

„Wenn du vor der Felswand stehst, das letzte rechts. Man kann es nicht verfehlen. Neben dem Eingang steht ein abgestorbener Baum."

„Dann muss ich das ganze Lager durchqueren, um es zu erreichen."

„Ja, aber..." Chudra starrte mich erschrocken an. „Kara Ben Nemsi el Zagal, du willst doch nicht etwa in das Lager eindringen?"

„Nicht mit Gewalt, sondern durch List", antwortete ich. „Falls die beiden Ulema gefangen sind, müssen auch sie befreit werden. Deshalb werde ich ins Lager schleichen, während Kamal und Halef dich und die Kinder in Sicherheit bringen."

„Es ist gefährlich, viel zu gefährlich!", meinte Chudra.

„Hast nicht du mich El Zagal genannt, meine Schwester? Jetzt muss ich beweisen, dass ich dieses Namens würdig bin."

*

Die drei reglosen Wächter schienen mich anzugrinsen. Dieser Eindruck entstand durch den Flammenschein, der auf ihren Gesichtern tanzte. Bei ihrem Anblick fragte ich mich, ob die beiden Bewusstlosen lange genug in ihrem jetzigen Zustand verharren würden. Ich musste es einfach hoffen und zusehen, dass ich das Lager so schnell wie möglich wieder verließ.

Ich warf einen Blick zurück zum Palmenhain. Halef, Kamal, Chudra und die Kinder hatten ihn längst verlassen und waren auf dem Weg zu Yussuf und seinen Begleitern. Schon bald würden sie zu den Beni Hammada reiten. Nur Halef sollte mit vier Pferden auf mich und die beiden Gelehrten warten.

Wie eine Schlange kroch ich über den kalten Boden bis zu einem der Trosswagen. Der Raum zwischen Wagenkasten und Boden war mit einigen Proviantkisten verstellt. Gerade wollte ich sie zur Seite schieben, da näherten sich Schritte. Starr lauschte ich auf das Geräusch, vernahm jetzt auch zwei Stimmen, die sich leise unterhielten. Dass die beiden Männer Deutsch miteinander sprachen, wunderte mich bei dem hohen Anteil Deutscher in der Fremdenlegion nicht.

„...verflucht kalte Nacht hier draußen in der Wüste."

„Diese Sahara weiß nicht, was sie will. Tagsüber brennt sie einem Löcher in den Pelz und nachts lässt sie einem die Zähne klappern."

„Nur noch eine Stunde, dann hauen wir uns für den Rest der Nacht aufs Ohr."

„Wird auch Zeit, wenn ich bedenke..."

Mehr konnte ich nicht hören, aber das genügte

schon. In einer Stunde war also Wachwechsel. Spätestens dann würde die Befreiung der Geiseln entdeckt werden. Fast die ganze Kompanie würde vermutlich auf der Suche nach ihnen im Tal ausschwärmen. Bis dahin musste ich diesen Ort wieder verlassen haben.

Ich schob die Kisten unter dem Wagen weit genug auseinander, um mich hindurchzuzwängen. Von den beiden Wachen war nichts mehr zu sehen. Die Feuer innerhalb des Lagers waren viel weiter heruntergebrannt als die beiden Feuer draußen. Gut für mich, verringerte es doch die Gefahr einer Entdeckung. Ich kroch zwischen den Zelten hindurch zur Felswand, bis ich das von Chudra bezeichnete Zelt erspähte. Ich sah den verdorrten Baumstamm und den Wachposten, der sich müde an das tote Holz lehnte. Da ich, um mich freier bewegen zu können, die erbeutete Uniform abgelegt hatte, konnte ich ihn nicht auf dieselbe Weise überrumpeln wie seine Kameraden. Es war sogar besser, wenn er hier draußen stehen blieb. Falls die beiden anderen Wachen hier vorbeikamen, würden sie sich wohl mit ihm unterhalten wollen.

Mit vorsichtigen Bewegungen umrundete ich lautlos das Beduinenzelt. An der Rückseite durchtrennte ich mit dem Sbula den Windschutz. Dieser Schutz besteht aus einer langen Stoffbahn, die einmal um das ganze Zelt gerollt wird, um ihm mehr Festigkeit zu verleihen und die Insassen, wie es der Name schon sagt, besser vor heftigen Winden zu schützen. Jetzt konnte ich die Stoffbahn nach beiden Seiten auseinander schieben und sah vor mir die eigentliche Zeltwand. Ein weiterer Schnitt und ich konnte hindurchschlüpfen.

Stroh raschelte unter mir und ich roch die Ausdünstungen von Tieren. Ich befand mich in einer durch Flechtmatten abgetrennten Zeltecke, wo die Beduinen sonst neu geborene Lämmer und Fohlen hielten. Als die Legionäre das Zelt übernahmen, hatten sie die Tiere wohl vertrieben, vielleicht auch geschlachtet. Von jenseits der Flechtmatten drang das Licht einer Lampe zu mir und ich hörte die Stimmen zweier Männer, die sich auf Französisch unterhielten.

„Das ist es, mein lieber Gilbert, das ist es!“, rief Professor Pioche. „Endlich habe ich die Übersetzung vervollständigen können. Voilà - sehen Sie!“

„Die vollständige Wegbeschreibung zum Schatz?“, fragte Gilbert Arnaud.

„Certainement - gewiss! Jedenfalls, so weit der Text erhalten ist.“

„Aber Professor, ist das richtig? Sollen wir Jacasse und die Deserteure, die uns mit Gewalt festhalten, zum Schatz führen?“

„Natürlich nicht! Wie können Sie nur annehmen, dass ich diesen Erzschurken helfen will?“

„Warum haben Sie Ihre Übersetzung sonst vervollständigt, Monsieur le Professeur?“

„Hätte ich die Zeit nicht nutzen sollen? Aber das heißt nicht, dass ich diese Schufte, diese Lumpen zum Schatz führe!“

Ich schob die Matten zur Seite und trat in den Lichtkreis der Petroleumlampe.

„Sehr lobenswert, Herr Professor. Für einen Augenblick dachte ich wirklich, Sie stecken mit der Mörderbande unter einer Decke.“

Die beiden Franzosen starrten mich an wie einen Geist. Pioche saß vor Büchern, Papieren und einem Tintenfass an einem Klapptisch und blinzelte mich durch seine ungeheure Brille an. Neben ihm stand Gilbert Arnaud mit offenem Mund.

„Sie, Monsieur?“, krächzte der Professor schließlich.

„Höchstpersönlich“, sagte ich und legte warnend den Zeigefinger vor die Lippen. „Wir müssen leise sein, damit der Wächter draußen nichts mitbekommt.“

„Aber...wie sind Sie ins Zelt gekommen?“, stammelte Arnaud.

„Ich habe den Hintereingang benutzt.“

„Es gibt keinen Hintereingang!“

„Jetzt schon. Und gleich wird es ein Hinterausgang sein, wenn wir durch ihn verschwinden.“

„Verschwinden?“, wiederholte der junge Archäologe. „Ist das nicht gefährlich?“

„Nur, wenn wir erwischt werden. Aber der Wachposten vor dem Zelt sieht sehr müde aus. Und die beiden anderen, die durchs Lager streifen, können ihre Augen nicht überall zugleich haben.“

„Vor dem Lager sitzen drei weitere Wächter bei den Feuern“, sagte der Professor.

„Oui. Aber zwei von ihnen sind bewusstlos.“

„Und der dritte?“

„Tot.“

„Oh, verstehe.“ Pioche nickte heftig und stand von seinem Klapphocker auf. Eilig raffte er ein paar Papiere zusammen, wohl die gerade fertig gestellte Übersetzung, und schob sie in eine Innentasche seiner Jacke. „Ich bin bereit. Gehen wir!“

Arnaud sah uns beide abwechselnd an.

„Sollen wir das wirklich tun? Was erwartet uns da draußen?“

„Die Freiheit“, sagte ich. „Aber nur, wenn wir uns

beeilen. In einer Dreiviertelstunde werden die Wachen gewechselt und dann ist hier der Teufel los. Ich werde diesen Ort umgehend verlassen. Wer mich begleiten will, ist herzlich eingeladen."

Gerade wollte ich mich zum Gehen wenden, als laute Rufe durch das Lager schollen. Kurz darauf drangen nur halb angezogene, aber bewaffnete Legionäre in das Zelt ein. Eine Flucht war unmöglich, da sie nicht nur durch den Eingang kamen, sondern auch durch das von mir geschnittene Loch. Nur mit meinem Messer konnte ich nichts gegen sie ausrichten. Mehrere Gewehre richteten sich auf mich und die beiden Franzosen. Zwischen den Bewaffneten stand Vincent Jacasse.

Als er mich erblickte, nahm sein Gesicht einen triumphierenden Ausdruck an.

„Dachte ich mir doch, dass ich Sie hier finde!"

Ich bedachte ihn mit einem falschen Lächeln.

„Sie haben mich gesucht, Monsieur?"

„Nicht nur ich."

Mit diesen geheimnisvollen Worten verschwand er, um kurz darauf in der Begleitung der beiden Offiziere zurückzukehren. Bei ihnen befand sich ein weiterer Gefangener, dessen Hände auf dem Rücken zusammengebunden waren. Als ich den kleinen Hadschi erkannte, wusste ich, was geschehen war. Einmal mehr hatte er meinen Anweisungen zuwidergehandelt und war mir gefolgt. Vorhin hatten seine Anhänglichkeit und sein Wagemut mir das Leben gerettet, jetzt aber hatten sie die Anzahl der Gefangenen mit einem Schlag verdoppelt.

„Sihdi, bist du mir sehr böse?"

Ich konnte Halef nicht sehen, da uns völlige Dunkelheit umgab. Zusammengeschnürt wie zwei Stücke Überseefracht lagen wir in einem ansonsten menschenleeren Zelt, in dem keine Lampe und keine Kerze brannte. Das Zittern der dünnen Stimme verriet die Unsicherheit des Hadschi und seine Furcht - nicht vor dem, was ihm und mir von den Deserteuren drohte, sondern vor meinem erneuten Tadel.

„Sihdi, so antworte doch! Oder bist du so böse, dass du nicht mehr mit mir sprichst?"

„Ich unterhalte mich gern mit dir, Halef. Aber dann kann ich nicht über einen möglichen Fluchtplan nachsinnen."

„Flucht? Maschallah, du denkst wirklich an Flucht?"

„Psst, nicht so laut! Die Wache draußen könnte uns hören."

„Du denkst wirklich an Flucht, Sihdi?", wiederholte Halef, noch immer erregt, aber mit gebremster Lautstärke.

„Wie sollte ich in unserer Lage an etwas anderes denken?"

„Wie Recht du hast, Sihdi! Ja, mit Allahs Segen, mit deiner Klugheit und mit meiner unüberwindlichen Tapferkeit werden wir dieser Bande feiger, hinterhältiger Wanzen entkommen!"

„Da du gerade von deiner unüberwindlichen Tapferkeit sprichst, Halef: Wie bist du eigentlich in die Hände der Dschunûd geraten?"

„Es war ein Unglück, Sihdi, ein großes Unglück! Als Kamal Ben Baschar Rustem, sein Weib und seine Kinder die nördlichen Felsen fast erreicht hatten, machte ich kehrt, um dir beizustehen. Ich war bis dicht vor das Lager gekommen, da fiel mein Blick auf die drei Wächter, die schlafend und tot vor dem Feuer saßen. Plötzlich hatte ich eine Idee, eine großartige Idee, wie ich glaubte. Ich wollte es so machen wie du und Kamal Ben Baschar Rustem und schlich zum Feuer, um mir den Mantel eines Dschundî zu borgen. Da verfing sich mein linker Fuß in einem Erdloch, das ein Fennek oder ein Steinschmätzer gegraben hat. Bei meinem Sturz fiel ich auf einen der schlafenden Wächter und das weckte ihn auf. Er rang mit mir und schrie etwas in seiner Sprache, das die Wachen im Lager aufmerksam machte. Sie umstellten mich und nahmen mich gefangen."

„Und die daraufhin alarmierten Offiziere ließen das ganze Lager nach weiteren Eindringlingen absuchen."

„Wie ich dir sagte, Sihdi, es war ein Unglück."

„Ich würde eher sagen, du bist gestolpert, Halef. Das ist kein Unglück, sondern Ungeschick!"

„O Sihdi, du stößt ein glühendes Eisen in meine Wunde!", kam es derart gequält von dem Kleinen, dass ich ihm nicht weiter zürnen mochte. Er hatte es gut gemeint und selbst einem im Anschleichen erfahrenen Mann kann einmal ein Missgeschick unterlaufen. Das sagte ich ihm und er meinte erleichtert: „Allah kerîm – Gott ist gnädig! Und du bist es auch, Sihdi. Außerdem bist du klug und wirst uns beide sicher gleich aus dieser misslichen Lage befreien."

„Da muss ich dich enttäuschen, Halef. Wir sind so fest zusammengeschnürt, dass ich nicht einmal einen Finger bewegen kann. Außerdem würde es uns wenig nützen, die Freiheit zu gewinnen. Die beiden Ulema werden jetzt sicher so gut bewacht, dass wir sie nicht mitnehmen können."

„Wallahi, wir werden nicht freikommen?"

„Doch, das werden wir, wie ich hoffe. Aber wohl kaum in dieser Nacht. Unterwegs wird sich eher eine Gelegenheit bieten, gemeinsam mit den Ulema zu entfliehen."

„'Alâ et tarîq, ilâ aina - unterwegs, wohin?"

„Zur Oase des Scheitans. Ich kann mir nicht vorstellen, dass die Dschunûd länger an diesem Ort verweilen. Jetzt, wo sie sich nicht mehr hinter ihren Geiseln verstecken können, müssen sie jederzeit mit einem neuen Angriff der Beni Hammada rechnen."

„Aber wenn sie uns als Geiseln benutzen?"

„Wir sind keine Beni Hammada. Die Dschunûd können nicht sicher sein, ob die Beduinen auf uns Rücksicht nehmen."

„Und du glaubst, die Dschunûd werden uns mitnehmen zur...zu dem verbotenen Ort?"

„Ja, das glaube ich. Besser wir als gar keine Geiseln, werden sie sich sagen." Nach einer kurzen Pause fragte ich:

„Halef?"

„Ja, Sihdi?"

„Bist du mein Diener?"

„Aber das weißt du doch, Sihdi!"

„Und vertraust du mir?"

„Mehr als jedem anderen Ungläubigen, dem ich begegnet bin."

Das war wohl als Kompliment gemeint und so fragte ich weiter:

„Weshalb verschließt du dann deine Lippen vor mir?"

„Ich verschließe meine Lippen niemals!“, empörte er sich, womit er in gewisser Weise Recht hatte.

„Du hütest dich aber, von der Oase des Scheitans zu mir zu sprechen.“

„Für die Beni Hammada ist es ein verbotener Ort.“

„So hast du einen Schwur getan, über diesen Ort zu schweigen?“

„Nein, Sihdi. Obwohl ich bei den Beni Hammada lebte, blieb ich ein Fremder. Sie weihten mich nicht in ihre Geheimnisse ein und hüteten in meiner Gegenwart ihre Zungen. Aber nach und nach schnappte ich so Einiges auf, zumal ich dem Scheik und seinem Sohn diente.“

„Und doch willst du zu mir nicht von dem verbotenen Ort sprechen?“

„Ich weiß nicht, ob es recht ist.“

„Deine Zweifel ehren dich, Hadschi Halef. Aber bedenke, dass Kamal Ben Baschar Rustem und sein Weib Chudra mich ihren Bruder nennen. Und bedenke weiterhin, dass alles, was ich über den verbotenen Ort weiß, mir helfen kann, die Pläne der Dschunûd zu durchkreuzen!“

Halef schwieg für zwei oder drei Minuten, was für ihn eine sehr lange Zeit war. Dann sagte er:

„Sihdi!“

„Ja?“

„Ich habe das alles bedacht und bin zu dem Schluss gekommen, dass du alles wissen darfst, was auch ich weiß.“

„Dann erzähl mir, was du über die Oase des Scheitans gehört hast. Ist sie der Grund dafür, dass die Beni Hammada in dieser Abgeschiedenheit leben?“

„Ja, Sihdi. Groß und wertvoll ist der Schatz, der in

der Oase verborgen ist. Und doch soll der Mensch die Finger von ihm lassen, denn der Scheitan selbst hat das Höllenfeuer geschmiedet, um den Gierigen, den Schwachen zu verführen. Den Beni Hammada wurde zu Zeiten ihrer Vorvorväter aufgetragen, den Schatz zu hüten bis zu jenem Tag, an dem der Scheitan seine Macht über die Menschen verloren hat."

Der Begriff ‚Höllenfeuer' hat eine doppelte Bedeutung. Zum einen meint er das islamische Gegenstück zum christlichen Fegefeuer. Als ‚Höllenfeuer' bezeichnet der Moslem oft aber auch Gold, weil der Prophet Mohammed sich gegenüber dem von uns Europäern edel genannten Metall ablehnend geäußert hat. Das ist der Grund, weshalb der Moslem so häufig silbernen, aber ebenso selten goldenen Schmuck trägt.

„Wo genau befindet sich die Oase des Scheitans?"

„Sie liegt am Fuß des Dschebel esch Scheitan."

„Kannst du sie mir näher beschreiben?"

„Nein, Sihdi."

„So warst du noch nicht dort?"

„Kein Fremder darf auch nur in ihre Nähe kommen, ohne von den Beni Hammada getötet zu werden. Auch sie selbst meiden diesen Ort. Nur der Scheik und die Ältesten brechen einmal im Jahr zu ihm auf, um den Scheitan zu besänftigen."

Ich stellte dem Hadschi noch ein paar weitere Fragen, brachte jedoch nicht mehr in Erfahrung. Als wir vor dem Zelt Schritte und Stimmen hörten, unterbrachen wir das Gespräch.

Die Stoffbahn vor dem Eingang wurde zurückgeschlagen und herein fiel jenes schummrige Licht, das vom Nahen der Morgendämmerung kündet. Fünf Legionäre traten ein, vier von ihnen mit Gewehren bewaffnet. Der fünfte Mann, der die Rangabzeichen eines Unteroffiziers trug, war der rothaarige Patrick O'Girke, dem Kamal Ben Baschar Rustem einen Dolch in den Arm gejagt hatte. Offenbar war sein rechter Arm noch nicht ganz wiederhergestellt, denn er hielt die Laterne, die er bei sich trug, in der linken Hand.

„Den da!", sagte er und zeigte auf mich.

Ein Legionär kniete sich hin und schnitt mich mit dem Messer los, was angesichts der festen Verschnürung keine leichte Aufgabe war. Meine Glieder waren so eng gebunden gewesen, dass jede Bewegung schmerzte. Mühsam vorwärts stolpernd und von den Legionären mit unsanften Kolbenstößen angetrieben folgte ich O'Girke zu einem anderen Zelt. Die Sonne ging mit derselben Plötzlichkeit auf, mit der sie in der Sahara auch allabendlich versank. Da die Eingangsbahnen des Zeltes zu einem Vordach hochgehoben waren, fiel das rote Morgenglühen auf die fünf Männer, die sich um einen reich gedeckten Frühstückstisch versammelt hatten: Gallord, Grisot, Jacasse, Professor Pioche und Gilbert Arnaud.

Die beiden Offiziere und Jacasse griffen tüchtig zu, tranken Kaffee, aßen frisch gebackenes und dick mit Butter bestrichenes Brot und Datteln. Der Professor und sein Assistent saßen zwar wie Gäste am Tisch, aßen und tranken aber nicht und fühlten sich offensichtlich unwohl in ihrer Haut.

Gallord nickte dem Rotschopf zu.

„Merci, Sergent-major - danke, Oberfeldwebel."

„Ich lasse dann alles zum Abmarsch vorbereiten", verkündete O'Girke in seiner eigenen Version der französischen Sprache und machte auf dem Absatz kehrt.

Die vier Legionäre blieben vor dem Zelt stehen, die Chassepotgewehre eher lässig in den Händen.

Zwar schmerzten meine Glieder noch immer, doch gehorchten sie mir wieder uneingeschränkt. Ich überlegte, wie aussichtsreich ein Fluchtversuch war. Wenn ich schnell war und mich in die nahen Felsen schlug, konnte ich mich vielleicht verbergen, ehe mich die Kugel eines Legionärs traf. Aber dann musste ich Halef, Arnaud und Pioche hier zurücklassen, was mir gar nicht behagte. Außerdem war ich begierig, mehr über die Pläne der Legionäre zu erfahren. Deshalb nahm ich Gallords mit leichter Süffisanz ausgesprochene Einladung an, mich an den Frühstückstisch zu setzen.

Als der Duft von Kaffee und Brot meine Nase kitzelte, spürte ich plötzlich einen Bärenhunger. Ich trank und aß mit großem Appetit, was mir erstaunte Blicke der beiden Gelehrten eintrug. Aber weshalb sollte ich darben? Was immer uns erwartete, es konnte für mich nur hilfreich sein, wenn ich im Vollbesitz meiner Kräfte war.

Gallord lächelte mich über den Rand seines Kaffeebechers hinweg an.

„C'est bon - schmeckt es Ihnen? Ausgezeichnet. Ich freue mich, dass wir uns endlich einmal in Ruhe unterhalten können. Sie sind ein interessanter Mann und unsere bisherigen Begegnungen liefen sehr hektisch ab. Dabei spionieren Sie mir schon seit Algier nach."

„Das stimmt nicht. Beim Vater der tausend Gewänder sind wir uns aus dem Grund begegnet, den Sie als Zufall bezeichnen würden. Ich ziehe vor, ihn Fügung zu nennen."

Ehe er mir antworten konnte, kam O'Girke im Laufschritt herbei und keuchte:

„Il est disparu - er ist verschwunden! Und ein Kamel fehlt auch!“

Gallord machte eine beschwichtigende Handbewegung.

„Doucement, Sergent-major, qu’est-ce qui s’est passé - ganz ruhig, Oberfeldwebel, was ist geschehen?“

O’Girke bezwang sich nur mühsam und es sprudelte aus ihm hervor:

„Der Berber ist abgehauen. Schon seit Stunden hat ihn keiner mehr gesehen. Wahrscheinlich hat er den Aufruhr in der Nacht genutzt, als wir diesen Winzling von Beduinen gefangen haben.“

„Das ist nicht weiter tragisch“, meinte Gallord mit einem gleichgültigen Achzelzucken. „Er hat seine Schuldigkeit getan. Den Rückweg finden wir auch ohne ihn. Es wäre Zeitverschwendung, nach ihm zu suchen. Macht weiter mit den Vorbereitungen zum Aufbruch!“

Demnach konnte es sich bei dem Verschwundenen nur um den Chabir Thami handeln, den Sohn des alten Dorfvorstehers von Ain Rich. Offenbar hatte Thami erkannt, dass er nicht gerade für Ehrenmänner arbeitete, und daraus die Konsequenzen gezogen. Ich freute mich, dass ihm die Flucht gelungen war, doch änderte es nichts an meinem Schicksal und dem der anderen Gefangenen.

„Wohin wollen Sie marschieren, Monsieur Gallord?“, fragte ich.

„*Hauptmann* Gallord, bitte!“

„Seltsam, in Bu Saada waren Sie noch Oberleutnant, Monsieur. Wer kann Sie nur hier draußen in der Wüste befördert haben?“

Er beugte sich zu mir vor und wirkte auf einmal angespannt.

„In Bu Saada? Dort sind wir uns doch nur kurz begegnet!"

„Ich spreche nicht von unserem Zusammentreffen bei Murad Abbasi. Ich habe im selben Hotel gewohnt wie Sie und habe mir gestattet, einem Gespräch beizuwohnen, dass Sie mit Ihren beiden Kumpanen führten."

„Wie haben Sie dem Gespräch beigewohnt, Monsieur?"

„Fragen Sie besser, wo! Nämlich auf Ihrem Balkon."

„Und was haben Sie erlauscht?"

„Alles, was nötig war. Unter anderem hörte ich, dass Sie den Rang eines Oberleutnants bekleiden."

„Ich hatte diesen Rang inne, als man mich aus der Armee ausstieß. Das war vor fünf Jahren, als die Legion in Mexiko gegen den Aufrührer Juarez kämpfte. Ich trage jetzt nur die Uniform, die mir rechtmäßig zusteht."

„Die eines Toten!", sagte ich vorwurfsvoll.

„Ein Soldat muss mit dem Tod leben", fuhr Gallord fort. „Auch Lennart hat es gestern erwischt. Er und Oberfeldwebel O'Girke wurden damals in Mexiko zusammen mit mir unehrenhaft entlassen."

Ich trank einen großen Schluck Kaffee und sagte wie beiläufig:

„Die Legion wird dafür ihre Gründe gehabt haben."

„Wir haben einen Transport der Juaristen überfallen, wobei einige hochgestellte Zivilisten ihr Leben verloren. Mon Dieu, es war Krieg!"

„Ein Waffentransport?"

„Nein, ein Geldtransport."

Allmählich wurde mir die Sache klar. Schon damals schienen Gallord und seine Kumpane ihren eigenen Vorteil im Auge gehabt zu haben. Vermutlich hatten sie versucht, die Beute aus dem Überfall für sich zu behalten.

Grisot beugte sich grinsend zu Gallord hinüber.

„Die Sache hätte euch leicht vors Erschießungskommando bringen können, hätte ich nicht für euch ausgesagt."

Grisot und Gallord waren also alte Kameraden. Da wunderte ich mich nicht länger, dass der Oberleutnant aus Fort Danjou so schnell bereit gewesen war, mit Gallord gemeinsame Sache zu machen.

Obwohl mich tiefer Abscheu vor der Mörderbande erfüllte, bemühte ich mich um äußere Gelassenheit. Nur so konnte es mir gelingen, mehr über die Verbrecher und ihre Pläne zu erfahren. Deshalb zwang ich mich zu einem Lächeln, als ich Gallord fragte:

„Damals in Mexiko sind Sie wohl nicht nur um Ihren Rang, sondern auch um Ihre Beute gekommen, wie?"

„Ganz recht."

„Dafür wollen Sie sich jetzt in der Oase des Scheitans schadlos halten." Das war keine Frage, sondern eine Feststellung. „Bleibt denn genug für Sie alle übrig, wenn der Schwarze Skorpion seinen Anteil kassiert hat?"

„Sonst wären wir nicht hier", sagte Gallord.

„Wie ist El Agreb el Aswad überhaupt hinter die Sache gekommen? Durch Sie, Monsieur Jacasse?"

Der ‚Vater des Schnurrbarts' sah mich mit einem kalten Lächeln an.

„Ich bin ein getreuer Diener meines Herrn."

„Und wie heißt Ihr Herr?"

„El Agreb el Aswad. Mehr werde ich Ihnen nicht sagen."

„Genug des höflichen Geplauders", meinte Gallord und schob mit einer Armbewegung Brot und Butter zur Seite, um auf dem Klapptisch eine freie Fläche zu schaffen. „Sehen wir uns an, was uns in der Oase erwartet!" Ein schneller Griff in die Jacke des Professors und der selbst ernannte Hauptmann hielt die Papiere in der Hand, die Pioche in der Nacht zu sich genommen hatte.

Ungläubig starrte der Archäologe Gallord an.

„Aber...wie konnten Sie das wissen?"

Gallord breitete die Papiere auf dem Tisch aus und winkte Arnaud zu sich.

„Jetzt zeigen Sie mal, was Sie können, mein Freund! Wie kommen wir zum Schatz?"

Als Arnaud zu Gallord gehen wollte, hielt Pioche ihn am Kragen fest.

„Sie haben mich verraten, Gilbert? Warum nur?"

Arnaud hielt seinem Blick nicht stand, sondern starrte beschämt auf die Tischplatte.

„Soll denn alles vergebens sein, gerade jetzt, wo wir schon so weit gekommen sind? Vielleicht haben wir nie wieder die Gelegenheit, die Oase des Scheitans zu erkunden."

„Und die Schätze einzusammeln!", fügte ich hinzu. „Mademoiselle Dufour wird von Ihnen sehr enttäuscht sein."

„Nicht, wenn ich es ihr aus meiner Sicht erkläre!", sagte Arnaud in einem plötzlichen Anfall von Selbstbewusstsein und begab sich zu Gallord, um die Papiere zu studieren.

War dieser nervöse Jüngling mit den leicht zitternden Händen und dem unsteten Blick wirklich der Mann, an den Nadine Dufour ihr Herz verloren hatte? Die Antwort musste wohl ja und nein zugleich lauten. Ja, es war Gilbert Arnaud, den zu suchen ich der Französin versprochen hatte. Aber es war wohl nicht mehr der Gilbert, in den sie sich verliebt hatte. Die Sahara ist ein hartes Land, an dem schon mancher erfahrene Reisende und erprobte Krieger zerbrochen ist. Arnaud schien mir körperlich wie seelisch nicht der Widerstandsfähigsten einer zu sein. Man konnte es ihm kaum zum Vorwurf machen, dass er unter dem Druck der Ereignisse umfiel und Professor Pioche verriet. Ich bezweifelte allerdings, dass der Schwarze Skorpion es ihm danken würde.

„Was Professor Pioche letzte Nacht fertig gestellt hat, ist die Übersetzung eines etwa zwölfhundert Jahre alten arabischen Textes“, sagte Arnaud nach ausgiebigem Studium der Papiere. „Ein gewisser Abdelwarith hat ihn verfasst, nachdem er die Oase des Scheitans besucht hat. Vermutlich gehörte er zu den siegreichen Arabern und die Oase war ein von den unterworfenen Berbern verehrtes Heiligtum. Laut Abdelwarith haben die Römer wertvolle Schätze in der Oase verborgen, aber sie zu heben, bringe große Gefahren mit sich. Der Scheitan selbst könnte geweckt werden. Deshalb sollte die Oase den Menschen verborgen bleiben bis...“

„Aber das wissen wir doch alles!“, fuhr Vincent Jacasse dazwischen. „Sagen Sie uns lieber, wie wir an die Schätze herankommen!“

„Oui“, nickte Arnaud und las vor, was Professor Pioche zu Papier gebracht hatte: *„Am Fuß des Teufelsberges liegt im satten Grün eine fruchtbare Oase. Hier* *wachsen Datteln und Granatäpfel, denn Wasser gibt es im Überfluss.*" Arnaud blickte auf. „Dann folgt eine Auslassung, wo der Originaltext nicht mehr zu entziffern war. Weiter geht es so: *Den größten Reichtum der Oase birgt das Schloss aus Wasser. Es hat drei Tore, das rote, das gelbe und das grüne. Nur das grüne Tor führt zum Höllenfeuer.* Wieder eine Auslassung, und danach heißt es: *Wer die schwarzen Steine entfernt, wird auf das Feuer der Hölle stoßen.*"

„Continuez – nur weiter!", verlangte Jacasse.

„Mehr steht hier nicht", sagte Arnaud.

Jacasse sah ihn an wie ein Hund, dem man seinen Knochen vor der Nase weggeschnappt hatte.

„Warum nicht?"

Hilfe suchend blickte Arnaud den Professor an und der erklärte:

„Der Text von Abdelwarith ist nur bruchstückhaft erhalten. Mit dem, was Gilbert eben vorgelesen hat, bricht der uns überlieferte Teil ab."

„Und der Schatz? Der Weg zum Schatz wird doch gar nicht beschrieben!"

Jacasses mächtiger Schnurrbart erzitterte. Als der angebliche Finanzier der Expedition, der sich als Handlanger des Schwarzen Skorpions entpuppt hatte, den jungen Archäologen durchdringend ansah, wich Arnaud abermals einem fremden Blick aus.

„Doch, das wird er", sagte der junge Archäologe und starrte auf die Papiere. „Abdelwarith spricht vom größten Reichtum der Oase und beschreibt anschließend den Weg zum Höllenfeuer."

„Qu'est-ce que cela veut dire – was soll das bedeuten?", fragte Jacasse kopfschüttelnd. „Was interessiert uns das Höllenfeuer?"

Jetzt fand Arnaud die Kraft, ihm in die Augen zu sehen. Langsam, jede Silbe betonend, antwortete er:

„*Höllenfeuer* ist die arabische Umschreibung für Gold."

Die zuvor verstört dreinblickenden Augen des Schnauzbärtigen leuchteten plötzlich.

„Gold!", stieß er laut hervor. „Gold!"

„Aber einiges bleibt unklar", wandte Grisot ein. „Zum Beispiel dieses Schloss aus Wasser. Ich kann mir beim besten Willen nichts darunter vorstellen."

Ich schon, aber ich schwieg.

Gallord erhob sich und sagte:

„Je eher wir aufbrechen, desto eher werden wir das Schloss aus Wasser finden!"

Verwundert fragte ich mich, weshalb der Franzose so ungeniert seine Pläne offengelegt hatte. Eine gewisse Selbstgefälligkeit schien dabei im Spiel zu sein. Gallord hatte es genossen, mir seine Überlegenheit zu beweisen. Dass er gar so freimütig über sein Vorhaben sprach, fand ich Besorgnis erregend: Er würde Halef und mich kaum freiwillig laufen lassen.

*

Meine Annahme bestätigte sich: Halef und ich wurden gezwungen, die Fremdenlegionäre auf ihrem Marsch zur Oase des Scheitans zu begleiten. Wie Sträflinge hatte man uns aneinander gebunden, wobei unsere Hände rücklings gefesselt waren. So stapften wir durch das unwegsame Felsengebirge inmitten des Schwarzen Landes, vor und hinter uns Legionäre und Kamele. Das Gelände war zu unwegsam zum Reiten, weshalb die Männer ihre mit dem Gepäck beladenen

Tiere am Zügel mit sich führten. Die Wagen hatte man nicht nur aus diesem Grund am Lagerplatz zurückgelassen. Die Deserteure hofften, der äußerlich unveränderte Anblick des Lagers würde die Beni Hammada eine Weile darüber hinwegtäuschen, dass die fremden Soldaten zur Oase des Scheitans aufgebrochen waren.

Hinauf und hinab führte der Weg zum Dschebel esch Scheitan, mal rechts durch die Felsen, dann wieder links entlang. Falls es eine geradere, schnellere Route gab, war sie niemandem von uns bekannt. Unsere nackten Füße brachten Halef und mir erhebliche Beschwerden ein. Das oft scharfkantige Felsgestein riss Wunden in die ungeschützte Haut, und je mehr es sich mit dem Fortschreiten des Tages erhitzte, desto mehr wurde uns das Laufen zur Qual.

Ablenkung bot mir nur das unablässige Geplapper des kleinen Hadschi. Mal flehte er den Propheten um Beistand an, dann Allah und dann wieder beide zugleich. Zwischendrin verfluchte er die Dschunûd und auch die alten Römer, die ihr Gold beim nächsten Mal gefälligst an einem leichter zugänglichen Ort verstecken sollten. Irgendwann, als die Sonne höher und höher stieg, erlahmte selbst Halefs Eifer, und er stieß nur noch hin und wieder ein halblautes „Allah kerîm!" oder „Allah inhal!" aus.

Einige Legionäre unterhielten sich miteinander auf Deutsch, aber ich unternahm gar nicht erst den Versuch, sie auf meine Seite zu ziehen. Als sie der Legion beitraten, hatten sie ihre Heimat und ihre Nationalität für fünf Centimes am Tag verkauft. Das sind zwei Liter billigen Rotweins, mehr nicht. Welches Ehrgefühl sollte ich in Männern zu wecken versuchen, die ihre Offiziere und ihre eigenen Kameraden hingemetzelt hatten? Als ich in die unrasierten Gesichter sah, in die vor Goldgier glänzenden Augen, wusste ich, dass jeder Appell an ihre Ehre verschwendeter Atem gewesen wäre.

Nicht nur den Kameradenmord in Fort Danjou hatten sie auf dem Gewissen, wie ich von Professor Pioche erfuhr. Er war nicht gefesselt und konnte sich frei in der Marschgruppe bewegen. Die Anführer der Deserteure hielten ihn wohl nicht für gefährlich. Pioche hatte von Jacasse gehört, wie die Legionäre zu ihren Kamelen gekommen waren. Im Gebiet zwischen den Wadis Gerg und Dora hatten sie nächtens ein Beduinenlager überfallen und die arglosen Wüstennomaden hemmungslos zusammengeschossen, um auf den erbeuteten Hudschûn die Reise fortzusetzen. Mein Abscheu vor den Männern in den blauen Mänteln wuchs und doch musste ich weiter mit ihnen ziehen.

Einige überhängende Felsen spendeten Schatten für die Mittagsrast. Dass die Legionäre sich selbst in den Schatten drängten, ihre Kamele aber in der prallen Sonne stehen ließen, zeigte deutlich, dass sie es nicht gewohnt waren, mit den Tieren, von ihnen und auch für sie zu leben. Ein Beduine kümmert sich stets zuerst um sein Hedschîn, weil er weiß, dass sein eigenes Leben in der Wüste nur so viel wert ist wie der Zustand seines Kamels.

Auch für Halef und mich fand sich kein Platz im Schatten. Wir ließen uns dicht bei den Hudschûn nieder, damit wenigstens die großen Tiere uns etwas vor der Sonne beschirmten. Wäre Professor Pioche nicht gewesen, hätten wir auch nichts zu trinken bekommen. Der Archäologe gab uns aus einer Feldflasche Wasser, das zwar warm und abgestanden war, mir aber so gut mundete wie ein kühles Bier an einem lauen Sommerabend in der Heimat.

Dabei erzählte uns der Professor, wie die Fremdenlegionäre die Karawane der Gelehrten überrascht und umzingelt hatten. Jacasse hatte Gallord wie einen alten Freund begrüßt. Die Legionäre hatten Pioche und Arnaud festgehalten, während sie die angeworbenen Helfer in die Wüste hinausjagten. Zumindest hatte man den Berbern ihre Kamele gelassen.

Professor Pioche setzte bei Gallord durch, dass wir von unseren Fesseln befreit wurden. Denn wie Pioche ganz richtig bemerkte:

„Wohin sollen sie hier schon fliehen?"

Als er den zerschundenen, halbverbrannten Zustand unserer Füße bemerkte, holte er aus seinem Gepäck zwei Paar Ersatzschuhe, die Halef zwar zu groß und mir zu klein, aber trotzdem hochwillkommen waren. Ich konnte sie tragen, wenn ich darauf verzichtete, sie zuzubinden. Halefs Paar wurde mit Strümpfen und Lappen passend gemacht.

Ich ergriff Pioches Rechte.

„Merci beaucoup pour votre aide, Monsieur le Professeur - vielen Dank für Ihre Hilfe, Herr Professor! Ohne Sie würden Halef und ich das alles vielleicht nicht überstehen."

Er wischte mit dem linken Arm eine Strähne seines grauweißen Haares aus der schweißverklebten Stirn.

„Sie müssen mir nicht danken, ich tue nur meine Pflicht. Schließlich befinden Sie und Ihr Diener sich nur in dieser misslichen Lage, weil Sie mir helfen wollten - mir und..."

Sein Blick glitt hinüber zu einer Felseinwölbung, die man fast eine Höhle nennen konnte. Dort saß Gilbert Arnaud bei Gallord, Grisot und Jacasse und sprach angeregt mit ihnen.

„Ich weiß nicht, was in Gilbert gefahren ist“, sagte Pioche. „Er ist kein schlechter Junge, kein geborener Verräter, bestimmt nicht!“

„Das glaube ich Ihnen. Mademoiselle Dufour hätte sich gewiss nicht in einen Taugenichts verliebt. Ich glaube, der Cafard macht Monsieur Arnaud zu schaffen.“

„Der was?“

Ich berichtete dem Professor, was der Korporal Fritze Pape aus Belecke im Sauerland mir über den schwarzen Käfer erzählt hatte.

„Da ist was dran“, murmelte Pioche. „Ich glaube, der Cafard steckt in allen, die nach der Oase des Scheitans suchen. In den Mördern da drüben, in Gilbert und mir - und auch in Ihnen, Monsieur.“

„In mir?“, fragte ich verwundert. „Oho, wie kommen Sie darauf?“

„Auch wenn Sie weder dem Gold noch dem Ruhm nachjagen, sind auch Sie ein Besessener, Monsieur. Ihr Cafard ist die Neugier auf das Unbekannte, auf fremde Länder, auf andere Völker und ihre Sitten, auf das Geheimnis der Oase!“

15. Das Feuer der Hölle

„Hinfort mit euch, ihr nichtsnutzigen Väter des Gebrumms! Wie könnt ihr Winzlinge es wagen, einen treuen Gefolgsmann des Propheten zu belästigen? Hat die Sonne euer kleines bisschen Gehirn, das nicht größer sein kann als ein Sandkorn, ausgetrocknet, dass ihr euch an mir vergreift? Ist es nicht schon schlimm genug, dass mein Sihdi und ich in dieser felsigen Einöde zum Verschmachten verurteilt sind? Mögen eure Flügel abfallen und eure Leiber verdorren, wallahi!"

So schimpfte am folgenden Vormittag Hadschi Halef und führte dabei einen wilden Tanz auf, der einem indianischen Medizinmann zur Ehre gereicht hätte. Nach der Übernachtung in einer zerklüfteten Felsschlucht, während der die Deserteure Halef, Pioche und mich gefesselt hatten, waren wir noch vor Sonnenaufgang weitergezogen. Jetzt waren wir bereits seit mehr als fünf Stunden unterwegs, als plötzlich ein Fliegenschwarm aufgetaucht war, der an dem Hadschi ein ganz besonderes Vergnügen fand. So sehr er sich auch bemühte, die schwarze Wolke durch flotte Sprünge in alle Himmelsrichtungen abzuwehren, die hartnäckigen Insekten blieben an ihm dran wie ein Finanzbeamter am säumigen Steuerzahler. Er wedelte mit seinen dünnen Ärmchen wie ein Dutzend Windmühlen durch die Luft, was das Fliegenvolk aber nur als Aufforderung zum lustigen Tanz aufzufassen schien. Es schwirrte und summte um den Kleinen, dass mir allein vom Zusehen schwindlig wurde. Ich vergaß für einen Augenblick unsere alles andere als angenehme Lage und brach in lautes Gelächter aus.

Das ging den Hadschi noch härter an als der treue Fliegenschwarm. Ohne in seinem köstlichen Gezappel auch nur einen Augenblick innezuhalten, rief er in einem höchst vorwurfsvollen Ton:

„O Sihdi, du verspottest mich? Ist mein Unglück nicht schon groß genug? Ich bin ein Gefangener der Dschunûd!"

„Das bin ich auch, Halef“, warf ich ein.

„Ich ziehe mit ihnen durch diese Ödnis, ohne zu wissen, ob wir jemals wieder einen grünen Baum und einen Bach mit klarem Wasser sehen werden. Und dann werde ich noch von diesem Geschmeiß gepeinigt!“

„Das hast du mir allerdings voraus“, gab ich zu.

„Du sagst es, Sihdi, denn die Fliegen sind nur um meinen Kopf herum, aber nicht um deinen.“

„Vielleicht verschmähen sie einen Ungläubigen, sind aber ganz vernarrt in einen frommen Mekkapilger, der sich Hadschi nennen darf.“

Betrübt zog Halef sein schmales Gesicht so in die Länge, dass es einem senkrecht gehaltenen Bleistift glich.

„Sihdi, willst du mich aufziehen?“

„Nur ein wenig, Halef. Die Fliegen, die dich umschwirren, haben mir die gute Laune wenigstens zum Teil zurückgebracht.“

„Weil meine Not dich belustigt?“

„Nein, weil die Fliegen mir sagen, dass unser qualvoller Weg bald ein Ende hat.“

„Allahu akbar! Ich wusste, dass du viele Zungen verstehst, o Kara Ben Nemsi el Zagal. Aber ich ahnte nicht, dass dein Ohr selbst die Worte der Fliegen vernimmt.“

„Nicht durch ihre Worte sprechen sie zu mir, sondern durch ihre Anwesenheit.“

Halef blickte mich verständnislos an und vergaß für einen Moment sein Gespringe und Gefuchtel.

„Sihdi, du magst die Fliegen verstehen, aber ich verstehe nicht einmal dich. Deine Worte sind wie die Rede eines Alims. Meine Ohren hören sie, aber mein Gehirn begreift sie nicht.“

„Betrachte die Fliegen einfach als Boten, Halef."

„Als Boten? Vergib mir, Sihdi, aber bist du vor Anstrengung irre geworden? Wer sendet schon Fliegen als Boten aus?"

„Eine Oase."

„Eine Oase?" Er verstand mich noch immer nicht.

„Aber Halef, ich glaube, dein Verstand hat gelitten. Hast du mir nicht erzählt, dass du durch den ganzen Maghreb und darüber hinaus gewandert bist?"

„Das bin ich auch."

„Und bist du in wasserloser Wüste jemals einem solchen Fliegenschwarm begegnet?"

„Lâ, abadan - nein, niemals."

„Siehst du! Wo diese Fliegen herkommen, da muss es Tiere und Pflanzen geben und Feuchtigkeit. Ich vermute, hinter jener Felswand, die vor unserer Marschkolonne aufragt, liegt die Oase des Scheitans."

*

„O Sihdi, Allah segne deinen Verstand, der so klar ist wie das Wasser von Sem Sem[1], so scharf wie das Schwert des Propheten und so groß wie die sieben Himmel mitsamt ihren Zwischenräumen! Nicht nur El Zagal, den Tapferen, sollte man dich nennen, sondern auch El Alim, den Klugen! Die Oase - und du hast es gewusst, hamdullilah!"

Als Halef eine halbe Stunde später diese Lobpreisung auf mich aussprach, hatte er die lästigen kleinen Verehrer längst vergessen. Sie hatten sich auf andere Männer und Tiere verteilt oder waren zurück zu der Oase geflo-

[1] Brunnen in Mekka, dessen Wasser den Moslems als wundertätig gilt.

gen, deren Anblick uns alle in den Bann schlug. Nach eineinhalb Tagen in der leeren Steinwüste erschien uns das grüne Tal wie das Paradies auf Erden. Die Palmen standen so dicht beisammen, dass die Wedel einander berührten, als sei ein Baum mit dem nächsten fest verzahnt. Von unserem erhöhten Standpunkt in den Felsen sah es aus wie ein grünes Dach. Ein Anblick, an dem wir uns nicht satt sehen konnten.

Vielleicht noch eigenartiger als das prächtige Grün inmitten der Hammada war der Berg, der sich wohl zweihundert Meter hoch aus dem riesigen Palmenwald reckte. Der Dschebel esch Scheitan - der Berg des Scheitans! Die großen Sinterflächen warfen das Sonnenlicht in bunten Kaskaden zurück. Der Sinter wirkte wie die zerlaufene Glasur auf dem Kuchen eines Riesen.

Hoch über dem Palmwedeldach zog ein einsamer Falke seine Kreise. Als sein schriller Ruf zwischen den Felsen widerhallte, lief ein Schauer über meinen Rücken. Mir kam es wie eine Warnung vor, die verbotene Oase nicht zu betreten.

Niemand sonst schien die Warnung zu hören. Als Erste rissen sich ein paar Kamele los und rannten, angelockt vom Wasser, unter durchdringendem Gebrüll ins Tal. Die Fremdenlegionäre folgten dem Beispiel und jedwede militärische Ordnung geriet in Vergessenheit. Wobei die Legionäre wohl nicht nur von der Aussicht auf frisches Quellwasser angetrieben wurden, sondern nicht minder von der Gier nach Gold.

In dem allgemeinen Durcheinander wäre es Pioche, Halef und mir wohl gelungen, uns still und heimlich aus dem Staub zu machen. Doch war die Aussicht wenig verlockend, dass wir den beschwerlichen Weg, der gerade hinter uns lag, ohne Ausrüstung und Vorräte, ja ohne die geringste Verschnaufpause, in umgekehrter Richtung erneut zurücklegen sollten. Außerdem trieb auch Pioche und mich die Neugier auf das Geheimnis der Oase voran und der getreue Halef folgte seinem Sihdi. So wurde ein jeder von seinem Cafard gelenkt.

Im Gegensatz zu den Oasen, die man gemeinhin inmitten der Wüste findet, war die Oase des Scheitans nicht von Menschenhand angelegt und gepflegt worden. Hier gab es keine Seguias, mit Schleusen versehene Bewässerungskanäle, die üblicherweise eine Oase durchziehen wie Arterien und Venen den Körper eines Menschen. Wir stießen am Rand des Tals nicht auf einen zum Schutz gegen den ständigen Fraß der Wüste angelegte Tabia[1], gekrönt von einem Zarb[2]. Kein sorgfältiger Etagenbau zeugte von der geplanten Kultivierung dieses Garten Edens. Anderswo schützen die höchsten und widerstandsfähigsten Gewächse, die Palmen, die empfindlicheren Orangen-, Oliven-, Aprikosen- und Granatapfelbäume, und die Obstbäume wiederum beschirmen die Bodengewächse Gerste und Weizen, Hafer und Hirse, Reis und Koriander.

Im Schatten des Teufelsberges gedieh ein Wildwuchs, der auf den ersten Blick erkennen ließ, dass dieser Ort von den Menschen gemieden wurde. Nur von oben hatte das Dach der Palmwedel einen gleichmäßigen Eindruck hervorgerufen. Als wir in den Dschungel eindrangen, blieben wir oft stecken in dem Dickicht aus verkrüppelten Palmen und anderen

[1] Erdwall

[2] Zaun aus getrockneten Palmwedeln

Gewächsen, die das Rennen um das Licht der Sonne gegen die größeren Dattelpalmen verloren hatten. Fette Kröten quakten uns spöttisch hinterher, Affen und Zieselhörnchen huschten über unseren Köpfen durchs Gehölz. Vögel mit hellem Gefieder, in denen ich Blassspötter zu erkennen glaubte, empfingen uns mit einem angesichts ihrer zierlichen Leiber erstaunlich kräftigen Gesang. Manch ein Legionär stieß einen deftigen Soldatenfluch aus, wenn er in einen grasüberwucherten Bach gefallen war.

Wir erreichten einen Teich, den man fast schon als See bezeichnen konnte. Wer noch kein unfreiwilliges Bad in einem Bach oder Wasserloch genommen hatte, nahm hier ein freiwilliges. Auch Halef und ich entledigten uns der verschmutzten Kleider, während Pioche am Ufer blieb, um eine ungewöhnliche Schilfrohrart zu untersuchen. Das Wasser war nicht so kühl und erfrischend, wie ich es erhofft hatte. Es erinnerte mich an den Fluss, der im ‚Maul des Krokodils' verschwand, nur war das Wasser in der Oase noch wärmer. Silbrige Fische, die hier in großer Zahl vorhanden waren, kitzelten unsere Beine.

„Es Schems[1] dringt kaum durch das Dach der Palmen und doch ist das Wasser so warm wie im Haus eines Baders", wunderte sich Halef.

„Dein Vergleich ist sehr treffend", sagte ich. „Das Wasser hier wird von unten erhitzt, ähnlich dem Kessel in einer Badestube."

Halef wirkte unsicher, seine Miene schwankte zwischen Belustigung und Erschrecken.

„Sihdi, das ist doch wieder ein Scherz von dir, oder?"

[1] Die Sonne

„Nein, es ist mein voller Ernst. Du kennst den Atem des Scheitans, der dort oben aus dem Berg kommt, hast ihn öfter gesehen als ich. Auch wenn du es mir nicht geglaubt hast, so habe ich dir zu erklären versucht, dass solch ein Teufelsatem durch heißes Gestein verursacht wird. Ich vermute, dass die heißen Gesteinsmassen oder auch Lavaströme sich ziemlich genau unter uns befinden."

„Lahfa?", wiederholte der Hadschi zögernd das nicht ganz verstandene Wort.

„Lava, auch Magma genannt, solange es sich noch im Innern der Erde befindet, ist Gestein, das durch übergroße Hitze zu einer flüssigen Glut geworden ist."

„Was willst du damit sagen, ‚solange es sich im Innern der Erde befindet'?"

„Ebenso wie das heiße Wasser, der Teufelsatem, kann auch die Lava ausbrechen."

„Ist das nicht gefährlich?"

„Sehr sogar", sagte ich mit einem besorgten Blick zur Spitze des Teufelsberges, um die noch immer der Falke seine weiten Kreise zog.

„Allah kerîm!", entfuhr es meinem Begleiter, bevor er sich mit einer ruckartigen Bewegung dem Ufer zuwandte.

Ich hielt ihn an einem Arm fest.

„Wohin so eilig?"

„An Land, Sihdi, und du musst mit mir kommen, schnell! Keinen Augenblick länger dürfen wir in diesem Kessel verweilen, in dem der Scheitan sogar Steine zu flüssiger Glut zerkocht!"

Ich ließ Halef los und er lief, so schnell es das brusthohe Wasser erlaubte, zum Ufer. Etwas bedächtiger folgte ich ihm, weil ich lange genug in dem Teich gebadet hatte und nicht etwa aus Angst vor dem Scheitan. Wenn der sein flüssiges Gestein ausspuckte, waren wir an Land genauso in Gefahr wie hier im Wasser. Die ganze Oase würde dann ein Raub der flüssigen Glut werden. Mehr noch, vielleicht war nach einem Ausbruch des von mir vermuteten Vulkans das fruchtbare Land, das versteckt inmitten der Wüste von Tademait lag, auf ewig verbrannt – und mit ihm die Beni Hammada.

Nachdem wir unsere zerlumpten Kleider angelegt hatten, stiegen wir abseits des Teiches auf einen felsigen Hügel. Da auf dem steinigen Grund nichts wuchs, klaffte hier eine Lücke im Palmwedeldach. Das nutzte eine Gruppe, die von Gallord, Grisot, O'Girke, Jacasse, Arnaud und Professor Pioche gebildet wurde, um den bunt glitzernden Teufelsberg aus der Nähe zu betrachten. Gallord, Grisot und Arnaud blickten durch Fernrohre.

Jacasse legte eine Hand auf Arnauds linke Schulter.

„Mein Junge, sind Sie sicher, dass der Berg jenes Schloss aus Wasser ist, von dem Abdelwarith spricht? Der Dschebel besteht doch wohl unzweifelhaft aus Felsgestein."

Der Gefragte setzte das Fernrohr ab.

„Cela va sans dire – selbstverständlich. Aber er ist zu großen Teilen von Sinter überzogen, wie man von hier auch mit bloßem Auge sieht. Diese Schicht Mineralsalze hat sich aus dem vom Dschebel esch Scheitan ausgestoßenen Wasser abgesondert. Insofern kann man das Gebilde einen Berg aus Wasser nennen."

„Aber Abdelwarith spricht von einem Schloss!" Jacasse warf Pioche einen zweifelnden Blick zu. „Oder haben Sie sich bei Ihrer Übersetzung geirrt, Monsieur le Professeur?"

„En aucun cas – auf keinen Fall!", schnaubte der

Professor entrüstet. „Glauben Sie, Monsieur, ich habe so lange an der Vervollständigung der Übersetzung gesessen, um dann einen solchen Fehler zu begehen? C'est inouï - das ist unerhört!"

Pioche schien vergessen zu haben, dass er ein Gefangener war und dass Jacasse zu seinen Kerkermeistern gehörte.

Angesichts des geheimnisvollen Berges hatte die Leidenschaft des Wissenschaftlers - sein Cafard - ganz und gar von ihm Besitz ergriffen.

Jacasse deutete eine Verbeugung an.

„Pardon, Monsieur le Professeur, ich wollte Ihre Arbeit nicht in Frage stellen. Ich möchte nur wissen, was Abdelwarith mit dem Schloss gemeint hat."

Pioche streckte die rechte Hand zum Dschebel aus.

„Aber es sieht doch aus wie ein Schloss! Die einzelnen Abstufungen wirken fast wie von Menschenhand geformte Terrassen und die dünne Bergspitze könnte man für einen Turm halten."

„Sie haben Recht, Professor", brummte Jacasse zufrieden. „Der Dschebel ist das Schloss aus Wasser. Wie sagt Abdelwarith noch: *Es hat drei Tore, das rote, das gelbe und das grüne. Nur das grüne Tor führt zum Höllenfeuer.*"

Arnaud, der das Fernrohr wieder angesetzt hatte, sagte leise:

„Bei einem Großteil der Ablagerungen gehen die Farben ineinander über, sodass man kaum eine bestimmte Farbe erkennen kann."

„Und?", fragte Jacasse gespannt.

„Durchs Fernrohr sehe ich drei Terrassen, die übereinander liegen und von jeweils einer Farbe beherrscht werden. Zuunterst eine, die mit rotem Sinter bedeckt ist, darüber eine in Gelb und schließlich, auf halber Höhe des Berges, eine grüne Terrasse."

„Donnez la moi - geben Sie das mir!" Jacasse riss Arnaud das Fernrohr aus den Händen und hielt es an sein rechtes Auge. Eine Minute lang blickte er still den Dschebel an, dann rief er: „C'est ça - richtig! Ich erkenne es deutlich. Wir müssen hinauf zu der grünen Terrasse, dort finden wir das Tor zum Schatz!"

Jacasse, Gallord, Grisot und O'Girke brachen in freudigen Jubel aus. Ich nahm Arnaud beiseite und fragte ihn, ob er stolz auf sich sei.

Als er mich daraufhin ansah, wirkten seine Züge gar nicht mehr glatt und jugendlich. Die letzten Tage hatten tiefe Falten in sein Gesicht gegraben.

„Sie verkennen meine Beweggründe, Monsieur. An dem Schatz ist mir nicht mehr gelegen als Ihnen. Ich möchte nur, dass wir alle möglichst rasch und mit heiler Haut nach Hause kommen."

Ich schüttelte den Kopf.

„Glauben Sie, Jacasse und seine Komplizen werden zulassen, dass Sie, der Professor und ich nach Hause kommen? Wir sind Zeugen ihrer Verbrechen."

„Wir werden ihnen versprechen zu schweigen."

„Solch ein Versprechen würde ich niemals abgeben", sagte ich mit Nachdruck.

„Warum nicht?"

„Weil ich es nicht halten würde. Außerdem würde es Männer wie Jacasse, Gallord und Grisot nicht sonderlich beeindrucken. Sie haben Menschenleben auf dem Gewissen und können sich nicht das kleinste Risiko leisten."

„Sie meinen, man wird uns umbringen, sobald der Schatz gehoben ist?"

„Falls wir dann überhaupt noch leben", antwortete ich düster.

„Warum zweifeln Sie daran, Monsieur?"

Ich sah zum Dschebel esch Scheitan hinüber.

„Wer sich die Mühe macht, seine Reichtümer an einem derart abgelegenen Ort zu verbergen, wird sie nicht ohne weiteres hergeben."

„Aber die Römer, die ihre Schätze hierher brachten, sind längst zu Staub zerfallen. Wie können sie uns noch schaden?"

„Ich fürchte, das werden wir eher erfahren, als uns lieb ist."

Die Anführer der Legionäre gönnten ihren Männern nur eine kurze Rast. Dann setzten wir den Marsch fort, bahnten uns einen Weg durch das üppige Grün der Oase, bis der Boden felsiger wurde und in die Ausläufer des Dschebels überging. Vor uns stieg das Gelände so steil an, dass es für die Kamele, Maultiere und Pferde unpassierbar wurde. Gallord, Grisot und Jacasse wollten den Marsch mit der Hälfte ihrer Leute fortsetzen, während die andere Hälfte unter O'Girkes Aufsicht mit den Tieren am Rand der Oase zurückbleiben sollte.

Protestrufe erschollen. Die Männer, die hier bleiben sollten, glaubten, ihre Anführer wollten sie um den Anteil am Schatz betrügen.

„Unsinn!", rief Grisot in die Runde. „Wir brauchen die Tiere, um den Schatz abzutransportieren. Deshalb ist es wichtig, dass ihr gut auf sie Acht gebt. Und deshalb könnt ihr sicher sein, dass wir zu euch zurückkommen werden – mit dem Schatz! Wir alle sind doch Kameraden, Männer!"

Insgeheim fragte ich mich, was die in Fort Danjou

ermordeten Legionäre, könnten sie noch sprechen, ihren ‚Kameraden' dazu sagen würden. Aber die Deserteure schienen einigermaßen beruhigt und machten sich an den Aufbau des Lagers.

Jacasse bat, nein, er befahl Gilbert Arnaud und Professor Pioche, mit auf den Berg zu kommen. Ich ging zu dem vermeintlichen Finanzier und bat, ebenfalls mitkommen zu dürfen.

„Pourquoi - warum?", fragte Jacasse skeptisch.

„Ich bin so weit gekommen, jetzt möchte ich auch das Innere des Teufelsberges sehen."

Er nickte knapp.

„Soit - meinetwegen! Sie sind ein kluger Kopf, Monsieur. Vielleicht können wir Sie da oben gebrauchen. Es soll Ihr Schaden nicht sein."

Als Halef das hörte, blickte er mich aus weit aufgerissenen Augen an.

„Sihdi, ist's wahr, du willst in den Mund des Scheitans kriechen?"

„Nein, Halef, nur in den Berg."

„Aber der Berg muss der Mund des Scheitans sein, wenn aus ihm en Nafas esch Scheitan, der ‚Atem des Teufels', dringt!"

„Für mich bleibt es ein Berg."

Der Hadschi hob die Hände zu einer Geste der Ratlosigkeit.

„Ob Berg oder Mund, jedenfalls wohnt der Scheitan darin. Was du vorhast, ist sehr gefährlich, Sihdi!"

„Man begegnet der Gefahr am besten, indem man ihr ins Auge sieht."

„Dann wirst du von deinem Vorhaben nicht ablassen, auch wenn ich dich inständig bitte?"

Ich umfasste seine Rechte.

„Nein, Halef, aber deine Sorge um mich gereicht dir zur Ehre."

„O Sihdi, niemand soll sagen, dass ich dich im Stich gelassen hätte. Ich werde dich begleiten! Wenn man einst deine Tapferkeit rühmt, wird man auch meinen Namen nennen: Hadschi Halef..."

Weiter kam er nicht, denn das blecherne Signal des Hornisten rief zum Aufbruch.

*

Der Aufstieg gestaltete sich höchst schwierig. Zwischen den Terrassen fanden unsere Füße oft nur auf schmalen Rinnen Halt. Der Sinter war streckenweise so glatt, dass Legionäre zweimal nur knapp einem Absturz entgingen. Zudem warf die Sonne ihre heißen Strahlen auf uns und auf den Berg. Wenn man die Hand nach einer Felskante ausstreckte, um sich festzuhalten oder abzustützen, verbrannte man sich fast. Fluchend knöpften die schweißgebadeten Legionäre ihre blauen Mäntel auf oder zogen sie ganz aus.

Erst nach eineinhalb Stunden erreichten wir die Terrasse aus rotem Sinter, wo wir unter eilig aufgespannten Planen eine Rast einlegten. Ich begab mich zu Professor Pioche, der die Felswand absuchte und dort einen schmalen Riss fand, breit genug für einen Mann.

„Ein Weg ins Innere des Berges", stellte ich fest.

„Oui, Monsieur. Abdelwarith hat mit dem roten Tor also wirklich diese Terrasse gemeint."

Eine Stunde später standen wir auf der gelben Terrasse und fanden auch hier einen Höhleneingang. Jetzt hegte niemand mehr Zweifel, dass auf der grünen Terrasse über uns der ‚Eingang zur Schatzkammer', wie Jacasse es nannte, zu finden war.

Als wir dort anlangten, stürzten sich die Männer trotz ihrer Erschöpfung sofort auf die Bergwand, um den Höhleneingang zu suchen. Enttäuschte Rufe wurden laut, dann Flüche, als kein noch so winziger Spalt zu entdecken war. Gallord packte Pioche an den Schultern und rüttelte ihn.

„Was soll das, Professor? Warum ist hier kein Eingang in den Berg zu finden? Haben Sie uns betrogen?"

„Ich gewiss nicht. Wenn ein Betrug vorliegt, so hat Abdelwarith ihn verübt."

„Aus welchem Grund hätte er das tun sollen?", bellte der Mann in der geraubten Hauptmannsuniform.

„Vielleicht wollte er den Weg zum Schatz verschleiern", sagte ich, um dem Professor aus der Klemme zu helfen.

In diesem Augenblick ertönte ein Schrei und die Legionäre scharten sich um eine Stelle am Rand der Felsterrasse. Dort war ein Legionär überraschend im Boden versunken. Eine dünne Sinterschicht, die ein etwa zwei mal drei Meter großes Loch verborgen hatte, war unter dem Gewicht des Mannes eingebrochen.

„Hier ist es!", rief Grisot, der zu der Stelle geeilt war. „Dies ist das grüne Tor!"

Er hatte wohl Recht und die Legionäre brachen in Jubelrufe aus. Nur ihr Kamerad, der sich bei dem unerwarteten Sturz einen Fuß verstaucht hatte, jubelte nicht mit. Er hockte fünf Meter unter uns und sah halb flehend, halb wütend zu uns herauf. An einer mitgeführten Strickleiter stiegen drei Männer zu ihm hinab und halfen ihm ins Freie.

Gallord bestimmte vier Legionäre, die hier oben bei dem Verletzten bleiben und auf die Ausrüstung achten sollten. Alle anderen, auch Arnaud, Pioche, Halef und ich, stiegen in die Tiefe. Die Höhle unterhalb des Lochs war groß genug, um unsere gut vierzig Mann starke Gruppe aufzunehmen. Laternen flammten auf und ihr Licht wurde in grünen Blitzen zurückgeworfen, wo es auf Sinterstreifen traf, die das dunkle Felsgestein wie Adern durchzogen.

Ein gewundener Weg, breit genug, dass zwei bis drei Männer nebeneinander gehen konnten, führte in den Berg hinen. Als wir ihn beschritten, erfasste mich eine seltsame Stimmung, die wohl am besten mit innerer Erregung zu beschreiben ist. Obwohl ich ein Verhängnis ahnte, erfüllte mich keine Furcht. Ein Jahrhunderte altes Geheimnis lag in diesem Berg verborgen und jeder Schritt brachte mich seiner Lösung näher. Ich fühlte mich wie ein Wissenschaftler, der nach jahrelangen Experimenten kurz vor dem Durchbruch steht. Ein innerer Zwang trieb mich voran und ich fragte mich, ob in meinen Augen derselbe Glanz lag, wie ich ihn in den Gesichtern der Legionäre entdeckte. Selbst bei Arnaud und Pioche. Sie alle wollten den Schatz sehen, für den die Römer einen solchen Aufwand betrieben hatten.

Neben mir ging Halef. Sein Gesicht war das einzige, das keine innere Verzückung widerspiegelte. Misstrauisch blickte er in das Halbdunkel, das uns umgab, als rechnete er jeden Augenblick mit einem Überfall heimtückischer Berggeister. Hatte er Recht? Lauerte am Ende des Ganges auf uns alle der Scheitan?

Zumindest des Teufels heißer Atem schien uns entgegenzuschlagen. Fast mit jedem Schritt wurde es wärmer, heißer und bald klebte die Kleidung an unseren Körpern. Wer von den Legionären noch seinen Mantel trug, streifte ihn hastig ab. Viele der schweren Kleidungsstücke wurden achtlos zu Boden geworfen, erschienen ihren Trägern bedeutungslos angesichts des erwarteten Reichtums.

Und dann war der Gang plötzlich zu Ende. Eine dunkle, fast schwarze Felswand gebot uns Halt und ratloses Gemurmel erfüllte die Höhlung im Teufelsberg. Hatten wir eine Abzweigung übersehen? Oder war das Loch im Boden der Felsterrasse gar nicht das grüne Tor, von dem Abdelwarith sprach?

Professor Pioche, der sich nicht mit einem Irrtum abfinden mochte, ließ sich von einem Legionär eine Petroleumlaterne geben und untersuchte akribisch jeden Zentimeter der Felswand. Schließlich stieß er einen triumphierenden Laut aus.

„En voici, regardez - hier ist etwas, sehen Sie!"

Ich drängte mich neben Jacasse, Grisot, Gallord und Arnaud nach vorn und bemerkte im Licht der Laterne einen dünnen Spalt, nicht breiter als zwei Millimeter. Er zog sich in gerader Linie von oben nach unten durch die Felswand, und zwar genau in deren Mitte.

„Ein Riss im Fels", meinte Gallord.

„Nein, kein Riss", widersprach ich. „Es sind zwei Felsen, die eng zusammenstehen. Vielmehr zwei Felsplatten, wenn ich richtig vermute."

„Sie haben Recht, Monsieur!", rief Jacasse und zitierte den Bericht Abdelwariths: „*Wer die schwarzen Steine entfernt, wird auf das Feuer der Hölle stoßen.* Dies sind die schwarzen Steine und dahinter liegt der Schatz! Schnell, ein Stemmeisen!"

„Ich würde die Finger davon lassen“, riet ich.

Jacasse starrte mich an, als hätte ich den Verstand verloren.

„Jetzt, wo wir so nah bei dem Gold sind?“

„Ich kann mir nicht vorstellen, dass es so einfach ist“, erläuterte ich meine Zweifel. „Bedenken Sie, dass nicht der gesamte Bericht Abdelwariths überliefert wurde!“

„Na und?“ Jacasse zuckte mit den breiten Schultern. „Wir haben die wichtigsten Stellen: die Beschreibung des Wegs, der zum Schatz führt!“

„Darin befinden sich Auslassungen. Gerade dort könnte es Hinweise auf versteckte Fallen geben.“

Gallord drängte sich vor, neben ihm ein bulliger Legionär mit einem Stemmeisen.

„Bis jetzt sind wir auf keine Fallen gestoßen“, sagte der falsche Hauptmann. „Und wenn wir erst einmal in der Schatzkammer sind, werden wir schon weitersehen.“ Er blickte seinen bulligen Begleiter an. „Allons – fang an!“

Der Legionär drückte die Spitze des Eisens in den Spalt und stemmte sich mit aller Kraft gegen den Fels. Schweiß tropfte von seiner Stirn, aber sonst geschah nichts. Zitternd ließ der Bullige das Stemmeisen fallen und taumelte zurück in die Arme seiner Kameraden.

„Alles muss man selbst machen“, knurrte Jacasse. Er zog seine Jacke aus und reichte sie einem Legionär. Dann hob er das Stemmeisen auf und setzte es erneut an. Auch er brach in Schweiß aus und die Enden des mächtigen Schnurrbarts zitterten vor Anstrengung.

Plötzlich erfüllte ein dumpfes Grollen den Gang und fast alle zuckten wir zusammen. Das Geräusch hörte sich an wie nicht enden wollender Donner, der näher und näher kam. Für einen Moment glaubte ich, ein Zittern des Bodens zu spüren. Der ganze Gang schien zu erbeben.

Jacasse sprang zurück, als der Spalt breiter wurde. Die Felsplatten - jetzt konnte ich sie deutlich als solche erkennen - bewegten sich. Sie glitten unter einem lauten Schaben in den Fels hinein und gaben den Blick auf eine weite Höhle frei.

Welch ein unglaublicher Anblick! Stalagmiten und Stalaktiten in nie zuvor gesehenen Farben und Formen schimmerten im Licht der Laternen. Die Mineralsalze, die sich in vielen Jahrhunderten und Jahrtausenden hier abgesetzt hatten, gaben der Höhle ein einzigartiges Gepräge. Hier wuchs ein grünes Minarett aus dem Boden, dort hing ein gelbes Kamel mit rotem Kopf von der Decke. Vorsichtig betraten wir die Wunderwelt, die bei jedem Schritt neue Kunstwerke der Natur offenbarte.

Die Legionäre hatten dafür kaum einen Blick übrig. Sie leuchteten auf der Suche nach dem Gold mit den Laternen in verborgene Winkel. Dabei hätten sie mehr auf den Boden achten sollen. Dort bemerkte ich zum Teil handbreite Risse, aus denen Dampf aufzusteigen begann. Ich begriff, woher der Sinter kam, der die Höhle erfüllte. Gleichzeitig ertönte wieder das dumpfe Grollen, lauter jetzt und näher.

„En arrière - zurück!“, rief ich aus Leibeskräften. „Wir sind in Lebensgefahr!“

Vincent Jacasse, der etwa zwanzig Schritt vor mir stand, wandte sich zu mir um.

„Wenn Sie Angst haben, gehen Sie doch zurück, Monsieur! Ich jedenfalls verlasse diese Höhle nicht ohne das Gold. Und wenn das...“

Ein lautes Krachen, wie eine unterirdische Explosion, verschluckte seine Worte. Diesmal war es unbestreitbar, dass der Boden erbebte. Ein paar Männer verloren den Halt und fielen hin. Überall schossen Dampfschwaden empor, spritzte kochend heißes Wasser aus den Rissen, die offenbar den gesamten Höhlenboden durchzogen. Eine wahre Fontäne traf Jacasse und ließ ihn, fürchterlich schreiend, zurücktaumeln.

Von einem Augenblick auf den anderen geriet die halbe Kompanie, die sich hier unten befand, in Aufruhr. Unter lautem Geschrei strebte alles dem Ausgang entgegen, wobei manch einer sein Gewehr wegwarf, um schneller voranzukommen. Immer wieder erscholl ein entsetzter Ruf:

„Le feu d'enfer - das Feuer der Hölle!"

Einige der Männer wiesen entsetzliche Verbrennungen im Gesicht und an den Händen auf, wo das kochende Wasser ihre ungeschützte Haut getroffen hatte. Am schlimmsten hatte es Jacasse erwischt, der von einem Legionär gestützt wurde. Von seinem imposanten Schnauzbart war nichts mehr zu sehen, das Gesicht war eine rote Masse verbrannten, verquollenen Fleisches. Ich war fast froh, als er an mir vorbeiwankte und ich den grässlichen Anblick nicht länger zu ertragen brauchte.

„Ich habe dich gewarnt, Sihdi. Der Scheitan greift nach denen, die in sein Reich eindringen!"

Halefs Bemerkung löste mich aus der Erstarrung, die mich beim Anblick von Jacasse befallen hatte. Wir schlossen uns den zurückweichenden Legionären an. Der Felsgang schien auf einmal viel zu eng - und zu lang. Während der Boden immer wieder unter Donnergebrüll erbebte, riss ein Legionär den anderen zurück, um selbst schneller voranzukommen. Dies also war die von Grisot beschworene Kameradschaft.

Endlich erreichten Halef und ich die Strickleiter. Ich schob den kleinen Hadschi hinauf, damit es schneller ging, und wollte ihm schon folgen, als ich hinter mir Pioche und Arnaud erblickte. Der Professor beugte sich über seinen Assistenten, der am Boden kniete.

Ich ließ die Leiter los und lief zu ihnen.

„Was ist passiert?"

„Ein Legionär hat Gilbert den Gewehrkolben in die Seite gerammt, weil er dem Kerl im Weg war. Ich fürchte, ein paar Rippen sind gebrochen."

Arnaud sah mit schmerzverzerrtem Gesicht zu uns auf.

„Lassen Sie mich hier! Sie müssen sich retten!"

„Wir müssen uns alle retten", sagte ich und hakte ihn unter. „Und jetzt beißen Sie die Zähne zusammen!"

Pioche und ich schleppten ihn zur Strickleiter, wo Halef auf halber Höhe verharrte. Wir schoben Arnaud ein Stück hinauf und der Hadschi packte ihn am Kragen. So schoben und zogen wir den Verletzten nach oben - gerade noch rechtzeitig.

Als Pioche und ich an der Strickleiter hingen, ertönte im Felsgang ein Gurgeln, aus dem schnell ein Rauschen wurde. Hilfeschreie mischten sich in das unheimliche Geräusch. Dort unten waren wahrhaftig noch ein paar Legionäre, die sich wohl für besonders mutig gehalten hatten und die in Wahrheit besonders fahrlässig gewesen waren - mit ihrem eigenen Leben. Sie hatten weiter nach dem Gold gesucht und dabei ihr Verderben gefunden. Eine Flutwelle kochenden Wassers schoss durch den Gang und riss die Männer in dem Augenblick von den Beinen, als sie in unser Blickfeld gerieten. Eine Dampfwolke quoll zu uns empor, wollte unseren Atem ersticken und raubte uns die Sicht.

„Klettern Sie weiter!“, rief ich dem Professor über mir zu. „Immer weiter!“

Atemlos langten wir oben an. Zum Glück stieg das Wasser nicht so hoch, dass es die Felsterrasse überflutete. Der Pegel lag etwa zwei Meter unter dem Einstiegsloch. Der Gedanke an die Legionäre, die von der kochenden Brühe bei lebendigem Leib gesotten wurden, verursachte mir Übelkeit.

Dicht neben mir stand Gallord und blickte angewidert durch das Loch.

„Was für ein Teufelswerk! Es war wohl doch nicht der richtige Weg zum Schatz.“

„Vielleicht war er es, vielleicht auch nicht“, meinte Pioche. „Jedenfalls sind wir falsch vorgegangen. Als wir die Steinplatten lösten, haben wir einen verborgenen Mechanismus ausgelöst.“

„Die nicht überlieferten Stellen im Text von Abdelwarith enthalten bestimmt eine versteckte Warnung“, fügte ich hinzu. „Spricht er nicht einmal vom *Höllenfeuer* und dann vom *Feuer der Hölle*?“

„Und?“, fragte Gallord. „Zwei Ausdrücke für dasselbe, für das verborgene Gold.“

„Nein“, sagte ich. „Abdelwarith hat ganz bewusst geschrieben: *Wer die schwarzen Steine entfernt, wird auf das Feuer der Hölle stoßen.* An dieser Stelle hat er nicht das Gold gemeint, sondern die mörderische Hitze, die in diesem Berg schlummert.“

„Es war Wasser, kein Feuer“, wandte Gallord ein.

„Und was ist das?“

Ich deutete über uns zur Bergspitze. Aus dem Schlund quoll eine schwarze Rauchwolke, die sich rasch vergrößerte. Ein gefährlicher Hagel aus erstarrten Lavastücken löste sich aus dem Rauch und ging auf uns nieder. Ein Legionär, der am Rand der Terrasse hockte, wurde von solch einem Brocken getroffen und stürzte mit einem gellenden Schrei in die Tiefe.

Jetzt war auch dem letzten Mann klar, dass die Sache hier oben verloren war. Hier gab es kein Gold zu holen, nur den Tod. In langer Kolonne drängten die Legionäre den Weg hinab, den wir gekommen waren. Sie drängelten und schubsten einander, sodass ein weiterer Legionär in den Abgrund fiel.

Halef, der bei Arnaud kauerte, sah mich flehend an.

„Sihdi, du weißt doch immer alles. Sag ehrlich, werden wir den Dschebel esch Scheitan schnell genug verlassen können?"

„Wohl kaum auf dem Pfad, den wir gekommen sind." Ich hatte an der rückwärtigen Bergseite treppenartige Abstufungen entdeckt, die fast bis ganz nach unten führten. „Wir werden diesen Weg nehmen. Und doch ist es fraglich, ob wir es schaffen."

„Was können wir tun, Sihdi?"

„Zu Allah beten und uns beeilen!"

Ich zog mein Hemd aus, das ohnehin nur noch für den Lumpensammler taugte, und fertigte daraus einen straff sitzenden Verband für Gilbert Arnaud. Dann wagte unsere kleine Gruppe den Abstieg.

Außer Arnaud, Pioche, Halef und mir zählten noch fünf Legionäre dazu. Sie hatten eingesehen, dass nur wenige ihrer Kameraden eine Aussicht hatten, dem Lavahagel zu entgehen. Ich hatte nichts gegen ihre Anwesenheit einzuwenden. Verbrecher und Mörder oder nicht, jetzt hieß es zusammenhalten, wenn wir lebend davonkommen wollten.

Einer der Legionäre schaffte es nicht. Ein glühend heißes Lavastück streifte die Hand, mit der er sich am

Fels festhielt. Erschrocken ließ er los - und fiel vor unseren Augen in den Tod.

Je länger unsere Flucht dauerte, desto mehr keuchte und schrie Arnaud vor Schmerzen. Aber darauf konnten wir keine Rücksicht nehmen. Jedes Verweilen hätte uns bei diesem Wettlauf gegen die Zeit endgültig ins Hintertreffen gebracht.

Als wir endlich den Fuß des Berges erreichten, quollen oben die ersten Bäche flüssiger Lava hervor. Der Anblick war ebenso faszinierend wie Furcht einflößend. Wir gaben uns ihm nur für wenige Sekunden hin, bevor wir in den unbekannten Dschungel eintauchten, der auch an dieser Seite des Dschebel esch Scheitan wucherte. Wenn wir uns nicht beeilten, würden wir mehr von dem Feuer der Hölle sehen, als uns lieb sein konnte.

*

„Hamdullilah, wir schwimmen wie die Fische im Meer!“

Dieser Jubelruf Halefs begleitete den erfolgreichen Stapellauf jener merkwürdigen Konstruktion, die ich nur unter großem Vorbehalt als Floß bezeichnen möchte. Wir waren unvermutet auf einen Fluss gestoßen, der sich durch den Dschungel wand. In der Nähe des Ufers lagen ein paar umgestürzte Orangenbäume, die wir mit Schlingpflanzen und langen Gräsern aneinander banden. Und während ganz in unserer Nähe mehrere Lavabrocken einschlugen, begaben wir uns auf das wacklige Floß. Ja, es schwamm tatsächlich und es trug uns aus dem unmittelbaren Gefahrenbereich. Was sich allerdings schnell ändern konnte, falls der

Vulkan mit aller Macht ausbrach. Ich sah nach Gilbert Arnaud, den wir in eine möglichst bequeme Lage gebracht hatten. Auf meine Frage nach seinem Befinden brachte er ein tapferes Lächeln zustande, aber die Antwort, die er versuchte, ging in einem schmerzerfüllten Aufstöhnen unter.

Mit langen Ästen hielten wir das Floß von gefährlichen Landzungen und hin und wieder aus dem Wasser aufragenden Felsen fern. Die dunklen Rauchschwaden, die vom Dschebel esch Scheitan aufstiegen, verfinsterten den Himmel. Hin und wieder rissen die schwarzen Schleier auf und ließen einen Blick auf die Sonne zu. An ihrem Stand erkannte ich, dass uns der Fluss nach Norden trug. Bewachsene Uferstrecken wechselten sich mit felsigen ab. Auch Halef war die Gegend unbekannt.

„Attention - Vorsicht!", rief irgendwann ein vollbärtiger Legionär, der am Bug kauerte, um nach Hindernissen auszuspähen. „Vor uns im Wasser treiben etliche Baumstämme!"

Baumstämme? Das war sonderbar. Beide Uferseiten waren an dieser Stelle nur von kargem Gebüsch bewachsen. Alarmiert blickte ich nach vorn und sah, wie der Legionär mit seinem Ast nach einem der Stämme stieß, um ihn aus dem Weg zu räumen. Da erhob sich der ‚Stamm' ein Stück aus dem Wasser und riss den Ast mitsamt dem Mann in den Fluss. Augenblicklich gerieten auch die übrigen ‚Stämme' in Bewegung und peitschten das Wasser auf, als sie über den Unglücklichen herfielen.

„Allah beschütze uns!", kam es von Halef. „Der Scheitan hat die ‚Herren des Wassers' ausgesandt, um uns endgültig zu verderben!"

Es waren tatsächlich Krokodile, sechs oder sieben an der Zahl, die den bärtigen Legionär vor unseren Augen gierig in Stücke rissen. Und plötzlich erkannte ich das Ufer zur Rechten. Dort hatte Chudras Zelt gestanden, als ich ihr zum ersten Mal begegnet war.

„Ans Ufer, schnell!“, rief ich. „Das ‚Maul des Krokodils‘ ist nicht mehr fern.“

Schon merkte ich, wie das Floß an Fahrt gewann, als hätte der Fluss es eilig, uns zu der unheimlichen Höhle zu tragen. Wir stießen mit unseren langen Ästen auf den Grund und schafften es, das Floß zu der buschbestandenen Landzunge zu lenken, hinter der das ‚Maul des Krokodils‘ aufklaffte. Die ‚Herren des Wassers‘ waren zurückgeblieben, um sich an dem toten Legionär schadlos zu halten. Die Landzunge war nur noch fünf oder sechs Meter von uns entfernt, da hob das Floß sich aus dem Wasser und stürzte im nächsten Moment wieder hinein. Wir alle verloren den Halt und fielen in den Fluss.

Ich befand mich unter dem umgestürzten Floß und schluckte unfreiwillig Wasser. Mit ein paar kräftigen Schwimmstößen tauchte ich unter dem Floß hervor und gelangte an die Oberfläche, wo ich hustend das im Übermaß genossene Wasser ausspuckte. Vor mir ragte die Landzunge auf, wo Halef sich an ein überhängendes Gebüsch klammerte. Professor Pioche und ein Legionär wateten an Land. Die beiden anderen Legionäre schwammen rechts von mir auf das rettende Ufer zu. Aber wo steckte Gilbert Arnaud?

Ich entdeckte ihn zu meiner Linken, wo er verzweifelt gegen die Strömung kämpfte. In seinem geschwächten Zustand schien es nicht sicher, ob er es allein schaffen würde.

„Halten Sie aus, ich komme!“, rief ich und schwamm in seine Richtung.

Ein Schreck durchfuhr mich, als etwas Hartes meine Beine streifte und ich gleichzeitig einen riesenhaften Leib neben mir bemerkte. Es war ein Krokodil von einer Länge, die auf ein sehr hohes Alter schließen ließ. Zehn Meter mindestens. Und der Kopf der Echse schimmerte auffallend hell. Jetzt wusste ich, dass der sagenhafte Weißkopf unser Floß umgeworfen hatte.

Das Krokodil schoss an mir vorbei und sperrte sein gewaltiges Maul auf, wie um Arnaud mit einem Bissen zu verschlucken. Aber seltsam, das Tier schwamm an ihm vorüber!

Ich erreichte den Franzosen und schlang den linken Arm um seinen Leib, um ihn mit mir an Land zu ziehen. Aus den Augenwinkeln bemerkte ich, wie Weißkopf sich wütend im Wasser herumwarf.

Um Arnauds und mein Leben schwimmend, kam ich dem Ufer näher. Halef und ein Legionär halfen uns an Land. Weißkopf peitschte jetzt mit wilden Schwanzschlägen das Wasser auf.

Der Hadschi starrte halb ungläubig, halb ehrfürchtig zu dem Krokodil hinüber.

„Sihdi, weißt du, wer das ist?“

„Das größte Krokodil, das ich jemals zu Gesicht bekam“, keuchte ich, nach Atem ringend.

„Mehr noch, Sihdi, es ist Weißkopf, der mächtige Herrscher über alle ‚Herren des Wassers‘!“

„Vielleicht war Weißkopf das einmal. Jetzt ist er nur noch ein schwaches Tier, zum Sterben verurteilt.“

„Schwach?“ Halefs Stimme überschlug sich. „Willst du Weißkopf beleidigen und seinen Zorn auf uns alle ziehen, dass du so von ihm sprichst?“

„Aber Halef, hast du nicht gesehen, wie Weißkopf den armen Gilbert verfehlt hat? Das Umwerfen unseres Floßes war nur ein Glückstreffer. Weißkopf ist vollkommen blind. Er ist so verzweifelt darüber, seine Beute verfehlt zu haben, dass er mit seinem Schwanz auf das Wasser einschlägt."

„Wallahi, du hast Recht!", stellte der Hadschi fest, während er das wütende Tier beobachtete.

„Vielleicht wäre Weißkopf längst verhungert, hätten die Beni Hammada den ‚Herren des Wassers' nicht so fleißig Opfer dargebracht", sagte ich und wandte mich Gilbert Arnaud zu, über den sich der Professor beugte.

„Es geht ihm nicht gut", teilte mir Pioche mit. „Seine Verletzungen müssen sich verschlimmert haben, als das Krokodil unser Floß rammte."

Mehrmals sprach ich den Verletzten an, aber er antwortete nicht, schien mich nicht einmal zu erkennen. Vorsichtig trugen wir ihn von der Landzunge weg. Es war zu gefährlich, sich nah am Ufer aufzuhalten, während die Krokodile sich hier herumtrieben. Auch wenn ihr eigentliches Jagdrevier das Wasser ist, kann sich die große Echse erstaunlich flink an Land bewegen. Mancher Unachtsame verlor schon sein Leben an ein Krokodil, das unerwartet ans Ufer sprang und sein Opfer ins Wasser zog.

Kaum hatten wir für Arnaud ein Lager aus Gras und Laub bereitet, da wand sich sein Leib in krampfartigen Zuckungen. Er wollte etwas sagen, spie aber nur Blut hervor. Ich ahnte Schlimmes: Er musste innere Verletzungen erlitten haben.

Wieder formten seine Lippen ein unhörbares Wort. Ich brachte mein rechtes Ohr ganz dicht an seinen Mund und vernahm, wie er einen Namen hauchte:

„Nadine!“

Sein Kopf fiel zur Seite, die Krämpfe erstarben. Gilbert Arnaud war tot.

Ich fühlte mich plötzlich kraftlos und ausgebrannt. Seinetwegen hatte ich die Reise angetreten. Ich hatte den jungen Franzosen vom Lava spuckenden Dschebel esch Scheitan durch den Fluss der Krokodile bis hierher gebracht, doch der Lenker unserer aller Schicksale hatte anders entschieden.

Weit im Süden beruhigte sich allmählich der Vulkan. Offenbar sollte das Land der Beni Hammada noch einmal vor seinem Zorn verschont bleiben. Am Himmel hingen Zusammenballungen aus dichtem schwarzen Rauch, die wie Kumuluswolken vorüberzogen. Sie verschmolzen mit der Nacht, die diesen langen Tag des Schreckens und des Todes schließlich beendete.

16. Der Stachel des Skorpions

Erschöpft verbrachten wir die Nacht in der Nähe des Flusses. Er gab uns zu trinken und ein paar Palmen spendeten uns ihre Datteln. Am Morgen hatte der Vulkan sich vollends beruhigt. Der Himmel war wolkenlos und die Sonne gewann mit jeder verstreichenden Minute an Höhe und Kraft.

Einer der drei Legionäre war im Besitz eines Klappspatens, was uns ermöglichte, ein Grab für Gilbert Arnaud auszuheben. Aus den Ästen einer Tamariske fertigten wir ihm ein einfaches Kreuz, das nur sein mit einem Bajonett eingeritzter Name schmückt. Ich sprach für Arnaud auf Französisch das letzte Vaterunser und auch Halef stand andächtig dabei. Er konnte die Worte nicht verstehen, aber ich sah, dass er ihren Sinn erfasste.

Noch heute muss das Grab des unglücklichen Franzosen inmitten des Plateaus von Tademait liegen, an einem Fluss, den niemand in dieser Ödnis zu finden glaubt, beschirmt von einer hohen Zypresse.

„Und nun?“, fragte Pioche nach dem Begräbnis. „Wie geht es jetzt weiter?“

„Wir müssen uns zu den Beni Hammada durchschlagen“, antwortete ich. „Halef und ich kennen den Weg.“

Gerade hatten wir uns zum Aufbruch gerüstet, als ein Reitertrupp aus den Felsen kam. Es waren zwanzig Beduinen, angeführt von Kamal Ben Baschar Rustem. Er sprang aus dem Sattel, bevor sein Rappe ganz zum Stehen kam, und drückte mich an sich.

„Wie freue ich mich, dich wohlbehalten wieder zu sehen, mein Bruder!“, rief er aus. „Als ich mich mit dem Aufgang der Sonne auf die Suche nach dir begab, trug ich kaum Hoffnung im Herzen, nur einen Traum.“

„Einen Traum?“, fragte ich verwirrt.

„Heute Nacht erschien mir im Traum das ‚Maul des Krokodils‘. Und ich sah dich, wie du zusammen mit Hassim aus dem Fluss stiegst, obwohl ich nicht dabei gewesen bin, als du meinen Sohn vor den ‚Herren des Wassers‘ gerettet hast. Ich ahnte, dass Allah mir eine Botschaft sandte. Hassim war bei mir in Sicherheit. Du aber warst mit den Dschunûd zur Oase des Scheitans aufgebrochen. Als gestern das Feuer aus dem Dschebel floss, glaubte ich alle Männer in der näheren Umgebung des Berges tot. Der Traum war wie ein winziges Licht in der Finsternis meiner Trauer um Kara Ben Nemsi el Zagal. Deshalb ritt ich nicht mit den Kriegern, die mein Vater zur Oase des Scheitans führt, um dort nach dem Rechten zu sehen. Mit zwanzig Männern brach ich zu dem Ort aus meinem Traum auf. Allah kerîm!" Da fiel sein Blick auf die drei Legionäre. „Unsere Feinde sind hier?"

„Nur drei, die das Unglück überlebten."

„Dann sind sie gewiss deine Gefangenen, mein Bruder."

„Nein", sagte ich zu seinem Erstaunen. „Sie teilten alle Gefahren mit mir und deshalb betrachte ich sie als freie Männer. Wenn sie ins Gebiet der Frandsch zurückkehren, wird man dort über sie Gericht halten."

Er löste sich von mir und trat einen Schritt zurück.

„Das kann ich nicht zugeben! Die Dschunûd haben Männer, Frauen und Kinder der Beni Hammada getötet. Deshalb sind sie des Todes! Und wenn sie nicht deine Gefangenen sind, so kann ich über sie verfügen!"

„Ich bitte dich um ihr Leben, mein Bruder."

„Das wagst du und nennst mich im gleichen Atemzug deinen Bruder?"

„Gerade deshalb wage ich es. Die Frandsch haben andere Gesetze als die Beni Hammada. Die Dschunûd gehören zu den Frandsch und haben ihre eigenen Kameraden ermordet, bevor sie in euer Land kamen. Deshalb bin ich der Ansicht, dass sie vor einen Kadi der Frandsch gehören."

Kamal überlegte lange und sagte schließlich.

„Ich allein kann das nicht entscheiden. Die Dschemma wird darüber befinden."

Es war das größte Zugeständnis, das er mir in dieser Frage machen konnte, und dafür dankte ich ihm.

Die Krieger hatten ein paar freie Pferde mitgebracht, auf denen wir sie zu der kleinen Hochebene begleiteten, auf der die Beni Hammada ihr Notlager aufgeschlagen hatte. Unterwegs erfuhr ich, dass Späher der Beni Hammada die Fremdenlegionäre seit dem Morgen nach meiner Gefangennahme beobachtet hatten. Aus Furcht um mein Leben hatten die Beduinen einen Angriff unterlassen.

Im Lager begrüßte Chudra mich ebenso freudig wie zuvor ihr Gemahl. Auch Hassim und Hassiba herzten mich und angesichts der vielen frohen Gesichter verblassten die hinter mir liegenden Strapazen ein wenig. Dann trat Yussuf auf mich zu und schloss mich in seine Arme, während Freudentränen über sein Gesicht rannen. Die drei Legionäre wurden unter Bewachung gestellt. Ich sorgte dafür, dass sie ausreichend zu essen und zu trinken erhielten.

Am Abend des übernächsten Tages kehrte Scheik Baschar Rustem mit seiner Kriegerschar zurück. Lebend hatten sie nur ein paar versprengte Kamele vorgefunden. Die meisten Fremdenlegionäre lagen wohl unter den ausgetretenen Lavamassen begraben. Der Scheik berichtete von etwa fünfzehn Toten, die man am Rand der Oase entdeckt hatte.

„War ein Scheik der Dschunûd darunter?“, fragte ich.

„Ja, ein Mann mit rotem Haar. Er lag mit zerquetschtem Leib unter einem vom Berg gestürzten Felsen.“

Somit wusste ich zumindest, was aus Patrick O'Girke geworden war. Das Schicksal von Gallord, Grisot und Jacasse würde vielleicht ewig im Verborgenen bleiben. Genauso wie nun das Geheimnis der Oase und des Teufelsberges wahrscheinlich niemals ganz enthüllt werden konnte. Waren die schwarzen Steine, deren Entfernen den Vulkanausbruch ausgelöst hatte, ein Werk der Römer, der Berber oder der Araber? Diese Frage wird, neben anderen, wohl ohne Antwort bleiben.

Am nächsten Tag fällte die Dschemma die Entscheidung, dass die drei Legionäre von mir einem französischen Militärgericht übergeben werden sollten. Die drei waren mehr als froh darüber. Von den Beni Hammada hatten sie keine Gnade zu erwarten, wogegen Pioche und ich ihnen versprochen hatten, uns für sie vor Gericht zu verwenden.

Mein Versuch, die Beni Hammada zu bewegen, ihre Weidegründe im Schatten des Dschebel esch Scheitan aufzugeben, scheiterte. Der Schutz der Berge und der Oase war ihr Daseinszweck, und wenn der Stamm dereinst vom ‚Atem des Teufels' ausgelöscht werden sollte, so stand es im Großen Buch verzeichnet, wie Scheik Baschar Rustem mir mit der gottergebenen Gelassenheit des Orientalen sagte.

Nach drei weiteren Tagen der Erholung nahmen Professor Pioche, Halef, Yussuf, die drei Legionäre und ich Abschied von den Beni Hammada. Baschar Rustem, Chudra, die Zwillinge und auch der alte Annur es Siddiq ließen mich nur ungern ziehen. Die Trennung verlief wort- und tränenreich. Zuvor mussten wir alle versprechen, keine Silbe über den Dschebel und die Oase des Scheitans verlauten zu lassen. Ich fragte Pioche, ob es ihm schwer fiel.

„Nein", sagte er mit ehrlichem Blick. „Mit Gilbert Arnaud ist auch mein Cafard gestorben."

„Und Sie können wirklich damit leben, niemals ganz hinter das Geheimnis der Oase zu kommen, Monsieur le Professeur?"

„Ich denke, nur so kann ich überhaupt leben. Seit

dem Ausbruch des Vulkans weiß ich, dass zu großer Wissensdurst schädlich ist."

Wir wurden mit einer ausreichenden Zahl guter Kamele ausgestattet, das Abschiedsgeschenk der Beni Hammada. Kamal Ben Baschar Rustem und fünfzig Krieger gaben uns das Geleit bis an die nördlichen Ausläufer von Tademait. Als wir uns ein letztes Lebewohl sagten, bemerkte ich ein feuchtes Schimmern in den Augen des hart gesottenen Beduinen. Mir erging es nicht anders, zumal ich davon ausgehen musste, dass ich den Freund, den Bruder aus einem fernen Land, niemals wieder sehen würde.

Ein letzter Händedruck und wir trennten uns, um in entgegengesetzte Richtungen zu reiten. Als ich mich auf meinem Hedschîn noch einmal umwandte, hatte die weite Hammada ihre stolzen Söhne schon verschluckt.

*

Mit den Beni Hammada schien uns auch das Glück verlassen zu haben. Als wir am nächsten Morgen zum Aufbruch rüsteten, peitschten Schüsse durch die noch kühle Steinwüste. Männer in zerlumpten blau-roten Uniformen sprangen hinter den Felsen hervor und kreisten uns ein, hielten uns mit ihren Gewehren in Schach. Ich zählte ungefähr dreißig von ihnen und ihre Anführer waren Mathieu Gallord, Oberleutnant Grisot und Vincent Jacasse.

Oder was von Jacasse übrig war. Der Atem des Scheitans hatte Gesicht und Kopf versengt. Nicht nur sein Bart, auch das Haupthaar und die Augenwimpern waren verschwunden. Die klumpige Fratze hatte kaum noch etwas mit dem einstigen Gesicht zu tun.

Seine Hände steckten in Handschuhen. Ich nahm an, dass auch sie Brandwunden aufwiesen.

„Eine unerwartete Begegnung, was?", meinte er höhnisch, während er mich mit einem Revolver bedrohte. „Ich allerdings habe sie herbeigesehnt. Wie sehr habe ich mir gewünscht, Rache an Ihnen und dem Professor zu nehmen, Monsieur!"

„Rache?" Ich sah ihn verständnislos an. „Wofür?"

Er zeigte mit der Linken auf seinen Kopf.

„Für das, was Sie aus mir gemacht haben."

„Das war nicht ich, sondern Ihre eigene Gier."

„Unsinn!", schrie er. „Mit Ihnen ist das Unglück über uns gekommen. Nur diese Männer hier haben überlebt. Sie und der Professor haben uns in die Falle geführt und dafür werde ich Sie jetzt töten!"

Nicht nur sein Äußeres, auch sein Verstand hatte gelitten. Nur so war die Verdrehung der Tatsachen zu erklären. Er richtete den Revolver auf meinen Kopf und weder Gallord noch Grisot erhoben dagegen einen Einwand. Meine Waffen lagen bei meinem Gepäck, verhängnisvolle zehn Schritt von mir entfernt.

Ein Schuss krachte und Jacasse brach vor meinen Füßen zusammen. Schreie und Hufgetrappel ertönten. Die Fremdenlegionäre sahen sich verwirrt um. Von den angrenzenden Felshügeln stürmten berittene und unberittene Soldaten herbei, Spahis in wehenden roten Mänteln und Zuaven[1] in blau-roten Jacken und rotleuchtenden Pluderhosen, auf dem Kopf weiße Turbane.

Einer der vordersten Reiter winkte mir mit seinem

[1] Zuaven nannte sich ursprünglich ein algerischer Berberstamm; seit 1831 ist es die Bezeichnung für orientalisch gekleidete Fußtruppen, die erst aus diesem Stamm und später aus Franzosen rekrutiert wurden.

Karabiner zu. An dem zufriedenen Lächeln in seinem dunklen Gesicht erkannte ich, dass dieser Spahi den Schuss auf Jacasse abgefeuert hatte: Sergent Sardar aus Bu Saada.

*

„Der Sergent der Spahis hat mir in buchstäblich letzter Sekunde das Leben gerettet", beendete ich meinen Bericht, den ich der Abendgesellschaft im Haus meines Freundes Latréaumont über meine Abenteuer gegeben hatte. „Während die Deserteure damit beschäftigt waren, uns zu umzingeln, bemerkten sie nicht, dass sie selbst in eine Falle gingen. Anführer der Militärexpedition war übrigens Hauptmann Larousse, der Kommandant von Bu Saada. Auch den Korporal Fritze Pape sah ich wieder. Er hatte von den Vorfällen in Fort Danjou berichtet und es sich nicht nehmen lassen, mit dem Hauptmann zu reiten. Unterwegs war die Truppe auf den Chabir Thami gestoßen, der sie zum Plateau von Tademait führte. Unter dem Schutz des Militärs kehrten wir sicher nach Algier zurück und verabschiedeten uns unterwegs von dem Chabir, der zwar nicht die erhofften Reichtümer, dafür aber von Larousse eine ansehnliche Belohnung erhalten hat. Auf Grisot wartet wohl das Erschießungskommando und auf Gallord, der ja eigentlich Zivilist ist, der Scharfrichter. Die desertierten Legionäre dürfen sich auf ein paar Jahre in einer Strafkompanie gefasst machen. Die drei Männer, die uns bei der Flucht vom Dschebel esch Scheitan begleitet haben, soll es weniger hart treffen, wie mir Hauptmann Larousse versichert hat."

Ich blickte in staunende, ungläubige Gesichter rings

um die Tafel: André Latréaumont, seine Frau, seine Tochter und sein Schwiegersohn in spe, Raoul Saint-Criant. Mademoiselle Dufour war auf ihrem Zimmer geblieben. Die Nachricht vom Tod ihres Verlobten hatte ihr einen Schock versetzt. Der eilends herbeigerufene Arzt hatte ihr Ruhe und ein Schlafmittel verordnet. Nur Professor Pioche, der das Abenteuer miterlebt hatte, widmete sich ebenso gelassen wie genüsslich dem mit Schlagsahne gekrönten Rahmkäse, den der Diener Tafas soeben aufgetragen hatte.

„Und Jacasse?“, fragte André Latréaumont schließlich. „Ist er tot?“

„Ja, er starb am Rand der Hammada. Aber zuvor lichtete sich sein Verstand und Reue überkam ihn. Er nannte uns den wahren Namen des Schwarzen Skorpions!“ Das war eine glatte Lüge. Jacasse war schon tot gewesen, als ich mich über ihn beugte. Aber ich musste frech sein, um El Agreb el Aswad aus der Reserve zu locken. Ich ahnte, nein ich wusste, wer sich hinter diesem Namen verbarg. Doch mir fehlte der letzte Beweis. „El agreb mlêh, w-el agreb chatîr – der Skorpion ist gut und der Skorpion ist gefährlich“, sagte ich und zog das Bussaadi, das ich in meiner Jacke verborgen gehalten hatte, hervor. „Das ist doch wohl Ihre Losung, Monseigneur Saint-Criant!“

Meine Augen waren auf Latréaumonts zukünftigen Schwiegersohn gerichtet und lediglich am Rand nahm ich wahr, dass Tafas eilig den Salon verließ.

Der junge Reeder verzog kaum eine Miene, hob nur leicht die Brauen.

„Jacasse war schon immer ein Schwätzer. Es wäre besser gewesen, der ‚Atem des Teufels‘ hätte ihn auf der Stelle verbrannt.“

„Raoul!", schrie Clairon Latréaumont. „Das kann nicht dein Ernst sein!"

„Ich fürchte doch, meine Liebe."

„Aber...unsere Heirat..."

„Wird ins Wasser fallen", seufzte Saint-Criant. „Ich werde meinen Namen ändern und Algier verlassen müssen, leider. Dabei wäre es so schön gewesen, die Verbindungen deines Vaters für meine Geschäfte zu nutzen."

„Und die wären?", fragte Latréaumont mit zitternder Stimme.

„Rache! Rache für meine Mutter und alle, die wie sie ihren Glauben und ihre Sitten verleugnen müssen. Jahrelang habe ich zugesehen, wie meine Mutter litt, nur um meinem Vater zu gefallen. Und ich musste den feinen Europäer spielen, während aufrechte Berber in den Bergen von eben jenen Europäern um ihr Land betrogen wurden. Als mein Vater endlich starb und ich über sein Vermögen gebieten konnte, beschloss ich, den Aufstand der Berber zu fördern. Und deshalb wurde ich zu El Agreb el Aswad!"

„Ihre Ziele mögen zum Teil ehrenhaft sein, Ihre Methoden sind es nicht", sagte ich. „Ich bin froh, Ihrem Treiben dank Ihres Geständnisses ein Ende bereiten zu können."

Saint-Criants längliches Gesicht nahm einen fragenden Ausdruck an.

„Wieso dank meines Geständnisses?"

Ich beichtete meine Notlüge.

„Ich habe lediglich vermutet, dass Sie der Schwarze Skorpion sind. Dass Ihr Bekannter Vincent Jacasse zu der Bande gehörte, legte die Verbindung nahe. Außerdem ergab sich aus allem, was ich von El Agreb el Aswad gehörte hatte, der Hinweis, dass er ein Mann mit sehr weit reichenden Beziehungen ist. Beziehungen zu Berbern wie zu Europäern. Und die haben Sie als Sohn einer Berberin und eines Franzosen ja wohl. Der Skorpion wusste von Professor Pioches geplanter Expedition und von Mademoiselle Dufours Reise nach Algier. Er musste also gute Verbindungen nach Frankreich haben, wie es bei einem Reeder der Fall ist. Der Überfall in der Kasbah deutete darauf hin, dass dem Skorpion Nadines und meine Unterkunft in diesem Haus bekannt war. Und Sie gehen hier ein und aus, Monseigneur. Zusammengenommen ergab sich aus all diesen Punkten ein mehr als deutliches Bild. Wollen Sie sich freiwillig der Polizei stellen oder müssen wir Sie zwingen?"

„Weder noch", erwiderte Saint-Criant mit einem kalten Lächeln und rief: „Tafas!"

Der Diener betrat den Raum. Mit einem Arm hielt er Nadine Dufour fest und in der freien Hand hatte er einen Revolver, den er auf den Kopf der Französin richtete.

„Natürlich habe ich mit so etwas gerechnet und deshalb den treuen Tafas entsprechend instruiert", sagte Saint-Criant, erhob sich und streckte die rechte Hand nach mir aus. „Darf ich um das Bussaadi bitten, Monseigneur?"

Aus Rücksicht auf Nadine übergab ich ihm das vergiftete Messer.

„Mademoiselle Dufour, Tafas und ich werden dieses gastliche Haus jetzt verlassen", erklärte der Schwarze Skorpion, das Bussaadi in der Rechten. „Sollte auch nur einer von Ihnen den Versuch machen, mir zu folgen oder die Polizei zu alarmieren, werde ich die Mademoiselle ihrem Verlobten nachschicken!"

Wir sahen zu, wie die drei sich zum Ausgang

bewegten. Kaum waren sie nicht mehr zu hören, da lief ich los, ohne auf Latréaumonts protestierende Geste zu achten. Schließlich konnte ich den treuen Halef nicht allein lassen. Ich hatte ihn zur Sicherheit auf dem Dach über dem Eingang postiert. Unterwegs hörte ich schon die Geräusche eines Handgemenges und zweifache Sorge überkam mich: um Nadine und um Halef. Zwei Schüsse, kurz hintereinander abgefeuert, erhöhten meine Furcht.

Draußen fand ich den Hadschi in einen Zweikampf mit Tafas verwickelt vor. Tafas hatte geschossen, aber zum Glück nicht getroffen. Halef hatte ihn zu Boden gerissen und kniete auf dem Waffenarm des Gegners, während die Fäuste des Kleinen auf das Gesicht des Unterlegenen prasselten.

„In den Garten, Sihdi!“, rief er mir zu.

Also dorthin waren Saint-Criant und seine Geisel verschwunden. Ich eilte durch die schmale Gartenpforte und sah die beiden. Nadine war gestürzt und der Skorpion zog sie unsanft wieder hoch. Als er mich erblickte, hielt er inne und wollte das Bussaadi gegen den Hals der Französin drücken.

Da löste sich eine Gestalt aus dem Schatten einiger Ziersträucher. Yussuf Ben Abdallah! Er sprang vor und entriss Nadine der Hand des Skorpions.

Ich nutzte Saint-Criants Verwirrung, um ihn von der Seite anzuspringen. Dabei wollte ich ihm das gefährliche Messer entreißen. Er sah mich aber und versuchte eine Ausweichbewegung. So stieß ich ihn nur an, was aber genügte, um ihn zu Boden zu schicken.

Ein lang gezogener Schrei kam aus Saint-Criants Kehle. Als ich mich zu ihm umwandte, lag er auf der linken Seite und tief in der Brust steckte das Bussaadi.

El Agreb el Aswad hatte sich beim Sturz mit der fürchterlichen Waffe, die sein kranker Verstand ersonnen hatte, selbst gerichtet. Die Zuckungen seines Leibes, der Schaum vor seinem Mund, all das kannte ich schon von der vergifteten Ratte im Bagno. Innerhalb weniger Minuten starb der Skorpion an seinem eigenen Stachel.

Vor meinen Augen hatte ein Mensch auf qualvolle Weise sein Leben verloren und doch konnte ich kein Mitleid empfinden. Zu groß war die Schuld, die Saint-Criant auf sich geladen hatte. Wohin der Skorpion seine scharfen Scheren auch ausgestreckt hatte, waren Tote zurückgeblieben.

Und Yussuf? Wieso war er hier? Ich hatte ihn zuletzt heute Mittag gesehen, als ich mich nach unserer Rückkehr nach Algier von ihm verabschiedet hatte. Als ich ihn fragte, wie er in den Garten gekommen sei, zögerte er, sah Nadine an und senkte den Blick zu Boden. Ich ahnte, dass er der Angebeteten hatte nah sein wollen, dann aber den letzten Schritt nicht gewagt und sich hier verborgen hatte.

Ich zeigte auf den maurischen Pavillon, der den Garten schmückte.

„Vielleicht solltet ihr beide euch dahin zurückziehen und unter vier Augen miteinander sprechen."

Der fragende Blick Nadines klärte sich, als ich lächelnd auf Yussuf wies. Sie nahm ihn bei der Hand und führte ihn zu dem Pavillon.

*

Dieser Abend sah Algier in heller Aufregung. Nach dem Tod seines Herrn wurde Tafas von einem wahren

Redefluss übermannt. Weitere Hinweise auf die Organisation des Schwarzen Skorpions fand die Polizei in Saint-Criants Haus. Überall in der großen Hafenstadt wurden die Nester der Verschwörer ausgehoben. Und an den folgenden Tagen würde sich in den großen Städten Oran und Constantine, in Oasensiedlungen und Bergdörfern Ähnliches ereignen. Vielleicht fand auch das falsche Spiel des Messerschmieds Murad Abbasi bald ein Ende.

Auch in Latréaumonts Haus herrschte Betriebsamkeit wie in einem Bienenstock. Der Hausherr schickte laufend Depeschen ab, um alle Geschäftspartner vor Betrügereien zu warnen, die sein ehemals zukünftiger Schwiegersohn möglicherweise begangen hatte. Und Madame Latréaumont hatte alle Hände voll damit zu tun, ihre in Tränen aufgelöste Tochter zu trösten.

Ich hielt mich von all dem Trubel fern und zog mich zurück auf das flache Hausdach. Es war ein ungewöhnlich milder Abend und ich hatte beschlossen, hier oben zu nächtigen. Einmal glaubte ich, in dem dunklen Gartenpavillon eine Bewegung wahrzunehmen. Dort mussten noch immer Nadine und Yussuf miteinander reden. Ich hielt das für ein gutes Zeichen - mit Recht. Nadine blieb als Gesellschafterin für die arme Clairon bei den Latréaumonts. Und viel später erhielt ich von André Latréaumont die Nachricht, dass der Vater der tausend Gewänder eine europäische Schwiegertochter erhalten hatte.

Davon ahnte ich noch nichts, als ich mich auf den Decken ausstreckte, die ich mit aufs Dach genommen hatte. Mit unter dem Kopf verschränkten Händen lag ich da und sah zu den Sternen hinauf, die, unberührt von allen menschlichen Umtrieben, den Nachthimmel erhellten. Die Luft roch nach dem Salz des nahen Meeres und ein paar Möwen sangen mir ein Gutenachtlied. Der Schlaf wollte mich schon mit seinen sanften Armen umhüllen, als ich Schritte auf der Dachstiege hörte.

„Sihdi?", fragte leise eine wohlvertraute Stimme und ein schmaler Kopf erschien in der Dachluke. „Sag, Sihdi, schläfst du schon?"

„Noch nicht ganz, Halef."

„Das ist gut", freute sich der Hadschi und stieg zu mir aufs Dach. „Vielleicht bist du gar wach genug, um mir eine Frage zu beantworten?"

„Wenn du mich dann schlafen lässt, ja."

„Dann frage ich jetzt."

„Frag!"

„Sihdi, habe ich meine Sache heute gut gemacht, obwohl mir El Agreb el Aswad entwischt ist?"

„Das hast du, Halef. Du konntest nicht mit einem zweiten Gegner rechnen."

Erleichtert atmete er auf.

„Dann bist du also zufrieden mit deinem Diener?"

„Voll und ganz."

„Ist es bei den Nemsi üblich, einen Diener zu entlassen, mit dem sein Sihdi so voll und ganz zufrieden ist?"

Jetzt wusste ich, woher der Wind wehte. Ich hatte Halef zugesagt, ihn bis nach Algier in meine Dienste zu nehmen. Offenbar gefiel es ihm so gut bei seinem neuen Sihdi, dass er gern länger bei mir bleiben wollte. Ich hatte nichts dagegen. Selten hatte ich einen so treuen und zugleich tapferen Menschen getroffen. Außerdem war er weit gereist und kannte, ähnlich wie Yussuf, die meisten Berberdialekte. Um seiner Qual ein Ende zu bereiten, fragte ich ihn, ob er mich auf meiner Reise durch den Orient begleiten wolle.

„Mit großer Freude!“, rief er. „Und überall werde ich von den Ruhmestaten des großen Kara Ben Nemsi el Zagal berichten.“

„Wenn du mein Diener sein willst, musst du mir eins versprechen, Halef: Nenn mich nicht länger El Zagal, den Tapferen!“

„O Sihdi, du willst deinen Namen beschneiden? Welche Dummheit, nur ein langer Name kann einem Mann die nötige Achtung verschaffen!“

„Bei den Nemsi zählen nur die Taten eines Mannes, nicht aber sein Name“, versuchte ich es mit einer List.

„Oh“, machte er nur und schwieg eine Weile. „Also gut, Sihdi, ich werde dich nie mehr den Tapferen nennen. Umso mehr will ich aber deine – und natürlich auch meine – tapferen Taten rühmen, die wir im Bilad el Aswad vollbracht haben.“

„Auch das wirst du unterlassen!“

„Wie? Was? Warum?“

„Weil wir unbedingt vermeiden müssen, dass noch mehr Glücksritter nach der Oase des Scheitans suchen. Deshalb habe ich auch jede genaue Bezeichnung ihrer Lage vermieden und sowohl gegenüber den Behörden als auch gegenüber Latréaumont falsche Angaben gemacht. Und wenn ich in meiner Heimat über meine Reisen schreibe, werde ich die Beni Hammada nicht erwähnen.“

„Überhaupt nicht? So ganz und gar nicht?“

„Falls ich darüber schreibe, dann mit der Verfügung, dass dieser Bericht erst in vielen Jahren erscheint.“

„In sehr vielen Jahren?“

Ich gähnte und nickte.

„Aber all unsere schönen Abenteuer, Sihdi! Was soll

ich denn sagen, wenn uns jemand nach unseren Erlebnissen fragt?"

Müde antwortete ich:

„Lass dir etwas einfallen, Halef. Erzähl meinethalben, du hättest mich gerettet, als ich in der Wildnis vom Pferd gefallen und von meinem eigenen Tier gejagt worden bin."

„So etwas würde ich niemals von dir sagen!" Er seufzte wie unter einer kaum zu ertragenden Last. „Ich sehe schon, nur mein Name muss genügen, um die Menschen von unserer Bedeutung zu überzeugen. Habe ich dir eigentlich meinen ganzen Namen genannt, Sihdi?"

„Ich glaube, du wurdest unterbrochen", erwiderte ich und gähnte abermals.

„Nun, so hör gut zu. Ich bin nämlich kein Geringerer als Hadschi Halef Omar..."

Mehr hörte ich nicht, weil der Schlaf mich übermannte. Ich träumte von einem langen Ritt, den Halef und ich unternahmen. Er führte uns quer durch die Wüste Nordafrikas und durch die wilden Berge Kurdistans und dann flogen unsere Pferde über das Meer und trugen uns bis ins ferne Land der Skipetaren.

Erklärung fremdsprachiger Begriffe:

Alim = Gelehrter
'Arabât = Wagen
Bagno = Sklavenverlies
Bahruhde = Gewehr
Bilad = Land
Bussaadi = Messer (aus der Oasa Bu Saada)
Cafard = wörtl. Käfer, im übertragenen Sinn eine Wahnidee
Chabir = Karawanenführer
Chassepot = ein Gewehr der gleichnamigen französischen Waffenfabrik
Chorm = Engpass
Dar = Palast
Dschebel = Berg
Dschemâl, Mehrzahl von Dschemel = Kamel
Dschemel = Kamel
Dschemma = Versammlung der Ältesten
Duar = Zeltdorf
Fennek = Wüstenfuchs
Frandschi = eigentlich Franzose, auch allgemein für Europäer
Haik = mantelartiges Umschlagtuch
Hbel = Seil
Hedschin = Kamel
Hudschun, Mehrzahl von Hedschin = Kamel
Kaid = Berberfürst
Kirbe = Wasserschlauch
Ksar = befestigte Siedlung, Festung
Ksour, Mehrzahl von Ksar = Festung
Maghreb = wörtlich Sonnenuntergang; kann sowohl die Zeit des Abendgebets bedeuten, als auch die Gesamtheit der Länder Nordafrikas
Mitrailleuse = ein frühes Maschinengewehr
Mus = Messer
Scheitan = Satan, Teufel
Schesch = turbanartige Kopfbedeckung
Sihdi = Herr
Tamariske = kleinblättrige Strauchpflanze
Tüfenk = altertümliche Flinte
Ulema, Mehrzahl von Alim = Gelehrterk

Spannende Abenteuer mit Winnetou und Nscho-tschi

Nscho-tschi – die Tochter des großen Apachenhäuptlings Intschu tschuna und Schwester Winnetous – ist von den Kiowas entführt worden. Während ihr Bruder und Klekih-petra, der weiße Lehrmeister der Apachen, die Verfolgung aufnehmen, gerät Nscho-tschi in die Hände dreier weißer Banditen, welche nach dem geheimnisvollen Goldschatz der Apachen suchen. Die Schurken wollen sie zwingen, ihnen das Versteck zu zeigen, und sie dann an den gefürchteten Comanchenführer Bärenklaue verkaufen. Wird es Winnetou und Klekih-petra gelingen, die Gefahren in den feindlichen Jagdgründen zu überwinden, um Nscho-tschi aus ihrer Gefangenschaft zu befreien...?

ISBN 3-7802-0451-7

KARL MAY
GESAMMELTE WERKE

1 Durch die Wüste
2 Durchs wilde Kurdistan
3 Von Bagdad nach Stambul
4 In den Schluchten des Balkan
5 Durch das Land der Skipetaren
6 Der Schut
7 Winnetou I
8 Winnetou II
9 Winnetou III
10 Sand des Verderbens
11 Am Stillen Ozean
12 Am Rio de la Plata
13 In den Kordilleren
14 Old Surehand I
15 Old Surehand II
16 Menschenjäger
17 Der Mahdi
18 Im Sudan
19 Kapitän Kaiman
20 Die Felsenburg
21 Krüger Bei
22 Satan und Ischariot
23 Auf fremden Pfaden
24 Weihnacht
25 Am Jenseits
26 Der Löwe der Blutrache
27 Bei den Trümmern von Babylon
28 Im Reiche des silbernen Löwen
29 Das versteinerte Gebet
30 Und Friede auf Erden
31 Ardistan
32 Der Mir von Dschinnistan
33 Winnetous Erben
34 „ICH“
35 Unter Geiern
36 Der Schatz im Silbersee
37 Der Ölprinz
38 Halbblut
39 Das Vermächtnis des Inka
40 Der blaurote Methusalem
41 Die Sklavenkarawane
42 Der alte Dessauer
43 Aus dunklem Tann
44 Der Waldschwarze
45 Zepter und Hammer
46 Die Juweleninsel
47 Professor Vitzliputzli
48 Das Zauberwasser
49 Lichte Höhen
50 In Mekka
51 Schloß Rodriganda
52 Die Pyramide des Sonnengottes
53 Benito Juarez
54 Trapper Geierschnabel
55 Der sterbende Kaiser
56 Der Weg nach Waterloo
57 Das Geheimnis des Marabut
58 Der Spion von Ortry
59 Die Herren von Greifenklau
60 Allah il Allah!
61 Der Derwisch
62 Im Tal des Todes
63 Zobeljäger und Kosak
64 Das Buschgespenst
65 Der Fremde aus Indien
66 Der Peitschenmüller
67 Der Silberbauer
68 Der Wurzelsepp
69 Ritter und Rebellen
70 Der Waldläufer
71 Old Firehand
72 Schacht und Hütte
73 Der Habicht
74 Der Verlorene Sohn
75 Sklaven der Schande
76 Der Eremit
77 Die Kinder des Herzogs
78 Das Rätsel von Miramare
79 Old Shatterhand in der Heimat
80 Auf der See gefangen
81 Abdahn Effendi
82 In fernen Zonen

Sonderbände:
Mein Hengst Rih, Karl-May-Atlas, Karl-May-Filmbuch, Vinnetu (lat.), Karl May und die Musik (mit CD), Karl May auf sächsischen Pfaden, Auf Winnetous Spuren, Karl-May-Bibliografie
– Die Reihe wird fortgesetzt –

KARL-MAY-VERLAG
BAMBERG · RADEBEUL